交互式远程实验系统的研究及实践

廖 磊 著

科学出版社

北 京

内 容 简 介

本书在"互联网+"教育的大背景下研究远程实验系统产生的背景、历史沿革和发展现状，并对远程实验相关的概念、网络通信、自动测试系统、网络结构、典型架构、远程网络协作实验系统以及实验资源调度等相关知识做了研究。本书着重以第三届全国高等学校自制实验教学仪器设备展评二等奖获奖作品交互式远程 EDA 实验系统为范例，详细阐述了系统的整体架构设计、可程控逻辑验证平台、控制服务器、视频服务器、实验计算机、实验服务器、客户机等模块的设计过程和关键实现。

本书可供从事远程实验系统相关方面研究与开发的专业人员参考，也可作为电子和信息相关专业研究生的参考用书。

图书在版编目(CIP)数据

交互式远程实验系统的研究及实践 / 廖磊著. —北京：科学出版社，2017.12
ISBN 978-7-03-052813-1

Ⅰ.①交⋯　Ⅱ.①廖⋯　Ⅲ.①远程教育–实验研究　Ⅳ.①G43–33

中国版本图书馆 CIP 数据核字 (2017) 第 107607 号

责任编辑：张　展　李小锐 / 责任校对：韩雨舟
责任印制：罗　科 / 封面设计：墨创文化

科 学 出 版 社 出版

北京东黄城根北街16号
邮政编码：100717
http://www.sciencep.com

成都锦瑞印刷有限责任公司印刷
科学出版社发行　各地新华书店经销

*

2017 年 12 月第　一　版　　开本：B5（700×1000）
2017 年 12 月第一次印刷　　印张：19 3/4
字数：390 千字
定价：138.00 元
（如有印装质量问题，我社负责调换）

前　言

在理工科的学习中，实验是教学过程的重要组成部分，是学生理论联系实际，培养其分析和解决实际问题能力的重要环节，也被认为是理工科"学习的核心"[1]。实践教学具有直观性、开放性、综合性和创造性等特征，有助于加深学生对基础知识的理解，训练学生的动手操作、观察思考、综合调查、分析测试、方案设计和创新实践等能力。实验实践有助于确保学生的主体地位，培养学生主动建构知识体系、增强就业竞争力。

随着信息技术的高速发展，信息技术为经济、政治、文化、社会等各个领域带来了广泛而深刻的影响。尤其是在教育领域，教育信息化已成为国家优化教育结构、改善教育资源配置、缩小东西部和城乡教育差距、全面推进教育公平、提高教育投资效益、推进素质教育、创新教育的重要手段。全民教育、优质教育、个性化学习和终身学习已成为信息时代教育发展的重要特征。

2012年3月，教育部正式发布了《教育信息化十年发展规划(2011—2020年)》(简称《规划》)，提出了我国教育信息化的总体发展目标：到2020年，全面完成《国家中长期教育改革和发展规划纲要(2010—2020年)》所提出的教育信息化目标任务，形成与国家教育现代化发展目标相适应的教育信息化体系，基本建成人人可享有优质教育资源的信息化学习环境，基本形成学习型社会的信息化支撑服务体系，基本实现所有地区和各级各类学校宽带网络的全面覆盖，教育管理信息化水平显著提高，信息技术与教育融合发展的水平显著提升。教育信息化整体接近国际先进水平，对教育改革和发展的支撑与引领作用充分显现。《规划》明确提出：以信息技术促进教育与产业、学校与企业、专业与岗位、教材与技术的深度结合；提出构建继续教育公共服务平台，采用信息化手段完善终身教育体系。

2015年7月国务院正式发布了《关于积极推进"互联网+"行动的指导意见》。"互联网+"正式成为国家战略。"互联网+教育"正迅速成为一种教育新形态。

在教育信息化的大背景下，国内外教育信息化已成为研究与开发的热点之一。远程实验室包括远程虚拟实验室和远程实物控制型实验室。远程虚拟实验以LabVIEW、Matlab等仿真软件建立的仿真虚拟模型作为实验对象，而远程实物控制型实验则是以真实的实验硬件设备为实验对象。远程实验系统突破了传统实验实践中时间和空间，使授权的任何人(anyone)、任何时间(anytime)、任何地点(anywhere)可以开展任何实验(any experiment)，这将为终身教育提供强有力的支持。

自 1989 年美国弗吉尼亚大学 William Wulf 教授、Kouzes R T 教授等首次提出虚拟实验的概念以来，已有大量的虚拟实验室发展成熟，并被广泛应用于实践教学中。如美国北卡罗来纳大学的物理虚拟实验平台 LAAPhysics、美国 Simulation Plus 公司设计研发 Futurelab 虚拟实验室、美国 Michigan 大学设计 VRICHEL 虚拟化学化工实验室、同济大学创建的普通物理网上仿真实验室以及可以对建筑景观结构进行仿真的虚拟现实实验系统等。

随着电子技术、通信技术、自动控制技术的发展，基于实物控制的远程实验室也得到迅速发展。比如美国麻省理工学院(MIT)的 iLab 远程实验系统、澳大利亚悉尼工程技术大学(UTS)的远程实验系统、美国得克萨斯州立大学的远程倒立摆实验系统、新加坡国立大学的在线共享远程实验系统、日本法政大学的硬件逻辑设计远程实验系统、英国阿尔斯特大学基于 Internet 的远程嵌入式系统实验室等。在国内，远程实验室研究工作起步较晚，但发展较快，也取得了大量成果。比如浙江大学电工电子网络实验室(Netlab)、大连理工大学 iLab 远程实验室、中国科学院自动化研究所与英国格拉摩根大学联合开发的远程网络控制系统实验室(NCSLab)、西安交通大学远程网络测控实验室、华东理工大学化工过程先进控制和优化技术教育部重点实验室的远程实验系统、国防科技大学计算机体系结构课程的远程实验室、四川师范大学的交互式远程 EDA 实验系统和热电传感器远程实验系统、中国科技大学的基于 Internet 的扫描探针显微镜(SPM)远程实验室等。

目前，远程实验系统主要有三种类型：批量类实验、交互式实验和整合类实验。批量类实验，学生不与实验设备直接交互，而是由实验室服务器控制实验仪器和设备进行实验，实验完成后将数据与结果返回给学生。交互式实验，允许学生通过实验室服务器实时直接操作实验设备，实验现象、数据可立即反馈给学生。整合类实验，也就是将批量类和交互式实验整合到一个 iLab 实验系统中，同时实现仪器共享和远程仪器的操作与控制，这也是最新的 iLab 共享架构(ISA)所支持的。

在远程实验系统的研究热潮中，四川师范大学也开展了远程实验的研究和开发工作。2012 年成功开发出交互式远程 EDA 实验装置，学生可以通过互联网远程操作 EDA 实验平台，完成 FPGA 设计。实验系统操作简单，保留了与现场实验基本一致的操作步骤，通用性好，支持多门课程实验和创新设计；临场感强，学生既可以实时直接操控实验设备，也可以直观观察实验现象，精确测量实验数据；安全性高，待机时可彻底切断交流供电系统。该实验系统参加了由中国高等教育学会、教育部高等学校实验室建设指导委员会、教育部高等学校实验教学指导委员会、国家级实验教学示范中心联席会、中国高等教育学会实验室管理工作分会联合组织的第三届全国高等学校自制实验教学仪器设备评选并获得二等奖。

此外，2014 年又完成了热电传感器远程实验系统的开发，该实验系统既可以实现 PT100、PN 节、热电偶、AD590、NTC 热敏电阻等温度传感器的特性测试和标度，也可以实现 PID 控制实验等。该远程实验装置在第四届全国高等学校自制实验教学仪器设备评选中获得三等奖。这些远程实验系统也均获得了国家专利。

本书主要以交互式远程 EDA 实验系统为基础展开。第 1 章阐述远程教育与远程实验的发展。第 2 章介绍了远程实验相关的概念、网络通信、自动测试系统、网络结构、典型架构以及远程网络协作实验系统等。第 3～9 章则以交互式远程 EDA 实验系统为范例，详细阐述系统的整体设计、可程控逻辑验证平台、控制服务器、视频服务器、实验计算机、实验服务器、客户机等模块的设计与实现方法。

本书在写作过程中得到了周晓林教授的大力支持，研究生罗宇翔同学为本书的写作做了大量工作，在此表示感谢。

随着电子技术、通信技术、信息技术及自动控制技术等相关技术的发展，远程实验的方法和实现技术也将持续演进，远程实验室的研究与建设任重而道远。本书所做的工作仅仅是远程实验系统研究的一个开端，书中疏漏之处在所难免，望各位读者批评指正。

廖 磊

2017 年 11 月于成都

目　　录

第1章 远程实验的发展

随着信息技术的高速发展，信息技术为经济、政治、文化、社会等各个领域带来了广泛而深刻的影响，并使人们的生产方式、生活方式、学习方式等发生了深刻的变化。尤其是在教育领域，信息技术的应用也逐渐深入，教育信息化已成为国家优化教育结构、改善教育资源配置、缩小东西部和城乡教育差距、全面推进教育公平、提高教育投资效益、推进素质教育、创新教育的重要手段。全民教育、优质教育、个性化学习和终身学习已成为信息时代教育发展的重要特征。

远程教育是教育的一个重要组成部分。远程教育是使用邮件、电视、互联网等传播媒体开展的一种教学模式，是各类通信媒介应用于教育后产生的新概念。它突破了时间与空间的限制，使任何人(anyone)在任何时间(anytime)、任何地点(anywhere)学习任何知识(anyknowledge)成为可能。近年来随着信息技术的发展，尤其是网络技术、大数据、云计算、移动互联、测控技术、视频会议、视频监控等技术的发展，远程教育中的远程实验也逐渐兴起。

1.1 远程教育的发展

远程教育(distance education)是一种非面对面的、异地或异时进行的教育方式。在远程教育中，教师和学生在时间或空间上是相对分离的，教学活动通过各种教育技术和媒体资源相联系。

远程教育最早发源于 19 世纪中期的英国，伊萨克·皮特曼(Isaac Pitman)首先采用邮寄方式开始教授其发明的速记法，以此开创了最早的远程教育——函授教育[2]。1849 年，英国伦敦大学开创了校外学位制度，开始了远程高等教育[3]。基于函授的远程教育主要以印刷资料作为学习资源，指导自我学习。1902 年，著名教育家蔡元培先生等在上海成立了"中国教育学会"，采用通信教授法进行函授教育，开启了我国函授教育的先河[4]。

在 20 世纪 60 年代，随着广播、电视、录音、录像等新媒体的发展，开始了运用新媒体的远程教育阶段——多媒体远程教育。1969 年，英国政府创办英国开放大学，提供远程高等教育。同一时期，我国在北京、上海等地先后成立了广播电视大学，率先开展了基于广播电视的远程高等教育。1978 年，邓小平同志批准创立中央广播电视大学，利用广播、电视、文字、音像等多种媒体，面向全国开展了远程开放教育。

20 世纪 90 年代以来，随着电子信息技术的发展，尤其是通信技术、计算机技术以及网络技术的发展，以网络为基础的现代远程教育逐渐兴起，进入了网络远程教育阶段。1999 年 1 月，国务院正式通过教育部制定的《面向 21 世纪教育振兴行动计划》[5]，提出实施"现代远程教育工程"，形成开放式教育网络，构建终身学习体系。1999 年 3 月，教育部批准清华大学、北京邮电大学、浙江大学、湖南大学四所高校开展远程教育试点[6]，正式开启了中国的网络远程教育。

2000 年 7 月，教育部发布《关于支持若干所高等学校建设网络教育学院开展现代远程教育试点工作的几点意见》[7]，提出在高校设立"网络教育学院"，并赋予试点院校网络教育的办学自主权。此后，更多的大学加入了试点高校的行列。目前全国共有 67 所普通高校和中央广播电视大学开展现代远程教育试点工作。教育部允许这 68 所试点高校在校内开展网络教学工作的基础上，通过现代通信网络，开展远程学历教育和非学历教育。对达到本、专科毕业要求的学生，由学校按照国家有关规定颁发高等教育学历证书。

2001 年 12 月 30 日，"中央广播电视大学现代远程教育校外教学支持服务体系建设试点项目"获得教育部批准立项，正式开启我国对远程教育公共服务体系的运行模式、运行机制和管理办法的探索[8]。2002 年 12 月，中央电大远程教育公共服务体系建设试点正式启动，由中央广播电视大学和电大在线远程教育技术有限公司共同组建"奥鹏远程教育中心"，正式开启我国的第一个远程教育公共服务体系[9]。

2004 年 3 月，国务院批准《2003—2007 年教育振兴行动计划》[10]，再次提出要"大力发展现代远程教育，探索开放式的继续教育新模式"。2005 年 4 月，教育部正式启动"现代远程教育公共服务体系"建设，公共服务体系正式进入全面运行阶段。2007 年，党的十七大报告中指出"优先发展教育，建设人力资源强国""发展远程教育和继续教育，建设全民学习、终身学习的学习型社会"。时任教育部部长周济也指出"以信息技术的应用作为提高教学质量的新手段"。同年，"知金教育"和"弘成科技"两家公司获得教育部批准，开展现代远程教育公共服务。网络远程教育从一种继续教育的手段，提升到了提高教育质量、改变教育思路、建设全民学习、终身学习的学习型社会的重要手段。

2010 年 7 月，《国家中长期教育改革和发展规划纲要(2010—2020 年)》[11](简称《规划纲要》)正式发布。在这个进入 21 世纪后发布的第一个教育规划中明确指出"信息技术对教育发展具有革命性影响，必须予以高度重视"，提出"到 2020 年，基本实现教育现代化，基本形成学习型社会，进入人力资源强国行列"。制定了从业人员继续教育人数在 2020 年达到 35000 万人次的发展主目标。制定了继续教育和远程教育的发展任务，明确提出构建灵活开放的终身教育体系，开发社区教育资源，大力发展现代远程教育，建设以卫星、电视和互联网等为载体的远程开放继续教育及公共服务平台，为学习者提供方便、灵活、个性化的学习条件。搭建终身学习"立交桥"。健全"宽进严出"的学习制度，办好开放式大学，改革和完善高等教育自学考试制度。在保障措施中指出"加强优质教育资源开发与应用。加强网络教学资源体系建设。引进国际优质数字化教学资源。开发网络学习课程。建立数字图书馆和虚拟实验室。建立开放灵活的教育资源公共服务平台，促进优质教育资源普及共享。创新网络教学模式，开展高质量高水平远程学历教育。继续推进农村中小学远程教育，使农村和边远地区师生能够享受优质教育资源"。强化信息技术应用，改进教学方法，提高教学效果，鼓励学生利用信息手段主动学习、自主学习，增强运用信息技术分析解决问题的能力。《规划纲要》还明确将提高中小学每百名学生拥有计算机台数，为农村中小学班级配备多媒体远程教学设备，建设有效共享、覆盖各级各类教育的国家数字化教学资源库和公共服务平台作为重大项目和改革试点的目标之一。

2012 年 3 月 20 日，教育部正式发布了《教育信息化十年发展规划(2011—2020年)》(简称《规划》)，提出了我国教育信息化总体发展目标[12]：到 2020 年，全面完成《规划纲要》提出的教育信息化目标任务，形成与国家教育现代化发展目标相适应的教育信息化体系，基本建成人人可享有优质教育资源的信息化学习环境，基本形成学习型社会的信息化支撑服务体系，基本实现所有地区和各级各类学校宽带网络的全面覆盖，教育管理信息化水平显著提高，信息技术与教育融合发展的水平显著提升。教育信息化整体上接近国际先进水平，对教育改革和发展的支撑与引领作用充分显现。

《规划》首次从国家层面对今后十年的教育信息化工作进行了整体设计和全面部署，为下一阶段教育信息化发展提供了行动纲领，首次提出建设教育信息化体系，首次强调"融合、创新"的工作目标。其核心目标是：到 2020 年，基本建成"人人皆学、处处能学、时时可学"、与国家教育现代化发展目标相适应的教育信息化体系，基本实现教育信息化对学生全面发展的促进作用和对深化教育领域综合改革的支撑作用以及对教育创新发展、均衡发展、优质发展的提升作用。

《规划》明确提出：以信息技术促进教育与产业、学校与企业、专业与岗位、教材与技术的深度结合。大力发展远程职业教育培训，共享优质数字教育资源，支撑职业教育面向人人、面向社会。并将远程教育资源面向社会的开放情况作为职业教育社会服务能力的主要考核维度之一。

《规划》还明确提出：构建继续教育公共服务平台，完善终身教育体系。持续发展高等学校网络教育，采用信息化手段完善成人函授教育和高等教育自学考试，探索中国特色高水平开放教育模式。根据现代远程教育发展和学习型社会建设的需要，探索开放大学信息化支撑平台建设模式，建立遍及城乡的一站式、多功能开放学习中心，促进终身学习公共服务体系建设。加强继续教育公共信息管理与服务平台建设，建设支持终身学习的继续教育考试与评价、质量监管体系，形成继续教育公共信息管理与服务平台，为广大学习者提供个性化学习服务，为办学、管理及相关机构开展继续教育提供服务。

1.2　互联网+教育

互联网(Internet)诞生于1969年，其前身是美国国防部高级研究计划署(Defence Advanced Research Projects Agency，DARPA)的阿帕网(ARPAnet)。20世纪80年代中期，美国国家科学基金会(National Science Foundation，NSF)建立的NSFnet，允许研究人员对Internet进行访问，以使其能够共享研究成果并查找信息，以满足各大学及政府机构的迫切需求。在1990年，NSFnet彻底取代了ARPAnet成为Internet的主干网，并向全社会开放。

互联网从诞生至今只有短短几十年，但作为信息技术的重要组成部分和标志之一，已经深深渗透生活的方方面面，并对经济、政治、文化、生产、生活、教育等方面带来了革命性的影响，各行各业的"互联网化"也在不断快速演进。

2012年11月14日，易观国际集团(Analysys International)董事长兼首席执行官于扬在国际第五届移动互联网博览会上发表了主题演讲"互联网+"，前瞻性地提出了"互联网+"概念。并指出，互联网是基础设施，是资源，也是工具，所有的产品与服务都能与互联网找到结合点，所有传统和服务都应该被互联网改变[13]。

2015年3月5日，在十二届全国人大三次会议上，李克强总理在政府工作报告中首次提出"互联网+"行动计划。通过"互联网+"行动计划，推动移动互联网、云计算、大数据、物联网等与现代制造业结合，促进电子商务、工业互联网和互联网金融健康发展，引导互联网企业拓展国际市场。

2015年5月23日，由联合国教科文组织与中国政府共同举办的首届国际教育信息化大会正式开幕。习近平在致国际教育信息化大会的贺信中表示："当今世界，科技进步日新月异，互联网、云计算、大数据等现代信息技术深刻改变着人类的思维、生产、生活、学习方式，深刻展示了世界发展的前景。因应信息技术的发展，推动教育变革和创新，构建网络化、数字化、个性化、终身化的教育体系，建设'人人皆学、处处能学、时时可学'的学习型社会，培养大批创新人才，是人类共同面临的重大课题。[14]"

2015年7月4日，国务院正式发布了《关于积极推进"互联网+"行动的指导意见》。"互联网+"正式成为国家战略。"互联网+"是"把互联网的创新成果与经济社会各领域深度融合，推动技术进步、效率提升和组织变革，提升实体经济创新力和生产力，形成更广阔的以互联网为基础设施和创新要素的经济社会发展新形态"[15]。通过推进"互联网+"的发展，重塑创新体系、激发创新活力、培育新兴业态和创新公共服务模式，推动大众创业、万众创新，增加公共产品、公共服务"双引擎"。

教育作为一种公共服务，是 21 世纪公共行政和政府改革的核心之一。在"互联网+"所形成的新背景下，互联网、大数据、云计算等技术逐渐与教育紧密相连，它正在用"智能"的力量重塑教育的新形态。"互联网+教育"成为各教育机构和教学参与人员必须高度重视的新命题。探索基于互联网的各类教育创新，提高教育质量和效益，推进传统教育与互联网的融合，推进人文和科技融合等都是各教育机构和教学参与人员所面临的新任务。

2015 年 10 月 24 日，在杭州召开的第十五届中国教育信息化创新与发展论坛，以"互联网+教育"为主题，探索了现代信息技术与教育的全面深度融合，以及对教育理念和教育模式创新的引领作用，助力我国教育信息化走向"深度融合，引领创新"的新阶段。"互联网+教育"也是教育信息化的一种必然趋势，其中"互联网"代表了以大数据、云计算和人工智能、虚拟现实等为主的新型信息技术，而"+教育"则代表互联网对教育的变革作用，通过互联网的渗透来催生传统教育行业的变革与发展。

"互联网+教育"是新型信息技术手段在教育上的应用，也是利用新型信息技术手段开展的新型教育形态。它以学习者为主体，学生和教师之间主要以互联网为载体，开展多种交互进行系统教育。互联网、人工智能、多媒体信息处理、云计算等信息技术为网络在线教育的发展提供了坚实的支撑，特别是基于社交网络的互动技术和基于大数据(big data)分析的学习效果测评技术的应用，使通过互联网共享优质教育资源成为可能，也使大规模且个性化的学习成为可能。由此也涌现出了多种新型教学形式，其中最典型的代表就是慕课。慕课(MOOC)是大规模网络开放课程(massive open online courses)的英文缩写。MOOC 的概念最早出现在 2008 年，由加拿大爱德华王子岛大学(University of Prince Edward Island)的戴夫·科米尔(Dave Cormier)、国家通识教育技术应用研究院(National Institute for Technology in Liberal Education)的布莱恩·亚历山大(Bryan Alexander)联合提出[16, 17]。自 2012 年以来，MOOC 在全球迅速兴起。与慕课相对应，在 2013 年，出现了小规模限制性在线课程私播课(small private online course，SPOC)。这个概念是由福克斯教授最早提出。其中，small 和 private 是相对于 MOOC 中的 massive 和 open 而言。"small"是指学生规模一般在几十人到几百人；"private"是指对学生设置限制性准入条件，达到要求的申请者才能被纳入 SPOC 课程[18]。

互联网，尤其是伴随着智能终端的普及而迅速发展的移动互联网，使个性化的学习逐渐成为现实。以 MOOC 和 SPOC 为代表的"互联网+教育"将引发全球高等教育的一场重大变革。对于高校来讲，"不单是教育技术的革新，更会带来教育观念、教育体制、教学方式、人才培养过程等方面的深刻变化"[19]；对于教师而言，过去"舞台上的智者"(sage on the stage)逐步转变为"边上的向导"(guide on the side)，过去的讲授者、讲解者将变为学习的激励者、启发者[20]。

互联网的交互功能使学生可以轻易地通过虚拟的学习社区与教师、同学自由交流。教育大数据的分析可以深入每个学生学习过程的各个环节中，使教师能随时掌握每个学生的学习情况，并能及时进行反馈指导。从教育大数据中总结提炼的教育规律，可以持续改进课程教学内容和教学环节，使针对每个学生的因材施教能落实到位。

1.3　虚拟实验与远程实验

实验是发现客观规律的重要方法，实践则是认识的来源。对于物理、化学、生物、电子技术、计算机技术等理工类而言，实验实践的地位则更加重要。实验实践教学可以有效调动学生探究学习的主动性，帮助学生理解抽象的理论知识，培训学生的观察能力、动手能力、独立思考能力、分析解决问题的能力、综合应用能力和创新能力等。实践教学是人才培养的重要组成部分，是深化理论的重要环节，是将知识转化为能力的关键。2012年2月，教育部出台了《关于进一步加强高校实践育人工作的若干意见》[21]，并指出："实践教学是学校教学工作的重要组成部分，是深化课堂教学的重要环节，是学生获取、掌握知识的重要途径。各高校要结合专业特点和人才培养要求，分类制订实践教学标准，增加实践教学比重，确保人文社会科学类本科专业不少于总学分(学时)的15%、理工农医类本科专业不少于25%、高职高专类专业不少于50%，师范类学生教育实践不少于一个学期，专业学位硕士研究生不少于半年。"

受条件的限制，在远程教育中，学生无法到实验室参加实验教学和实践训练。因此，一般认为远程教育比较适合于知识的传授，在实验实践教学方面则比较欠缺，在对学生能力的培养、综合素质的培养上存在明显短板。远程实验实践问题是制约远程教育发展的重要因素之一，也直接影响了远程教育的质量。为解决远程教育中的实验问题，国内外远程教育机构做了大量尝试，比如采用家庭实验箱、口袋实验室、实验流动车或开设课程时不开设实验，而在毕业时再组织集中实验等方式。家庭实验箱、口袋实验室等由于成本较高，利用率较低而难以普及；集中实验成本低，设备利用率相对较高，但不能在理论教学中同步配合开设，从而影响了教学质量。远程实验开设的难题也直接导致了目前远程教育的专业设置大多回避实验教学，而主要偏向文史、财经、政法等无须实验教学的学科，这也影响了远程教育的发展。随着计算机技术、互联网技术、虚拟现实技术、远程测控等技术的发展，虚拟实验和远程实验逐渐产生，并在远程教育中逐渐获得运用。虚拟实验系统、远程实验系统的研究与开发也成为远程教育建设和研究的关键之一。

虚拟实验是建立在先进的计算机技术、虚拟现实技术(virtual reality, VR)、人机交互技术、多媒体技术上的新型实验技术，是信息技术在教育领域的创新性应用。虚拟实验利用计算机软件技术构建逻辑模型和可视化模型，通过交互界面实现人机交互，模拟产生真实的实验环境，包括实验仪器与设备、实验对象与资源，仿真获得接近真实的实验过程和实验结果[22,23]。利用富有沉浸感的虚拟环境(virtual environment, VE)[24]，学生可以和现场实验一样开展实验学习。利用虚拟实验环境，学生和教师都可随时进入虚拟实验室操作仪器，通过鼠标和键盘进行各种实验。利用虚拟实验可以大大减少实验设备与耗材的投入，可以很方便地开展设计性和综合性实验，可以开展真实实验无法或不便于开展危险或大型的实验开展实验。同时，虚拟实验也解决了传统实验必须在规定时间到规定实验室开展实验的时间与空间限制，使学生可以自由开展相关实验，这有利于培养学生的自学能力和独立思考的能力。

虽然虚拟实验优点众多，在远程教育中具有重要作用，但虚拟实验也存在一些不足：其一，虽然虚拟实验利用了虚拟现实技术，但实验的真实性和临场感仍然不足，无法提供在实验室获得的真实感受；其二，虚拟实验的实验数据是根据理论模型计算得到，无法获得客观真实的实验数据，真实实验中的各种误差、各种故障是体现不出来的，因此并不能完全取代真正的实验。

远程实验是一种建立在计算机、网络、测控、传感、视频监控等信息技术上的新型实验方法。远程实验既包括基于网络的远程虚拟实验，也包括基于远程测控的远程真实实验。远程真实实验以真实硬件实验平台为载体，利用网络远程控制技术和智能设备实现对远程实验平台的操控，通过传感器采集实验数据、通过摄像头采集实验视频，并通过网络传输数据实验，使实验者不用在实验室也可以身临其境地操控实验设备开展实验，最终使实验者摆脱实验时间与空间的限制。在这种远程真实实验中，学生可以和在实验室一样，操作实验设备，观察实验现象，测量实验数据，可以和实验设备发生真实的实时交互。

1.4　研 究 现 状

国外对虚拟实验和远程实验的研究和设计发展较早，许多著名的大学和研究机构均参与了研究和开发。

1.4.1　虚拟实验

1989 年美国弗吉尼亚大学 William Wulf 教授、Kouzes R T 教授等人首次提出了虚拟实验的概念，并利用网络和分布式测控技术设计了第一个虚拟实验室[25,26]。随后，虚拟实验得到了蓬勃的发展，大量虚拟实验系统随之诞生[27]。国外典型的系统有 LAAPhysics 物理实验室、Futurelab 虚拟实验室、Algodoo 物理沙盒、VRICHEL 虚拟化学化工实验室等。

LAAPhysics（learning anytime anywhere physics）物理实验室是美国北卡罗来纳大学研制的物理虚拟实验平台[28]。虚拟实验平台还整合了电子公告牌、聊天室、点对点交流功能，使虚拟实验操作的趣味性得到增强，实验者也能够开展合作式的实验。同时，系统还具有测评功能，教师可以在线对学生的操作进行评价。

Futurelab 虚拟实验室是由美国 Simulation Plus 公司设计研发，利用该虚拟实验室学生可以通过 Web 的方式进行实验过程的虚拟化操作。该虚拟实验室覆盖多个学科，包括电工电子、空气动力学等，学生可以选择想要做的实验，也能够尝试不同于书本的实验方法和步骤，观察不同的实验效果[29,30]。

Algodoo 是瑞典的 Algoryx Simulation AB 公司于 2009 年推出的物理沙盒软件[31]。该软件具有丰富的实验工具和实验情景，如刚体、流体、链条、齿轮、弹簧、铰链、锁、电机等，能够创造性地构建上千种物理场景，通过参数选项设置可以逼真地模拟物理环境，实现精度极高的仿真实验。软件具备游戏学习的设计理念，界面卡通、色彩鲜艳、游戏性与趣味性极强。

VRICHEL（virtual reality in chemical engineering laboratory）虚拟化学化工实验室由美国 Michigan 大学设计[32]。该软件主要用于化学工程领域的探索和虚拟实践，可以完成对现代化学工厂的各种虚拟仿真，软件采用从实际化学生产设备所拍摄的影像数据，因此具有相当逼真的细节。

美国航空航天局与休斯敦大学共同建立了虚拟环境技术实验室 VETL（virtual environment technology laboratory）将虚拟实验相关技术手段应用到可视化领域[33]。

在电子电路方面，SPICE 软件最具代表性，它由加利福尼亚大学伯克利分校的 Donald Pederson 在研究了电路模拟仿真实验的基础上开发[34]。随后越来越多的教育机构和高校相继开展了对虚拟电路实验软件的开发。其中，涌现了大批优秀的电子电路虚拟仿真软件，比如加拿大 Interactive Image Technologies 公司开发的 EWB（electronics workbench）电子工作台、美国 Microsim 公司开发的 Pspice 系列软件、美国国家仪器 NI 公司开发的 Multisim、LabVIEW 虚拟仪器系统[35,36]、英国 Labcenter electronics 公司开发的 Proteus 等。

我国虚拟实验的研究大约起始于 20 世纪 90 年代后期，各大高校纷纷投入虚拟实验的研究。北京邮电大学电路中心在 21 世纪初期就率先开展了虚拟实验系统的研究工作[37]。2008 年教育部开展的"虚拟实验教学环境关键技术研究和应用"课题，旨在研究设计具有良好自主性、交互性和可扩展性的虚拟实验教学平台。2013 年，为了创建一批面向社会共享的实验中心，教育部又启动了"国家级虚拟仿真实验教学中心"的申报评审。目前国内建设了大量的虚拟实验系统，比如，中国科技大学开发了大学物理仿真实验系统、几何光学实验设计平台、大学物理虚拟实验远程教学系统等；同济大学创建了普通物理网上仿真实验室和可以对建筑景观结构进行仿真的虚拟现实实验系统等；中国农业大学开发了虚拟土壤-作物系统实验室[38,39]；北京邮电大学电路中心开发了基于虚拟校园的虚拟实验室系统；西南交通大学开发了 TDS-JD 机车驾驶模拟装置[40]；四川师范大学化学与材料科学学院开发了 sphinx 化学虚拟实验室；北京师范大学现代教育技术研究所开发了仿真电子线路的虚拟仪器实验系统 Evlab；海军航空工程学院青岛分院研制了微机接口虚拟仪器实验室等。

　　近年来，国内大量公司和机构也加入了虚拟实验的开发行列，比如，南京金华科软件公司的《仿真物理实验室》系列教学辅助软件基本覆盖了初、高中物理中能够涉及的大部分实验；亚泰盛世公司推出了 Nobook 虚拟实验室，建成了针对初高中物理、化学、生物的虚拟仿真实验。

1.4.2　远程实物实验

　　鉴于虚拟实验没有真实的硬件平台支撑，通过模拟真实实验中用到的设备以及实验环境来进行实验，因此存在临场感差、真实性差等方面的缺陷。随着网络的普及和测控技术的发展，远程真实的实物实验得到了广泛的研究和应用。远程实物实验的出现稍稍落后于虚拟网络实验室，但发展迅速，并于 21 世纪初达到了一个高峰期[41]。目前国内外各高校和机构研发了大量远程实物实验系统。远程实物实验控制的是真实的实验设备[42]，实验结果也为真实的实时采集数据或音视频[43]。

　　早期的远程实验主要产生于大型实验设备的共享和协同实验与研究。1993 年，美国国家航空航天局约翰逊航天中心与德州农工大学(Texas A&M University)、德州大学奥斯汀分校(University of Texas at Austin)、德州大学阿灵顿分校(University of Texas at Arlington)和莱斯大学(Rice University)这四所大学成功地进行了机器人远程分布式控制试验。该试验通过互联网展开，由约翰逊航天中心控制位于德州农工大学和德州大学奥斯汀分校的机器人，同时由德州大学阿灵顿分校和莱斯大学进行监测和性能分析。

　　MIT 是远程实验的先驱者。MIT 和微软合作开展"信息化校园"(iCampus)建设，随后启动了"网络课件开放工程"(open course ware, OCW)，逐步将其所开设的全部课程的教学材料和课件公布于网上，供全世界的求知者和教育者们

免费享用[44]。MIT 计算机教育创新计划中心(CECI) 的 iLab 项目也得到了
iCampus 计划的支持。iLab 致力于在线实验室的研究和建设,其目标是建设一个
使全世界的使用者都能通过互联网访问的真实实验室,在高等教育和其他领域
内尽可能广泛地分享与实验室实验相关的昂贵设备和教育材料[45]。与传统实验
室不同,iLab 可以在大学或世界各地共享,大大扩展了学生在教育过程中接触
到的实验范围,丰富科学和工程教育。iLab 采用一种规模可变的在线共享实验
结构,该结构提供了通过互联网传输实验操作命令和数据的一套标准的通信接
口和协议,通过该接口和协议很好地兼容不同技术开发的实验系统。目前,很
多大学和研究机构也在陆续开发基于 iLab 结构的远程实验室。MIT 的 iLab 团队
在微电子、化学工程、聚合物结晶、结构工程和信号处理方面创建了远程实验
室,并作为案例研究,以了解操作远程实验室实验的复杂要求,并将其服务于
全球使用者,使实验者不必受限于时间和空间,只要有计算机和网络,就能随
时随地做实验。全球有很多大学加入了 iLab 项目,比如澳大利亚昆士兰大学(The
university of Queensland)、乌干达的麦克雷雷大学(Makerere University)、我国的
大连理工大学等。

美国得克萨斯州立大学开发了一种远程倒立摆实验系统。倒立摆由安装了
MATLAB Simulink 的实验计算机进行控制。实验系统还使用了微软的 MSN 和
NetMeeting 技术,通过 NetMeeting 连接控制服务器,控制服务器根据控制参数由
串口控制倒立摆运动,由音视频装置将实验结果回送给实验者,从而完成远程实
验操作[46]。

美国明尼苏达大学的 Benjamin Pitzar 和 Sarah Osentoski 等开发了一种远程
操控的机器人实验系统[47]。该系统采用 B/S 模式,客户端与服务器之间采用网络
通信进行交互。机器人的实验现象由安装在服务器端的视频监控设备来反馈,使
用者在客户端即可实时观察到远程机器人在实验过程中的执行情况。

美国斯坦福大学的网络实验室 Cyberlab 是一个远程的光学实验室。该实验室
不仅提供了光学实验系统的控制和监测功能,还在系统中集成了实验预约、参考
图书库以及分析工具的全部功能[48]。该系统采用实验服务器和网络服务器双主机
模式。两台服务器的通信通过 LabVIEW 的互联网工具包实现。实验室的实时视
频监控由 NIPCI-1408 的视频采集卡和 NI.IMAQ 的图像采集软件实现[49]。利用该
远程实验平台,使用者可以方便地完成一系列的远程实验和研究。

日本法政大学(Hosei University)计算机与信息科学学院的 Nobuhiko Koike 设
计了一种硬件逻辑设计远程实验系统[50]。该系统以现场可编程门阵列(field
programable gate array, FPGA)为基础,构建了真实的硬件设备实验平台;采用 B/S
模式,充分利用分布式计算技术实现了用户远程操控实验设备,允许用户自己进
行逻辑硬件设计,完成真实的逻辑设计实验,设计了任务调度服务器,分时利用
实际硬件和实际测量工具。日本佐贺大学(Saga University)的 Makoto Ishibashi 等

设计了一种远程控制系统，该系统通过 H8/3069f 电路板采用 PWM 远程控制直流电机，并通过单相交流发电机实现远程测量[51]；采用 B/S 模式，用户界面设计不采用任何插件，以方便用户使用智能手机或平板电脑开展远程实验，实验现象与执行状态也通过视频监控设备反馈给用户。

英国的阿尔斯特大学 (University of Ulster) 智能系统工程实验室的 M. J. Callaghan 和 J. Harkin 等设计了一个基于 Internet 的远程嵌入式系统实验室 (distance internet-based Embedded system experimental laboratory, DIESEL)[52]。该系统包括远程桌面、虚拟仪器、虚拟电路、真实实验板和网络摄像头等组件，为用户提供实验室设备的真实和可视化的实验操作。系统采用 C/S 模式，充分利用了微软远程桌面访问包，允许用户通过基于 Windows 的客户端或 Web 浏览器从任何位置通过 Internet 访问基于远程的计算机，并操作所有应用程序、文件和软件资源，以最低的成本实现了远程实验操作[53]。

新加坡国立大学 (National University of Singapore, NUS) 设计了一种在线共享实验仪器的完整远程实验系统，应用于电路、通信和控制等领域的实验课程[54]。该远程实验系统由监控端、客户端和服务器端组成，采用 B/S 模式，具有分布性强、维护方便、开发简单且共享性强等优点。系统服务器端通过 RS-232 接口、IEEE 488.2 GPIB 总线与硬件设备相连接。使用者通过 Web 浏览器上客户端显示的控制面板发送控制指令，远程控制真实的实验设备，接收处理的数据在虚拟设备上显示出来。系统还采用了视频会议技术，使用者也可以直观地、实时地观察到实验过程中的视频图像和产生的实验声音[55,56]。

埃及的法尤姆大学通信系和巴林大学计算机系联合开发了用于网上学习的数字电路硬件设计远程实验室[57]。该实验系统包括 20 个 PC 充当的上位机和 20 个 FPGA 实验套件，每个上位机通过 USB 接口和并口连接一个 FPGA 板。FPGA 开发板使用的是 Diligent 公司设计的 Xilinx Spartan E 开发板。学生可以远程登录系统，通过上位机 USB 端口配置 FPGA 芯片，并在用 VB 编写的图形用户界面上用鼠标输入开关信号，观察 FPGA 上 LED 的发光情况，完成设计的测试。

巴西的圣卡塔琳娜州联邦大学开发了一种在手机、平板等移动设备上使用的远程实验室[58]。用户可以在移动设备上访问实验系统，控制真实硬件实验设备开展实验。移动端软件开发均使用 HTML5、CSS3 和 jQuery 移动框架的用户界面，以保持最大限度的平台兼容性。实验系统大量使用开发的软硬件资源，有利于在不同领域的复制。目前，该实验室可以完成四个实验，包括中学物理的一些内容，如光电效应的应用、电阻实验、金属的热传导和开放系统中的热传播等。

斯洛文尼亚的马里博尔大学 (University of Maribor) 建立的用于自动控制课程的远程实验室，可以完成 DSP 控制系统远程实验，同时还提供服务器网页和预约系统。该实验系统的代码生成、相关仿真组件基于 LabVIEW、Matlab 以及 Simulink 等软件[59,60]。

　　中国的远程实验系统的研究工作起步较晚，但发展较快，也取得了大量成果，最具代表性的是浙江大学电工电子网络实验室(Netlab)、大连理工大学建立的接入 iLab 的远程实验室以及中国科学院自动化研究所与英国格拉摩根大学(University of Glamorgan)联合开发的远程网络控制系统实验室(NCSLab)。

　　浙江大学电工电子网络实验室(Netlab)是浙江大学 985 振兴计划自主建设的综合性网络实验室[61]。该实验室以提供工科电类及控制类实验为目标，实验内容包括控制类、电工电子类、电力电子类、电机类以及微处理器类共 5 大类 23 组80 多个实验，所有实验都基于真实的物理对象。网络实验室由客户端、服务器端和控制器端三部分组成，网络实验室系统采用 C/S 模式，24 小时无人值守开放运行，用户无论何时何地都可以通过联网的计算机访问网络实验室的主页，并在主页上下载客户端到本地计算机，然后连接网络实验室服务器进行实验。而且多个客户端可以同时登录服务器，多个控制端也可同时连接服务器，不同的实验可以同时进行，互不影响[62]。2006 年，浙江大学继续教育学院的工科远程教育开始利用该实验室作为远程实验的支撑平台[63]。

　　大连理工大学在 2005 年建立了 iLab 远程实验室，并成功实现了与 MIT iLab远程实验系统的接入[64,65]。在校园内就可以远程操作 MIT 实验室设备，实现了跨国际的优质实验资源共享。大连理工大学成为国内首家引入 MIT 远程实验资源的高校，走在了国内高校的前沿。大连理工大学的 iLab 是以 LabView 和 iLab 交互式结构为基础构建的，既可以完成虚拟实验又可以完成真实实验的综合性远程网络实验室。整个实验系统由实验室服务器(Lab Server)、服务代理端(Service Broker)和实验室客户端(Lab Client)三个不同的功能模块构成，并且结合数据采集和图像控制构成了完整的实验交互。同时，该远程实验系统还集成了实验教学、实验操作和管理于一体，具有较好的安全性和可扩展性。覆盖了电机学、楼宇自动化、电工学、电子技术等课程的部分实验内容。此外，大连理工大学汽车工程学院还研制开发了一个汽车制动防抱死远程实验系统，该系统结合网络技术与虚拟仪器技术，利用 LabVIEW 实现了实验设备资源的共享。

　　中国科学院自动化研究所与英国格拉摩根大学联合开发了一个完全基于 Web的远程网络控制系统实验室(networked control system laboratory, NCSLab)。NCSLab 由 Web 浏览器、中央 Web 服务器与 Matlab 服务器、区域实验服务器、实验台 4 层体系组成。无须安装任何软件或插件即可为远程控制系统和网络化控制系统提供一个完全基于 Web 的快速设计与实现平台。用户可以不受时间、地点的约束，仅通过 Web 浏览器即可快速进行控制系统设计、离线仿真、实时控制以及监控组态、实时监控等实验任务[66]。

　　其他高校也做了大量研究，并取得了丰硕成果。比如，西安交通大学远程网络测控实验室支持虚实结合的大量测控类远程实验，其远程可控对象包括了远程可控温度系统、远程可控幅频特性测试系统、远程可控位移系统、远程可控流量系统等[67]。西安交通大学机械电子及信息系统研究所也研制了一套小型多功能机电综合试验台远程实验系统[68]。华东理工大学化工过程先进控制和优化技术教育部重点实验室开发了远程实验系统，该系统基于云计算技术，系统设计了针对流量、温度等工艺参数的过程控制远程实验平台，用户通过系统浏览器操作界面输入相应的参数来远程操控硬件设备[69]。国防科技大学计算机学院设计并实现了计算机体系结构课程的远程实验系统，系统采用 C/S 模式，用户登录客户端软件远程操控实验仪器，并实时获取实验数据。四川师范大学物理与电子工程学院设计了交互式远程 EDA 实验系统和热电传感器远程实验系统。交互式远程 EDA 实验系统支持学生远程交互式操作实验设备完成 FPGA 和数字系统的设计实验；热电传感器远程实验系统既可以实现 PT100、PN 节、热电偶、AD590、NTC 热敏电阻等温度传感器的特性测试和标度，也可以完成 PID 控制实验。中国科技大学物理系研制了一套基于 Internet 的扫描探针显微镜(SPM)远程实验系统，系统采用 C/S 模式、TCP/IP 协议，用户可以远程操作运行扫描探针显微镜开展实验。中南大学信息工程学院采用 Java 语言成功开发了手臂机器人远程实验系统[70]。

　　随着 4G、5G 的发展，移动互联网的应用也越来越广泛，新一轮的信息技术革命已由物联网(The Internet of Things, IOT)掀起，信息物理系统(cyber-physical systems, CPS)已成为国际学术界和科技界研究开发的重要方向，这些都必将强力推动远程实验的进一步发展，使远程实验更多地进入实用化阶段，并得到广泛的应用。

第 2 章　远程实验系统研究

2.1　远程实验的概念

如第 1 章所述，远程实验是伴随着远程教育、网络通信、传感与检测等技术的发展而诞生的一种实验方式。远程实验通常以 Internet 或 Intranet 为网络载体，利用远程控制技术控制远程虚拟或真实的实验设备，并通过计算机仿真技术、虚拟现实技术等反馈实验结果或利用传感器获取实验设备数据、声音和图像等信息并远程传输反馈真实实验数据与现象，使实验者从异地计算机设备上即可进行实验操作和观察，所得到的结果与本地得到的数据结果完全等价，与现场操作实验设备一样[71]。

远程实验系统由硬件和软件系统构成。硬件系统包括客户终端、各类服务器、实验平台和测控仪器仪表等；软件系统包括测控系统、实验平台上运行的控制软件，服务器系统中运行的数据库系统和应用程序以及客户端运行的浏览器软件或客户端软件等。

远程实验系统可以使任何学生在任何地方、任何时间开展实验实践，学生可以自由开展自主学习和实践研究。远程实验系统既可以较好地解决远程教育中实验实践困难的问题，也可以实现实验资源的共享，有效提高了实验资源的利用率。通过远程实践解决传统实验中实验资金、实验设备短缺，实验场地紧张，实验时间呆板等问题[72]。同时，由于远程实验可以通过服务器设置，拒绝用户所有的不安全操作，故实验安全性也会更好。当然，由于远程实验通过在线访问，网络中的各种安全问题也会成为远程实验系统开发中需要考虑的重要问题[73]。

2.2　远程实验的分类

按照系统设计方案划分，远程实验室可大致分为两大类：一类是基于计算机仿真技术的虚拟远程实验室，另一类是基于远程数据采集控制方案的实物远程实验室。

2.2.1　基于虚拟仿真的远程实验

基于虚拟仿真的远程实验研究是最早出现的一种远程实验技术，也一直是早期远程实验研究的重点。基于虚拟仿真的远程实验是将各类真实的实验仪器通过软件虚拟化，并通过网络为远程用户提供一个虚拟的仿真实验环境。虚拟仿真远程实验室的核心是计算机仿真技术，通过仿真技术对实验系统的架构、实验系统的功能和行为进行动态模拟，以 LabVIEW、Matlab、Pspice、Multisim 等仿真软件建立的仿真虚拟模型作为实验的对象。远程虚拟仿真实验具有以下优点。

(1)远程虚拟实验系统灵活高效。通过以"虚"代"实"、以"软"代"硬"，可以大量节约实验设备投资成本，且"实验设备"损耗小、维护方便[74]，因此建设与运行成本低廉，并且可以方便地进行"设备"的更新换代，有利于保持实验设备的先进性。

(2)远程虚拟仿真实验效率高。学生无须远赴实验现场，只需在远程计算机上根据实验内容运用键盘和鼠标即可搭建实验系统，开展实验设计。由于实验结果是通过仿真模型计算得到，因此实验数据的获取也更加高效便捷。

(3)远程虚拟仿真实验安全性更好。在虚拟仿真实验中无须担心实验设备和材料的损坏，也无须担心实验者的安全问题，可以模拟各种极端条件或高危环境下的实验。

(4)远程虚拟仿真实验不受时间和空间的限制，可以通过计算机和网络随时获得实验资源，在构建良好的虚拟仿真平台上也允许用户构建不同的实验系统，因此非常有利于学生的创新性和设计性实验的开展，有利于培养学生的创新能力和综合设计能力，也有利于激发学生自己动手设计和改进虚拟实验程序的热情[75]。

(5)通过虚拟仿真提供便捷有效的仿真实验操作，可以极大缓解日益增加的实验教学需求与实验条件不足的矛盾。同时，通过计算机网络实现远程化操作，可以解决远程教育中的实验实践问题。

相对于基于远程控制的硬件实验室，基于虚拟仿真的远程实验室只需要开发相应的软件，故其开发成本、开发难度均相对较小。就具体实现方案而言，基于虚拟仿真的远程实验室大致可分为两类：一类是以某种通用编程语言完全自主开发实现的远程虚拟实验平台，另一类是采用专用图形化编程工具实现的远程虚拟实验平台。

以通用编程语言完全自主开发实现的远程虚拟实验平台一般主要采用 C、Visual C++、Visual Basic、C#、Java 等通用编程语言，结合 Flash 动画技术、虚拟现实建模语言(virtual reality modeling language, VRML)等实现。这种虚拟仿真实验系统对编程人员要求很高，开发编写工作量巨大、难度高，因而其开发的虚拟远程实验系统费用高、周期长、可扩展性较差，但这种方式功能强大、适应面广，可以开发各种类型的远程虚拟实验平台。这种开发方式在早期的虚拟实验系统中应用较多。例如，北京邮电大学网络研究中心就使用了 Java Applet 开发电子电路、计算机网络等远程虚拟实验系统，该系统只需在远程客户端安装 Java 虚拟机即可通过浏览器页面拖拽各类实验设备、装置和仪器仪表等搭建实验系统进行实验仿真，实验结果也可以及时呈现。

基于专用图形化编程工具开发的远程虚拟实验平台主要使用 LabVIEW、Blockly、Modkit 等图形开发工具开发。这种方式是以图形化的方式来实现程序编写，由于这些开发工具本身针对性较强，因此在虚拟实验的开发上非常高效，而且所开发的程序移植性较好，可以移植到不同的平台上。也比较容易开发出生动、直观的人机交互界面，便于理解和维护。LabVIEW 是此类开发工具的典范，是美国 NI（National Instrument）公司于 20 世纪 80 年代推出的一种虚拟仪器软件开发专用工具。通过不断地发展和完善，LabVIEW 最终成为一种功能强大的图形化编程语言（graphics language, G 语言），成为虚拟仪器开发的主流平台之一。基于 LabVIEW 等虚拟仪器开发工具开发的远程虚拟实验系统成为现在的主流方式，其开发的各类实验系统非常多，其中比较典型的是新加坡国立大学（NUS）电子与计算机工程系研发的机械电子振动信号分析远程实验系统。

2.2.2　基于远程控制的远程实验

基于虚拟仿真的纯软件的实验系统开发技术难度较低，在技术上比较容易实现，其开发成本相对较低。但由于虚拟仿真的实验结果是由计算机根据各类元器件的数学模型计算得出，故其实验数据的可信度较低，网络虚拟实验环境也脱离了真实的硬件平台，无法全面反映真实实验的核心，也脱离了实验实践的本质。

随着传感技术、通信技术、自动控制技术的发展，基于远程控制的实验系统已成为远程实验系统研究的重点。与基于虚拟仿真的远程实验系统不同，基于远程控制的远程实验并非纯软件的实验系统，而是通过软件技术将实验仪器和实验设备的操作界面在网络端进行拓展，使远程用户可以通过网络直接控制实验室的仪器和设备去开展实验。

远程控制型实验是以真实的实验硬件设备为实验对象，通过计算机网络实现对远程仪器和实验设备的实时音视频采集、测量数据采集、分析、观察实验结果，远程异地完成实验，与传统的实验教学模式和基于虚拟仿真的远程实验相比，基于远程控制的实验系统具有如下优势。

（1）突破了传统实验受到的时间和空间的限制，允许学生自由安排实验的时间和地点，并通过网络开展相关实验实践，是远程教育的重要支撑。

（2）基于控制的远程实验操作控制的是与本地亲手实验一样的真实实验仪器和实验设备，因此实验数据真实可靠，这是基于虚拟仿真远程实验所无法比拟的优势。

(3) 基于控制的远程实验系统可以极大地提高真实实验设备的利用率，降低实验场地要求，减少实验设备维护和管理的工作量，也无须管理学生群体的实验工作人员，降低实验仪器的投入成本，还可以为更多的用户提供服务。

远程实验是信息时代的产物，对教育行业的发展具有划时代的意义，尤其是伴随着计算机技术、通信技术、传感技术发展而迅速发展的基于远程控制的实验。远程实验的开发研究也成为当前相关教育机构研究的重点。

2.2.3　控制型远程实验的分类

基于控制的远程实验是通过控制真实的实验设备进行的真实实验，也是现在远程实验研究开发的重点。按照不同的分类标准，可以将基于控制的远程实验系统分为不同的种类。在 MIT 的 iLab 项目中，根据远程实验的特点，按照数据流和控制流的不同将远程实验分为三种类型[76](见表 2-1)。

表 2-1　基于远程控制的远程实验分类

实验种类	分类描述
Batched Experiment	主要针对仪器共享类实验，学生将实验参数发送到远程仪器端进行分析，返回实验数据和分析结果
Sensor Experiment	学生不能提供详尽的参数，可选择希望获得的传感器数据
Interactive Experiment	主要针对远程控制类实验，学生可以对远程实验设备进行操作，定初始化实验条件，改变控制参数，监视实验过程，并观察相关实验现象和获取实验数据

Interactive Experiment 是一种强交互式实验。在实验过程中，学生需要与远程的实验设备进行交互，通过客户端或浏览器监视实验的过程，并根据实验结果改变控制参数或设置、管理实验状态、测量实验数据等，这也是目前基于控制的远程实验系统研究开发的重点。

此外还有一类为整合类实验，即将前面两种实验整合到一个实验系统中，同时实现仪器共享和远程操作。

2.3　远程实验系统的网络通信

自 20 世纪 50 年代计算机网络诞生以来，计算机网络得到了迅速的发展。进入 21 世纪以后，以互联网为代表的计算机网络迅速发展，同时伴随着 3G、4G 移动通信的普及，移动互联网也日益普及。近年来，随着网络宽带化，计算机网络与移动通信网络拥有的硬件与软件资源被越来越多的应用到各个领域之中，比如电子商务、远程教育、远程医疗、远程测控等。与此同时，伴随着以智能手机为代表的智能终端、以智能路由器为代表的智能通信设备、以嵌入式系统为代表的智能设备以及集成了 Zigbee、Wifi 等通信模块的 SOC 芯片的大规模使用，使得"物-物连接"变得更加便捷。这些都为远程实验系统的长足发展奠定了技术基础。

2.3.1 TCP/IP 协议

计算机网络是实验系统远程化的通信基础和前提，其中 TCP/IP（传输控制协议/网络互联协议）是互联网的基础协议，也是事实标准。它规范了互联网上所有通信设备、主机之间数据往来的格式和传送方式[77]。

TCP/IP 协议集诞生于 Internet 架构委员会(IAB)，其核心功能是寻址、路由选择和传输控制。TCP/IP 协议集是 Internet 的基础协议，是一种计算机上数据打包、寻址和传输的标准方法，它规范了网络上的所有通信设备和主机与另一个主机之间的数据往来格式以及传输方式。计算机上数据打包与传输的方法可以类比于邮政通信，TCP 和 IP 可以分别比作大信封和小信封，需要传输的信息就是信封中的内容。首先将需要传输的信息划分成若干数据段，每一段数据放入一个 TCP 信封，TCP 信封上标记数据段的分段号等信息，再将 TCP 信封塞入 IP 大信封并发送到网络上。接收端收到信封后拆除信封抽取数据并按照 TCP 数据段编号顺序还原。同时，为保证接收数据的准确性还要通过数据校验，如果数据出错则 TCP 将请求重发，以此保证数据无差错的可靠传输。

不同于开放系统互连(open system interconnection, OSI)的 7 层协议模型，TCP/IP 通信协议采用了更为简单的 4 层协议结构模型，二者的大致对应关系如图 2-1 所示。

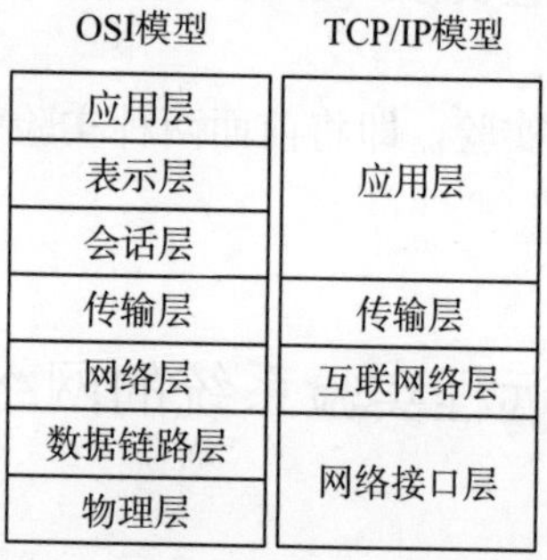

OSI模型	TCP/IP模型
应用层	应用层
表示层	应用层
会话层	应用层
传输层	传输层
网络层	互联网络层
数据链路层	网络接口层
物理层	网络接口层

图 2-1　OSI 参考模型与 TCP/IP 参考模型

在 TCP/IP 的参考模型中将网络通信划分为 4 层，即网络接口层、互联网络层、传输层和应用层，各层支持的主要协议见表 2-2。

表 2-2　TCP/IP 参考模型各层主要协议

TCP/IP 模型分层	支持的协议
应用层 (Application Layer)	HTTP、FPT、TELNET、SMTP、SNMP、DNS
传输层 (Transport Layer)	TCP、UDP
互联网络层 (Internet Layer)	IP、ICMP、IGMP、ARP、RARP
网络接口层 (Network Access Layer)	网络接口卡及设备驱动，Ethernet、ATM

网络接口层：网络接口层是 TCP/IP 协议的最底层，大致对应 OSI 参考模型中的物理层和数据链路层。主要包括多种逻辑链路控制和媒体访问协议。网络接口层的功能是接收 IP 数据报，并通过特定的网络进行传输，或从网络上接收物理帧，抽取出 IP 数据报并转交给网络互联层。

互联网络层：也称为网络互联层，即 IP 层。该层主要处理数据报和路由，实现相同或不同网络中计算机之间的通信。在该层中，网际协议(internet protocol, IP)是最主要的核心协议，其主要功能是提供无连接数据报传输、数据报路由选择和差错控制等。IP 协议提供了不可靠、无连接的传送服务，其最重要的概念是 IP 地址。除 IP 协议外，互联网络层还包括 ARP、RARP、ICMP、IGMP 等其他协议。地址解析协议(address resolution protocol, ARP)用于将 IP 地址转换成物理地址，即通过目标设备的 IP 地址，查询目标设备的 MAC 地址，以保证通信的顺利进行。反向地址解析协议(reverse address resolution protocol, RARP)允许物理机器从网关服务器的 ARP 表或者缓存上请求其 IP 地址，用于将物理地址转换成 IP 地址。因特网控制报文协议(internet control message protocol, ICMP)用于主机、路由器之间传递控制消息，报告差错和传送控制信息，比如网络通不通、主机是否可达、路由是否可用等网络消息。Internet 组管理协议(Internet Group management protocol, IGMP)，该协议运行在主机和组播路由器之间，实现组播成员信息的交互。

传输层：传输层提供端到端，即应用程序之间的通信，其主要功能是数据格式化、数据确认和丢失重传等。传输层主要包括传输控制协议(transmission control protocol, TCP)和用户数据报协议(user datagram protocol, UDP)两个协议。TCP 和 UDP 都建立在 IP 协议的基础上，其中 TCP 提供可靠的面向连接的服务，UDP 提供简单的无连接服务。

应用层：应用层是用户应用程序之间交流沟通的网络层，是 TCP/IP 系统的终端用户接口。在应用层中包含有用户应用程序，这些程序是建立在 TCP/IP 协议组之上的专用程序。TCP/IP 协议的应用层相当于 OSI 模型的会话层、表示层和应用层，其中包含了丰富的应用层协议，常用的有超文本传输协议(hyper text transfer protocol, HTTP)、文件传输协议(file transfer protocol, FPT)、简单邮件传输协议(simple mail transfer protocol, SMTP)、简单网络管理协议(simple network management protocol, SNMP)等。

2.3.2　工业以太网

在传统的基于 RS485 或 CAN 等总线协议的各种工业控制系统中，一方面，由于传统总线的各种固有缺陷而限制着工业控制网络的发展；另一方面，随着以太网(Ethernet)技术的发展，特别是高速以太网的出现使得以太网克服了自身的缺陷，而逐渐进入工业领域。这两方面的因素共同促进了以太网向工业控制领域迅速演进，进而形成了工业以太网。

工业以太网和普通局域网一样是基于统一的 TCP/IP 协议工作的，避免了不同协议之间不能通信的各种困扰。采用工业以太网技术，使人们可以用以太网设备去代替昂贵的各种工业网络设备，具备工业以太网的设备也可以直接和网络中的任何一台计算机通信，而无须额外的硬件转接设备，这极大地方便了数据在局域网中的共享，这也是推动传统工业控制从客户/服务器模式向浏览器/服务器模式转变的一个重要基础。

以太网是互联网技术的一种，最早出现在 1972 年，由施乐帕克研究中心(XeroxPARC)创建。由于以太网在组网技术中占的比重很高，很多人直接把以太网理解为互联网。以太网遵循 IEEE 802.3 标准，是可以在光纤和双绞线上传输的网络。

1. 一般以太网的主要缺陷

当前以太网采用星型和总线型结构,传输速率为 10 Mb/s、100 Mb/s、1000 Mb/s 或更高。在以太网中采用基带冲突检测的载波监听多路访问技术(也成为载波监听多点接入/碰撞检测)即(carrier sense multiple access with collision detection, CSMA/CD)。在传统的共享网络中，由于以太网中所有的站点，采用相同的物理介质相连，这就意味着 2 台设备同时发出信号时，就会出现信号之间的互相冲突。为了解决这个问题，以太网规定，在一个站点访问介质前，必须先监听网络上有没有其他站点在同时使用该介质。若有则必须等待，此时就发生了冲突，这就是以太网产生延迟的主要原因。为了减少冲突发生的概率，以太网常采用随机访问协议 1-持续 CSMA、非持续 CSMA、P-持续 CSMA 等算法[78]。由于以太网是以办公自动化为目标设计的，并不完全符合工业环境和标准的要求，因此将传统的以太网用于工业领域还存在着明显的缺陷。但以太网成本比工业网络低，技术透明度高，尤其是其遵循 IEEE 802.3 标准协议为各现场总线厂商大开了方便之门。一般将以太网应用于工业控制系统中，存在以下缺陷[79]：

(1)确定性问题。由于以太网的 MAC 层采用了 CSMA/CD 协议，该协议使得在网络上存在冲突，特别是在网络负荷过大时，冲突将更加明显。对于一个工业网络，如果存在着大量的冲突，就必须多次重发数据，使得网间通信的不确定性大大增加，这必然导致工业控制网络的系统控制性能下降。

(2)实时性问题。在工业控制系统中，往往需要在一个事件发生后，系统必须在一个可以准确预见的时间范围内做出反应，这也是系统对某事件反应时间的可测性。通常工业上对数据传递的实时性要求十分严格，数据的更新往往需要在数十毫秒内完成。但是由于以太网中存在的 CSMA/CD 机制，故当发生冲突的时候，就得重发数据，并且最多可以尝试 16 次。这种解决冲突的机制将导致实时性下降，这在有些工业控制系统中可能是致命的问题。

(3)可靠性问题。在工业控制领域中，工业现场往往存在恶劣的工况、严重的电磁辐射和线间干扰等。由于以太网在设计之初主要以办公自动化为目标，并不是以工业控制为目标，故在面对恶劣电磁环境时，会引起可靠性极大地降低。而工业控制网络中往往要求具备较好的可靠性可恢复性以及可维护性，即保证一个网络系统中任何组件发生故障时，不会导致应用程序、操作系统、甚至网络系统的崩溃和瘫痪。

2. 工业以太网的解决机制

针对普通以太网存在的确定性、实时性和可靠性等三大缺陷以及工业领域对工业网络的特殊要求，在工业以太网中已采用多种方法来改善以太网的性能和品质，以满足工业领域的要求[80]。采用的方法主要有：

(1)以太网交换技术。为了改善以太网负载较重时的网络拥塞问题，可以使用以太网交换机(switch)。它采用将共享的局域网进行有效的冲突域划分技术。各个冲突域之间用交换机连接，以减少 CSMA/CD 机制带来的冲突问题和错误传输。这样可以尽量避免冲突的发生，提高系统的确定性，但该方法成本较高，在分配和缓冲过程中存在一定的延时。

(2)高速以太网技术。网络中的负载越大，发生冲突的概率就越大。根据相关研究显示，当一个网络的负荷低于 36%时，基本上不会发生冲突，在负荷为 10%以下时，10 M 以太网冲突概率为每 5 年一次。100 M 以太网冲突概率为每 15 年一次；但超过 36%后随着负荷的增加发生冲突的概率是以几何级数的速度增加。因此提高以太网的通信速度，就可以有效降低网络的负荷。目前以太网通信速率普遍为 100 Mb/s 甚至 1 Gb/s，在这样的高速以太网中，通过对系统中的网络结点的数量和通信流量进行控制，在负荷率较低的情况下，完全可以采用以太网作为工业控制网络。

(3)IEEE 1588 精密时钟同步协议标准。针对以太网的定时同步能力不足的问题，通过软件方式的网络时间协议(NTP)提高各网络设备之间的定时同步能力的研究一度成为研究的热点之一。为解决测量和控制领域中分布网络定时同步的问题，在 2000 年底成立了网络精密时钟同步委员会，该委员会起草的规范在 2002 年底获得 IEEE 标准委员会通过，即 IEEE 1588 标准[81]。

IEEE 1588 全称为"网络测量和控制系统的精密时钟同步协议标准"[82]。IEEE 1588 协议是通用的提升网络系统定时同步能力的规范，主要参考以太网来编制，使分布式通信网络能够具有严格的定时同步，并且应用于工业自动化系统。其基本思想是通过硬件和软件将网络设备(客户机)的内时钟与主控机的主时钟进行同步，提供同步建立时间小于 10 μs 的应用，与普通以太网延迟时间 1 ms 相比，整个网络的定时同步指标有显著的改善。

IEEE 1588 定义了一个在测量和控制网络中，与网络交流、本地计算和分配对象有关的精确同步时钟的协议(PTP)[83]。该协议特别适合于基于以太网的技术，它使用时间印章来同步本地时间。即使当网络通信中同步控制信号产生一定的波动时，它所达到的精度仍可满足要求。通过该技术，以太网 TCP/IP 协议不需要大的改动就可以运行于高精度的网络控制系统之中。在区域总线中，它所达到的精度远远超过了现有的各种系统。

一个包括 IEEE 1588 同步机制的简单系统至少包括一个主时钟和多个从属时钟。所有的时钟不断地与主时钟比较时钟属性，如果新时钟加入系统或现存的主时钟与网络断开，则其他时钟会重新决定主时钟。如果多个 PTP 子系统需要互联，则必须由边界时钟来实现。边界时钟的某个端口会作为从属端口与子系统相连，并且为整个系统提供时钟标准。因此该子系统的主时钟是整个系统的原主时钟。边界时钟的其他端口会作为主端口，通过边界时钟的这些端口将同步信息传送到子系统。边界时钟的端口对子系统来说则是普通时钟。

IEEE 1588 所定义的精确网络同步协议实现了网络中的高度同步，使得在分配控制工作时无须再进行专门的同步通信，即可达到通信时间模式与应用程序执行时间模式分开的效果。由于高精度的同步工作，使以太网技术固有的数据传输时间波动降低到可以接受的程度，不影响控制精度的范围。IEEE 1588 是开放式的，现在已经有许多控制系统的供应商将该标准应用到他们的产品中。不同设备的生产商都遵循同样的标准，因此保证了很好的同步性。

3. 典型的工业以太网

由于各类现场总线都存在各种明显缺陷，同时随着以太网技术的高速发展及其极高的市场占有率，促使工控领域的各大厂商纷纷研发出适合自己工控产品且兼容性强的工业以太网[84]。其中应用最为广泛的工业以太网之一是德国西门子公司研发的 SIMATIC NET 工业以太网。

SIMATIC NET 工业以太网提供开放的、适用于工业环境下各种控制级别不同的通信系统。这些通信系统均基于国家和国际标准，符合 ISO/OSI 网络参考模型。

SIMATIC NET 工业以太网的主要体系结构是由网络硬件、网络部件、拓扑结构、通信处理器和 SIMATIC NET 软件等部分组成[85]。

SIMATIC NET 工业以太网有 2 种类型，分别为 10 Mb/s 工业以太网和 100 Mb/s 工业以太网。它利用宽带传输技术，基于 IEEE 802.3 和 CSMA/CD 介质访问方法的单元级和控制级传输网络。在西门子工业以太网中，通常使用的物理传输介质是屏蔽双绞线(fast connection twist pair，FCTP)、工业屏蔽双绞线(industrial twisted pair, ITP) 以及光纤。SIMATIC NET 工业以太网网络部件包括工业以太网链路模板 OLM、ELM 和工业以太网交换机 OSM/ESM 和 ELS 以及工业以太网链路模块 OMC。SIMATIC NET 工业以太网的拓扑结构包括总线型拓扑结构、环型拓扑结构以及环网冗余三种结构。其通信处理器常用的包括用在 S7 PLC 上的处理器 CP243-1 系列、CP343-1 系列、CP443-1 系列以及用在 PC 上的网卡，并提供 ITP、RJ45 及 AUI 等以太网接口。

2.3.3 LXI 总线

作为智能设备的一个重要分支，智能仪器是远程实验系统中的重要组成设备。在远程实验中需要远程控制仪器设备进行数据测量，获取并分析智能器测量结果。智能仪器的通信及联网与计算机联网既具有共通性，也具有特殊性。

传统的测试总线有 VXI、PXI、GPIB 等。VXI(VMEbus extensions for instrumentation, VXI) 总线是 VME 计算机总线向仪器测试领域的扩展，具有 40 MB/s 的数据传输速率。PXI(PC extensions for instrumentation, PXI) 总线是 PCI 总线中的 Compact PCI 总线向仪器测量领域的扩展，其数据传输速率为 132 MB/s，PXI Express 数据速率可高达 6 GB/s。GPIB 通用接口总线(general-purpose interface bus, GPIB) 是一种设备和计算机连接的总线。大多数可编程台式仪器是通过 GPIB 总线以及 GPIB 接口与电脑相连，其传输速率通常可达 1 MB/s。

近年来，在传统的 VXI、PXI、GPIB 等测试总线和局域网技术的基础上又诞生了一种新的总线技术，即 LXI 总线。LXI 总线技术为智能仪器的联网提供了一种全新的接口标准。

LXI(LAN-based extensions for instrumentation, LXI) 总线是安捷伦公司和 VXI 公司于 2004 年推出的一种基于局域网 LAN 的仪器总线[86,87]。LXI 以局域网 LAN 为基础，建立在 IEEE 802.3(以太网)和 IEEE 1588(TriggerBus)之上，为智能仪器提供一种自动测试系统(ATS)的 LAN 模块化平台。LXI 将成熟的以太网技术应用到自动测试系统中，是以太网技术在测试自动化领域的应用中扩展的新一代测量仪器的接口标准，并逐渐替代传统的 VXI、PXI、GPIB 等测试总线技术。

LXI 总线标准将挂接其中的智能仪器按照功能划分为 3 个类别[88,89]，如图 2-2 所示。

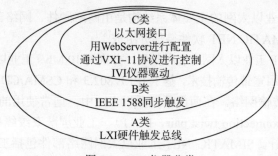

图 2-2   LXI 仪器分类

C 类：具备智能仪器联网的基本功能要求，支持动态 IP (DHCP)、SNMP、DNS、mDNS (LXI Standard Revision 1.3) 等网络管理协议[90]，具有 LAN 编程控制能力，能够与其他厂家的仪器协同工作。具体功能包括 LAN 发现、配置、网络接口和物理标准的基本内容。这类设备对触发和时间控制要求不高，但需要有可靠的网络通信能力。

B 类：除具有 C 类的全部功能外，还支持 IEEE 1588 精确时间协议同步。这类仪器需要总线上连续的精确触发来实现同步，在测量的过程中智能仪器可以加入时间戳 (time-stamp)。仪器也可以配置为对触发进行响应的模式，允许实现对等通信或单对多的多播通信，可以控制智能仪器开始或停止测量的时间，可以实现多个仪器的同步测量。

A 类：除具有 B 类的全部功能外，还具备触发总线硬件触发机制，主要增加了一个针对相互邻近放置仪器的低等待时间硬件触发总线，以保证被测数据点之间紧密的相位关系，也就是提供确定性的硬件触发机制。

相较于标准以太网和传统的仪器总线技术，LXI 的技术优势比较明显：

(1) LXI 总线集成了工业以太网的优点，相比于 GPIB、VXI 等传统测试总线其数据吞吐率得到了极大的提高。GPIB 总线的数据传输速率小于 1 Mb/s，VXI 小于 40 Mb/s。LXI 规范推荐的 Gigabit Ethernet (IEEE 802.3Z) 达到了 125 Mb/s 的超高性能。未来的 10 GB 以太网，LXI 的性能可以达到 160 MB/s。表 2-3 给出了 PC-DAQ、GPIB、VXI、PXI 和 LXI 的特性比较。

表 2-3   GPIB、VXI、PXI 和 LXI 的特性比较

技术指标	GPIB	VXI	PXI	LXI
速率 MB/s	1	40	132(PXI)~6G(PXI E)	5 (IEEE 803.2U) 125 (IEEE 802.3Z) 160 (10 G 以太网)
物理形式	分立式	插卡式	插卡式	标准化分式
几何形式	大	中	小-中	小-中
软件规格	IEEE 488.2	VPP	IVI-C	IVI-COM
互换性	差	一般	较强	很强
系统成本	高	中-高	低-高	低-中

(2) LXI 总线支持 IEEE 1588 网络同步标准,可以在实验室环境下得到纳秒级的时钟同步误差,具有精确的硬件触发机制,因此 LXI 具有以太网的各种联网的便利性,相比于标准以太网,LXI 又很好地解决了以太网实时性差的问题,使远程测量与控制更加准确。

在 LXI 的 B 类和 A 类仪器中,IEEE 1588 提供能够完成本地和远程同步测量的精确时钟。当 LXI 设备相距较近,为了获得更高的触发精度,可以通过硬件总线相互连接;当距离较远时,则可通过 IEEE 1588 定时触发和 LAN 消息触发方式来进行触发,从而达到设备之间的同步[91, 92]。图 2-3 给出了一个典型的分散式应用 LXI 系统。其中包含能够不依赖中央控制器自行完成测量任务的智能仪器。为了实现该方案,仪器中将代表性的包含一个能给测量和事件添加时间标记的本地时钟。IEEE 1588 通过仪器控制相同的以太网工作,而不要求额外的电缆。

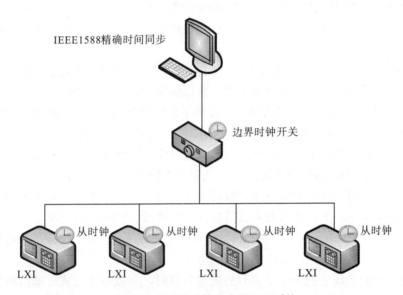

图 2-3　典型的分散式应用 LXI 系统

(3) LXI 总线是采用 TCP/IP 协议的标准开放式网络,借助于标准以太网及相关软硬件的广泛应用,LXI 可以大量借用现成网络,减少初期建设的各种费用。

(4) 支持 LXI 的仪器和实验设备可以很方便地互联互通,也可以很方便地支持不同设备的互操作,提高系统组网和使用的灵活性,降低成本和远程实验系统开发和组建的时间。

2.3.4　CAN 总线

CAN 总线即控制器局域网总线(controller area network, CAN),是世界上应

用最广泛的现场总线之一。CAN 总线是一种用于实时应用的串行通信协议总线，最早由德国 Robert Bosch 公司开发，用于汽车中各种不同元件之间的通信，以取代昂贵而笨重的配电线束[93]。该协议的健壮性使其用途延伸到其他自动化和工业应用，如汽车电器控制系统、电梯控制系统、安全监测系统、医疗仪器、纺织机械、船舶运输、智能仪器网络等领域。目前已成为 ISO1898 和 ISO11519 国际标准现场总线。CAN 总线是一种串行数据通信总线，通信介质可采用双绞线、同轴电缆或光纤。CAN 通信控制器集成了 CAN 协议的物理层和数据链路层功能。

CAN 总线是一种多主方式的串行通讯总线，基本设计规范要求高速率，高抗电子干扰性，并且能够检测出产生的任何错误。一个由 CAN 总线构成的单一网络中，理论上可以挂接无数个节点。实际应用中，节点数目受网络硬件的电器特性所限制。CAN 总线可提供高达 1 Mb/s 的数据传输速率，这使实时控制变得非常容易，同时硬件具有 11 位的寻址以及检错能力，这种错误检定特性也增强了 CAN 的抗电磁干扰能力。

CAN 总线通信接口中集成了 CAN 协议的物理层和数据链路层功能，可完成对通信数据的成帧处理，包括位填充、数据块编码、循环冗余检验、优先级判别等工作。CAN 协议的一个最大特点是废除了传统的站地址编码，而代之以对通信数据块进行编码。采用这种方法的优点是，网络内的节点个数在理论上不受限制，数据块的标识码可由 11 位或 29 位二进制数组成，因此可以定义 2^{11} 或 2^{29} 个不同的数据块，这种按数据块编码的方式，还可使不同的节点同时接收到相同的数据，这在分布式控制系统中非常有用。数据段长度最多为 8 个字节，可满足通常工业领域中控制命令、工作状态及测试数据的一般要求。同时，8 个字节不会占用总线时间过长，从而保证了通信的实时性。CAN 协议采用 CRC 校验，并可提供相应的错误处理功能，保证了数据通信的可靠性。

当 CAN 总线上的一个节点(站)发送数据时，它以报文方式广播给网络中所有的节点。对每个节点来说，无论数据是否是发给自己的，都对其进行接收。每组报文开头的 11 位字符为标识符，定义了报文的优先级，这种报文格式称为面向内容的编址方案。在同一系统中标识符是唯一的，不可能有两个站发送具有相同标识符的报文。当几个站同时竞争总线读取时，这种配置则十分重要。

当一个站要向其他站发送数据时，该站的 CPU 将要发送的数据和自己的标识符传送给本站的 CAN 芯片，并处于准备状态。当收到总线分配时，CAN 芯片转为发送报文状态，并根据协议将数据组装成一定的报文格式发出。当该站处于发送状态时，网上的其他站处于接收状态，每个处于接收状态的站对接收到的报文都进行检测，判断这些报文是否是发给自己的，以决定是否接收它。

由于 CAN 总线是一种面向内容的编址方案，因此很容易建立高效的控制系统并灵活地进行配置。用户可以非常容易地在 CAN 总线中加入一些新站而无须在硬件或软件上进行修改或设置。当所提供的新站是纯数据接收设备时，数据传输协议不要求独立的部分有物理目的地址。CAN 总线允许分布过程同步化，即总线上某个控制器需要测量数据时，可由网上获得，而无须每个控制器都具备独立的传感器。

CAN 总线采用双线串行通信方式，本质上 CAN 总线就是在应用现场构建一个总线拓扑的计算机局域网，实现任一节点之间的实时通信。CAN 总线结构简单，具有实时性强、传输速度较高、传输距离较远、抗电磁干扰能力强、检错能力强、可在高噪声干扰环境中工作、成本低等显著优点。这些特点使 CAN 总线在许多领域都具有广阔的应用前景和发展潜力。CAN 总线最初是为汽车的电子控制系统而设计的，目前 CAN 总线在汽车电子中的应用已非常普遍，同时 CAN 总线技术也被推广到火车、轮船等交通工具中。除此以外，CAN 总线技术也被广泛应用于工业控制、机器人网络互联、智能家居、社区管理以及大型仪器远程仪器的互联中。

远程实验仪器是一种涉及多种信息采集、处理、控制、输出等操作的复杂仪器系统。在远程实验中往往需要对多种仪器和设备进行操作与控制、设置实验条件、测量实验参数等。在绝大多数情况下，整个远程实验系统传输与控制的数据量都比较小。CAN 总线在诞生之初主要是针对测控领域设计的，所以一次传输的报文量很小，一次报文量最大能够承载的数据上限为 8 字节，这种小数据量的传输能够保证低优先级事务的正常传输，也非常符合测控需求。CAN 总线技术的高可靠性、低成本等诸多优点使之也适合应用于远程实验中各仪器系统模块之间的互相通信，采用模块化组网的方式构建大型远程实验系统。

2.3.5　FF 总线

FF 总线，即基金会现场总线(foundation fieldbus, FF)，是由 WORLDFIPNA(北美)和 ISP Foundation 于 1994 年 6 月联合成立的现场总线基金会推出的一种单一、开放、全数字化、可互操作的工业通信现场总线协议国际标准[94]。

FF 总线最初包括 H1(过程控制)和 H2(工厂自动化)两级总线，其中，H1 符合 IEC61158-2 标准，支持总线供电和本质安全防爆环境，H2 采用高速以太网作为其物理层，传输速率分别为 1 Mb/s 和 2.5 Mb/s，通信距离分别为 750 m 和 500 m，支持双绞线、光缆和无线发射。随着多媒体技术的发展和工业自动化水平的提高，工业控制网络中的实时信息传输量越来越大，H2 的设计能力已经不能满足实时信息的传输带宽要求。现场总线基金会放弃了原有的 H2 总线方案，取而代之的是将现场总线技术与成熟的高速商用以太网技术相结合的新型高速现场总线——基金会 HSE(high speed ethernet, HSE)现场总线。HSE 是一种基于 Ethernet+TCP/IP 协议、运行在 100Base-T 以太网上的高速现场总线。它能支持低速总线 H1 的所有功能，是对

H1 的补充和增强。HSE 采用标准以太网设备和网络,其传输速率高达 100 Mb/s,通过连接设备可以集成 H1 子系统。表 2-4 给出 FF 总线基本技术参数。

表 2-4   FF 总线基本技术参数

	H1 低速总线	HSE 高速总线
传输速率	31.25 kb/s	100 Mb/s
用途	现场设备	控制器、PLC、大系统桥路器
供电	9~32 V	单独供电
信号电压	0.75 Vpp	以太网标准
总线阻抗	100 Ω	以太网标准
本质安全	支持	不支持
设备数量	32 台	32 台

FF 总线是一种全数字式的串行双向通信系统,用于连接工业现场各种智能仪表设备及自动化系统。FF 现场总线的网络协议是按照 ISO/OSI 模型建立的,FF 总线 H1 的通信模型结构如图 2-4 所示。根据工控系统的特点,FF 总线 H1 的通信模型采用了 4 层结构,其中省略了 OSI 参考模型中的网络层、传输层、会话层和表示层,只保留了物理层、数据链路层和用户层。根据现场总线的实际需求,其中用户层又被划分为总线访问子层(fieldbus access sublayer, FAS)和总线报文规范子层(fieldbus message specification, FMS)。在应用层之上增加了用户层。

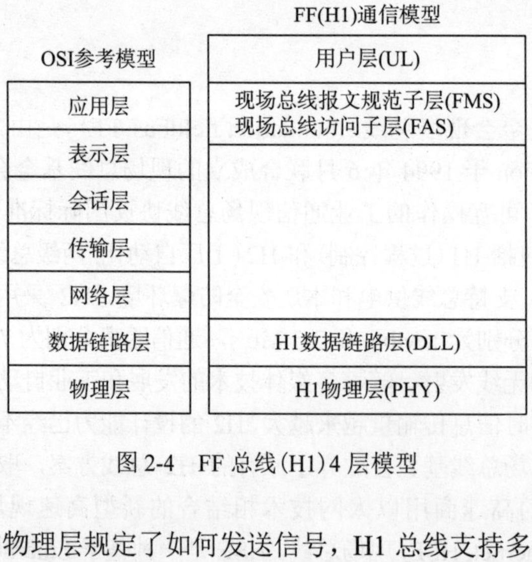

图 2-4   FF 总线(H1)4 层模型

FF H1 总线的物理层规定了如何发送信号,H1 总线支持多种传输媒体,包括双绞线、同轴电缆、光缆和无线媒体等。H1 现场总线支持总线供电和本质安全,其数据采用数字化、位同步的传输方式，传输波特率为 31.25 kb/s，驱动电压为直流 9～32 V，信号电流是 ±9 mA，网络拓扑结构可以采用线型、树型、星型及复合型等方式，无中继器时电缆长度最大为 1900 m，分支电缆长度为 30～120 m，无中继器时设备挂接数不得超过 32 台，可用中继器数不得超过 4 台。物理媒介的传输信号采用曼彻斯特编码。

FF 总线的数据链路层规定了如何共享网络和通信调度，包括链路活动调度、数据接收和发送、活动状态的探测和响应、总线链路时间同步等，也为用户提供面向连接的服务和无连接模式服务。FF 现场总线的数据链路层是现有 IEC61158-3 数据链路层的一个子集，只支持其部分功能。

应用层规定了设备间数据交换、命令、事件信息以及请求应答的信息格式，包括总线访问子层(FAS)和总线报文规范子层(FMS)。其中总线访问子层提供了用户与数据链路层的接口。总线访问子层提供的通信信道被称为应用关系，应用关系负责在所要求的时间内，按照规定的通信特性，在两个或多个应用进程之间通过调用数据链路层的服务完成 FAS 报文的传输。总线报文规范子层是具有实现开放、互操作能力和服务的面向对象模型，描述了用户应用所需要的通信服务、报文格式、行为状态等，提供一组服务和标准的报文格式。

用户层是 FF 总线模型新增加的逻辑层，用于组成用户所需的应用程序，如功能块、设备描述、网络管理和系统管理等，包括初始化和维护通信参数的组态管理、收集设备通信信息的性能管理、发现故障、隔离和恢复的故障管理等。

图 2-5 给出了 FF 总线 HSE 的 6 层通信模型。HSE 模型采用 OSI 参考模型中的物理层、数据链路层、网络层、传输层和应用层，并在应用层上增加用户层，形成 6 层的通信模型。HSE 的通信结构和模型分层与 OSI 参考模型分层的对应关系如图 2-5 所示。

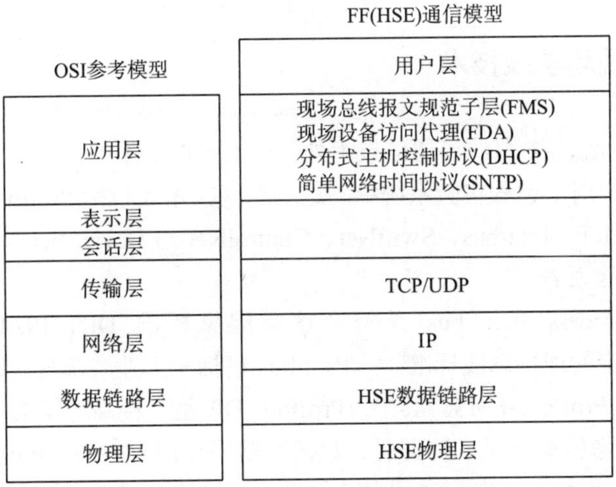

OSI参考模型	FF(HSE)通信模型
	用户层
应用层	现场总线报文规范子层(FMS) 现场设备访问代理(FDA) 分布式主机控制协议(DHCP) 简单网络时间协议(SNTP)
表示层 会话层	
传输层	TCP/UDP
网络层	IP
数据链路层	HSE数据链路层
物理层	HSE物理层

图 2-5 FF 总线(HSE)6 层模型

HSE 的结构是一个增强型的标准以太网模式。底层采用标准以太网 IEEE802.3 的最新技术和 CS-MA/CD 链路控制协议来进行介质的访问控制。TCP/IP 协议是标准以太网的重要协议，它位于网络层和传输层，实现面向连接和无连接的数据传送，并为分布式主机控制协议(DHCP)、简单网络时间协议(SNTP)、简单网络管理协议(SNMP)和现场设备访问代理(field device access agent，FDA agent)提供传输服务。HSE 系统和网络管理代理、功能块、HSE 管理代理和现场设备访问代理都位于用户层和应用层中，提供设备的描述和访问、功能块无须添加任何专用设备即可直接连入高速网络，同时也从另一方面增强了 HSE 设备的互操作性。

图 2-6 给出了 FF 总线系统的一种总线型拓扑结构。FF 总线系统也支持点对点、树形、菊花链等拓扑结构。为了防止发生信号的反射，在总线两端的末端附近，必须设置一个且只能是一个终端反射电阻。终端反射电阻可以用单独的终端器，也可以内置在电路、安全栅、PC 接口等设备。终端电阻的阻值应等于导线的特征阻抗。

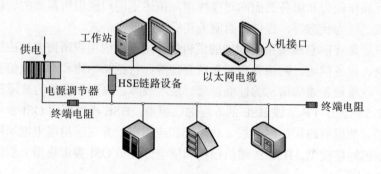

图 2-6　FF 现场总线的一种网络结构

2.3.6　其他现场总线技术

除 CAN 总线、FF 总线等通信技术外，在工业控制中的其他各种总线技术也均可以移植，并应用于远程实验系统中。这些总线技术还包括 Profibus、LonWorks、WorldFIP、HART、Interbus、SwiftNet、ControlNet 与 DeviceNet 等。

1. Profibus 总线

Profibus(process field bus)是符合德国国家标准 DIN 19245 和欧洲标准 EN50170 所规定的现场总线标准[95]。Profibus 包括三个兼容部分，即 Profibus-DP、Profibus-PA 和 Profibus-FMS。其中，Profibus-DP 是一种高速低成本通信系统[95]，它按照 OSI 参考模型定义了物理层、数据键路层和用户接口。Profibus-PA 采用扩展的 Profibus-DP 协议，专为过程自动化设计，可使变送器与执行器连接在一根总线上，并提供本质安全和总线供电特性。Profibus-FMS 根据 OSI 参考模型定义了物理层、链路层和应用层，其中应用层包含现场总线报文规范(fieldbus message specification，FMS)和底层接口(lower layer interface，LLI)，通信距离不超过 100 m 时最高通信速率为 12 Mb/s，最大通信距离为 1200 m 时通信速率最高为 9.6 kb/s。如果采用中继器可延长至 10 km，其传输介质可以是双绞线或光缆。每个网络可挂 32 个节点，如带中继器，最多可挂 127 个节点。

Profibus 支持主-从系统、纯主站系统、多主多从混合系统等几种传输方式。主站具有对总线的控制权，可主动发送信息。对多主站系统来说，主站之间采用令牌方式传递信息，得到令牌的站点可在一个事先规定的时间内拥有总线控制权。按 Profibus 的通信规范，令牌在主站之间按地址编号顺序，沿上行方向进行传递。主站在得到控制权时，可以按主-从方式，向从站发送或索取信息，实现点对点通信。主站可采取对所有站点广播(不要求应答)，或有选择地向一组站点广播。Profibus-DP 主要应用在工厂自动化和楼宇自动化、Profibus-PA 主要应用在过程自动化、Profibus-FMS 主要应用在工厂级或车间级通信。

2. LonWorks 总线

LonWorks 总线正式诞生于 1990 年，是由美国 Echelon 公司开发，并与 Motorola 和东芝公司共同倡导的现场总线技术[96]。它采用 ISO/OSI 模型中完整的七层通信协议，以及面向对象的设计方法，通过网络变量把网络通信设计简化为参数设置，当通信距离不超过 130 m 时，其最高通信速率为 1.25 Mb/s；最远通信距离为 2700 m 时，通信速率最大为 78 kb/s。LonWorks 总线中的节点总数可达 32000 个。网络的传输介质可以是双绞线、同轴电缆、光纤、射频、红外线、电力线等。

Lon Wors 总线的信号传输采用可变长帧结构。每帧的有效字节可有 0～288 个。LonWorks 技术的核心是具备通信和控制功能的被称之为 Neuron 的神经元芯片[97]。LonWorks 所采用的 LonTalk 通信协议被封装在 Neuron 的神经元芯片中。芯片中有 3 个 8 位 CPU，一个用于实现 ISO/OSI 模型中的第 1 层和第 2 层的功能，称为媒体访问控制处理器；第二个用于完成 3～6 层的功能，称为网络处理器；第三个对应于第 7 层，称为应用处理器。芯片中还具有信息缓冲区，以实现 CPU 之间的信息传递，并作为网络缓冲区和应用缓冲区。LonWorks 总线技术被广泛应用在楼宇自动化、保安系统、办公设备、交通运输、工业过程控制等行业。

3. WorldFIP 现场总线

WorldFIP(world factory instrument protocol)现场总线是由 Cegelec 等几家法国公司在原有通信技术的基础上根据用户的要求所制定的，随后成为法国标准，后来又采纳了 IEC 物理层国际标准(IEC6ll58-2)，并命名为 WorldFIP。WorldFIP 是欧洲现场总线 EN50170-3 标准。WorldFIP 组织成立于 1987 年，目前包括 ALSTOM、Schneider、Honeywell 等世界著名大公司在内的 100 多个成员[98]。

WorldFIP 协议按照 OSI 参考模型定义了物理层、数据链路层和应用层。WorldFIP

采用有调度的总线访问控制，通信速率分别为 31.35 kb/s、1 Mb/s、2.5 Mb/s，对应的最大通信距离分别为 5000 m、1000 m、500 m，其通信介质为双绞线。如果采用光纤，其最大通信距离可达 40 km。每段现场总线的最大节点数为 32 个，使用分线盒可连接 256 个节点。整个网络最多可以使用 3 个中继器，连接 4 个网段。WorldFIP 的特点是具有单一的总线结构来适用不同的应用领域的需求，而且没有任何网关或网桥，用软件的办法来解决高速和低速的衔接。World FIP 主要应用在电力工业、铁路、交通、工业控制、楼宇等系统。

4. HART 现场总线

HART（Highway Addressable Remote Transducer）最早由 Rosemount 公司于 1986 年提出[99]。HART 总线是用于现场智能仪表和控制室设备间通信的一种协议。得到了 80 多家仪表公司的支持，并于 1993 年成立了 HART 通信基金会。HART 协议参考了 ISO/OSI 参考模型的物理层、数据链路层和应用层。其主要特点是采用基于 Bell202 通信标准的频移键控 FSK 技术。在现有的 4~20 mA 模拟信号上叠加 FSK 数字信号，1200 Hz 的信号表示逻辑 1，2200 Hz 的信号表示逻辑 0，通信速率为 1200 b/s，单台设备的最大通信距离为 3000 m，多台设备互连的最大通信距离为 1500 m，通信介质为双绞线，最大节点数为 15 个。HART 采用可变长帧结构，每帧最长为 25 个字节，寻址范围为 0~15。当地址为 0 时，处于 4~20 mA 与数字通信兼容状态；而当地址为 1~15 时，则处于全数字状态。HART 总线可以有点对点或多点连接模式。这种协议是可寻址远程传感器高速通道的开放通信协议，其特点是在现有模拟信号传输线上实现数字信号通信，属于模拟系统向数字系统转变过程中的过渡产品，在智能仪表市场上占有一定的份额。

5. Interbus 现场总线

Interbus 总线于 1984 年推出，其主要技术开发者为德国的 PhoenixContact 公司[100]。INTERBUS-Club 是 Interbus 设备生产厂家和用户的全球性组织，目前在 17 个国家和地区设立了独立的 Club 组织，共有 500 多个成员。Interbus 作为 IEC61158 标准之一，用于连接传感器/执行器的信号到计算机控制站，是一种开放的串行总线系统，具有强大的可靠性、可诊断性和易维护性，同时，具有低速高效的特点，并严格保证了数据传输的同步性和周期性。该总线的实时性、抗干扰性和可维护性也非常出色。Interbus 已广泛地被应用到汽车、烟草、仓储、造纸、包装、食品等工业。

Interbus 总线包括远程总线网络和本地总线网络，两种网络传送相同的信号但电平不同。远程总线网络用于远距离传送数据，采用 RS-485 传输，网络本身不供电，远程网络采用全双工方式进行通信，通信速率分别为 500 kb/s 和 2 Mb/s。本地总线网络连接到远程网络上，网络上的总线终端 BT（BUSTerminal）上的 BK 模块负责将远程网络数据转换为本地网络数据。

6．SwiftNet 现场总线

1996 年，SHIPSTAR 公司应 Boeing 公司要求，研究适用于飞行测试和飞行器模拟控制的现场总线。对 DeviceNet、Foundation、Profibus-DP、WorldFIP 四种现场总线进行最终性能测试后，发现它们的总体性能仍无法满足要求，于是在 1998 年推出 SwiftNet 现场总线。SwiftNet 得到了美国波音公司支持，主要应用在飞行测试、飞行模拟、飞行通信、采油平台、复杂机械或系统控制等领域。

SwiftNet 现场总线是一种结构简单、实时性强、真正同步、高速数据的总线，协议仅包括物理层和数据链路层，在标准中没有定义应用层。物理层传送速率为 5 Mb/s，此时每秒传送 105 个不同的报文。总线使用 TDMA（slotted time division multiple access）槽路时间片多路送取方式，提供专用高速、低抖动同步通道和按要求指定的通道。专用通道适用于自动状态数据的分配或交换。按要求指定的通道则适用于非调度报文。SwiftNet 现场总线采用 TDMA 后，其扫描频率可达 85 K/s，将总线上所有节点的局域时间锁定，以实现报警同步，并可杜绝差拍所引起的伪信号，也有效减少了随机因素对总线的影响。

7．ControlNet 与 DeviceNet

ControlNet 是 IEC61158 现场总线标准的子集。ControlNet 是由美国罗克韦尔公司（Rockwell Automation）于 1997 年推出的面向控制层的实时性现场总线。1997 年 7 月，Rockwell 等 22 家企业联合发起成立了 ControlNet International（CI）组织。CI 主要负责在全世界范围内推广发展 ControlNet 技术，提供测试软件及独立的合格性测试，出版发行 ControlNet 技术说明书和产品目录以及组织设计和使用 ControlNet 的培训等工作。

传统的工厂级的控制体系结构有五层，即工厂层、车间层、单元层、工作站层和设备层。而 Rockwell 自动化系统的控制体系结构简化为三层结构：信息层（Ethernet 以太网），控制层（ControlNet 控制网）和设备层（DeviceNet 设备网）。ControlNet 层常传输大量的 I/O 和对等通信信息，具有确定性和可重复性的，紧密联系控制器和 I/O 设备的要求。它具备如下特点：

（1）ControlNet 在单根电缆上支持两种类型的信息传输：有实时性的控制信息和 I/O 数据传输，无时间苛求的信息发送和程序上传和下载。

（2）ControlNet 技术采取了一种新的通信模式，以生产者/客户模式取代了传统的源/目的模式，它不仅支持传统的点对点通讯，而且允许同时向多个设备传递信息。生产者/客户模式使用时间片算法保证各节点实现同步，从而提高了带宽利用率。

（3）ControlNet 的主要物理介质是同轴电缆，使用同轴电缆时可达 6 km，节点数可达 99 个，两个节点之间的距离最长可达 1000 m，还可通过中继器延长。此外也可以使用光纤，用于户外和危险环境，具有本征安全特性，与电缆组合使用可构成长 25 km 的系统。

ControlNet 可广泛应用于交通运输、汽车制造、冶金、矿山、电力、食品、造纸、水泥、石油化工、娱乐及其他各个领域的过程控制和自动化。

2.4 自动测试系统与远程实验

自动测试系统(automatic test system, ATS)是以计算机为核心，在指令控制下为完成某种测试任务而采用各种总线技术等通信方式组合起来的测量仪器和其他设备的有机体。通过自动测试系统可以对被测试设备进行自动测试、故障诊断、数据处理、存储和显示等。通过 ATS 可以有效降低设备的维护时间，提升设备的性能，提高工作效率，降低成本，并且具有高速度、高精度、具有多参数和宽测量范围等众多优点。

2.4.1 自动测试系统的逻辑结构

自动测试系统通常由自动测试设备(automatic test equipment, ATE)、测试程序集(test program sets, TPS)和测试环境(test environment, TE)三部分组成[101, 102]，如图 2-7 所示。

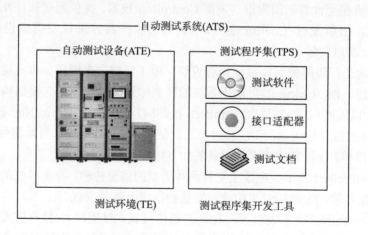

图 2-7 自动测试系统的逻辑结构

1. 自动测试设备

自动测试设备(ATE)是一种通过计算机控制进行器件、电路板和子系统测试的设备，它是整个测试系统的硬件平台。通过自动测试设备由计算机编程取代手工操作，自动地完成测试。ATE 的核心是计算机，包括所有的硬件设备和相应的操作系统软件。ATS 中采用 ATE 来控制各类复杂的测试仪器仪表或设备，如数字电压表、信号发生器和开关组件等。这些设备在测试软件的控制下运行，提供被测电路或部件所要求的激励信号，然后测量在相应引脚、端口或连接点的响应，通过分析激励与响应之间的关系，从而确定被测对象是否具有规定的功能或性能。

2. 测试程序集

测试程序集(TPS)通常由三部分组成：测试程序软件、测试接口适配器(包括接口装置、保持/紧固件及电缆)和被测对象测试所需的各种文档。测试程序软件通常用标准的语言，如标准测试描述语言(abbreviated test language for avionics system, ATLAS)、C 或 Ada 等编写。自动测试系统软件是整个测试系统的核心和关键之一，负责测试资源的管理和调度、被测部件(unit under test，UUT)测试任务的实现、测试中的人机交互、测试/诊断信息的存储与利用等一系列功能。

3. 测试环境

测试环境(TE)可包括 ATS 结构说明、程序设计和测试描述语言、编译器、开发工具、描述 UUT 设计需求的标准格式和开发 TPS 软件的测试策略信息、ATE 和 UUT 仿真器、ATE 和 UUT 描述语言等。

在自动测试系统中，测试资源定义为系统所使用的自动测试设备和信号调理适配器的相关集合。其中，自动测试设备是测试系统中完成激励信号产生和响应信号采集的主要设备，是测试资源的核心。信号调理适配器将通过接口连接件引出的 ATE 的信号管脚和 UUT 的信号管脚对应连接起来，并实现一定的信号调理，如电压的转换等。资源管理就是管理自动测试系统中自动测试设备和信号调理适配器的相关信息，为 TPS 的开发者提供必要的数据文件和访问接口。

2.4.2　自动测试系统的基本原理

自动测试系统是一个不断发展的概念，随着各种高新技术在检测领域的运用，它不断地被赋予各种新的内容和组织形式。由现代电子设备组成的自动测试系统的组成原理如图 2-8 所示。可以看出，自动测试系统的硬件部分通常包括以下几个部分。

1. 测试控制器

控制器是自动测试系统的核心，是 ATS 的指挥和控制中心。控制器可以是计算机、单片机等嵌入式处理器或数字信号处理器 DSP 等。其功能是管理检测周期，控制数据流向，接收检测结果，进行数据处理，检查读数是否在误差范围内，进行故障诊断，并将检测结果送到显示器或打印机。控制器在检测程序的作用下，对检测周期内的每一步骤进行控制，从而完成上述功能。

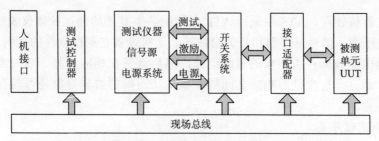

图 2-8　自动测试系统的一般组成

2．测试仪器/信号源

测量仪器是完成一定测试或控制任务的硬件，其主要功能是检测 UUT 的输出信号。根据检测的不同要求，测量仪器的形式也不同，如数字式多用表、频率计、A/D 转换器及其他类型的检测仪器等。控制器与测量仪器之间可以通过各种现场总线建立复杂通信连接，实现有效通信与控制。

激励信号源是主动式检测系统必不可少的组成部分，其功能是向 UUT 提供检测所需的激励使号。根据各种 UUT 的不同要求，激励装置的形式也不同，如交直流电源、函数发生器、D/A 变换器、频率合成器、微波源等。

3．开关系统

矩阵开关的功能是控制 UUT 和自动测试系统中有关部件间的信号通道，即控制激励信号输入 UUT 和 UUT 的被测信号输往测量装置。

4．接口适配器

适配器的功能是实现 UUT 与自动测试系统之间的信号连接。

5．被测单元

被测单元即各类被测试研究的对象，比如待测试的手机、程控交换机、汽车或者远程实验系统中的实验装置等。

6．人机接口

人机接口的功能是实现操作员与控制器的双向通信。常见的形式为，操作员通过键盘或开关向控制器输入信息，控制器将检测结果及操作提示等有关信息送到显示器显示。当需要打印检测结果时，人机接口内可以配备打印机。

在以上硬件的基础之上，自动测试系统的有效工作离不开高效的自动测试程序。自动测试系统是在自动测试程序的控制下进行性能检测和故障诊断。自动测试程序是自动测试系统的重要组成部分，负责完成人机交互、仪器管理和驱动、测试流程控制、测试结果的分析处理和输出显示、故障诊断等功能。

2.4.3　自动测试系统的发展

自动测试系统的发展过程大体上经历了三个阶段，也可以称之为三代：针对具体测试任务的专用自动测试系统,(专用型),基于 GPIB 等总线的积木式通用自动测试系统(台式仪器积木型),基于 VXI、PXI、LXI 等总线的模块化通用自动测试系统(模块化仪器集成型)。

1. 第一代自动测试系统——专用型

专用型系统是针对具体测试要求而研制的,主要用于测试工作量很大的重复测试、高可靠性的复杂测试、用来提高测试速度或者用于人员难以进入的恶劣环境。第一代自动测试系统至今仍在应用。很多远程实验系统,尤其是早期的远程实验系统通常也属于这种专用的自动测试系统。

这类系统是从人工测试向自动测试迈出的重要的一步,是本质上的进步。它在测试功能、性能、测试速度和效率以及使用便捷性等方面明显优于人工测试。

由于专用型自动测试系统是针对特定被测设备,测试系统间互不兼容,互操作性低,测试资源利用率低,维护费用高。专用型自动测试系统在接口及标准化方面的缺失是最为主要的问题。由于系统的专用性,当复杂的被测对象所有功能、性能测试全部采用专用型自动测试系统,则所需要的自动测试系统数目将会非常大,费用也将非常昂贵,保障设备能力将降低。同时,一旦被测对象报废,为其服务的一大批专用自动测试系统也将随之报废,这将造成更大的资源浪费。

2. 第二代自动测试系统——台式仪器积木型

台式仪器积木型是在标准的接口总线的基础上,以积木方式组建的系统。系统中的各个设备(计算机、可程控仪器、可程控开关等)均为台式设备,每台设备都配有符合接口标准的接口电路。在组装系统时,用标准的接口总线电缆将系统所含的各台设备连在一起则构成自动测试系统。这种系统组建方便,组建者一般不需要自己设计接口电路。积木式使得这类系统更改、增减测试内容很灵活,而且设备资源的复用性好。系统中的通用仪器既可作为自动测试系统中的设备,亦可作为独立的仪器使用。使用一些基本的通用型智能仪器可以在不同时期,针对不同的要求,灵活地组建不同的自动测试系统。组建这类自动测试系统普遍采用的接口总线为可程控仪器的通用接口总线(general purpose interface bus,GPIB),即 IEEE 488HP-IB(美国)和 IEC 625(欧洲、日本)。采用 GPIB 总线组建的自动测试系统特别适合于科学研究或各种设备研制过程中的试验、验证测试等。

由于 GPIB 总线的传输速率不够高,最大传输速率仅为 1 MB/s,很难以此总线为基础组建高速、大数据吞吐量的自动测试系统,这是基于 GPIB 总线的自动测试系统的主要缺点。同时,在这种系统中,仪器的机箱、电源、面板、开关等部件都是重复配置,故难以组建体积小、重量轻的自动测试系统。

3. 第三代自动测试系统——模块化仪器集成型

这类系统基于 VXI、PXI、LXI 等测试总线,主要由模块化的仪器设备组成。

VXI、PXI 和 LXI 总线的传输速度远远高于 GPIB 总线。以这些总线为基础，可组建高速、大数据吞吐量的自动测试系统。ATS 系统中，仪器、设备或嵌入计算机均以 VXI、PXI 或 LXI 总线的形式出现，众多模块化仪器设备均插入带有 VXI、PXI 或 LXI 总线插座、插槽、电源的 VXI、PXI 或 LXI 总线机箱中，仪器的显示面板及操作均用统一的计算机显示屏以软面板的形式来实现，避免了系统中各仪器、设备在机箱、电源、面板、开关等方面的重复配置，大大降低了整个系统的体积和重量，并能在一定程度上节约成本。第三代自动测试系统具有数据传输速率高、数据吞吐量大、体积小、重量轻、系统组建灵活、扩展容易、资源复用性好、标准化程度高等众多优点，是当前先进的自动测试系统的主流组建方案。

无论是台式仪器积木型还是模块化仪器集成型自动测试系统都具有一定的通用性，均可以降低自动测试系统的使用及维护费用、提高测试系统的互操作能力、实现测试信息的共享、提高测试诊断效率和准确性。目前通用型自动测试系统已成为自动测试系统的主流，在远程实验系统中，其实验参数的设置与测量也越来越多地使用通用自动测试系统来完成。

2.4.4　自动测试系统的组建

测试系统的组建要根据不同的测试目标，选择构建测试系统所需要的各种硬件、软件和测试方法，并将其有机融合为一体。在测试仪器模块化、软件化的基础上，针对特定的测试对象、测试需求完成测试任务。故必须要综合考虑技术、经济和性能的优化匹配、测试算法和测试仪器的选择，进而确定测试系统的硬件组成、软件组成和测试方案，使构建的自动测试系统正常且可靠地工作。自动测试系统的构建需要考虑一系列的问题，包括用户需求是什么、如何实现与解决、被测试的参数有哪些、目标信号类型的特征如何、测定的方法有哪些等。

1. 测试任务与目标分析

测试系统的设计一般从顶层开始。顶层设计是指从用户使用的角度对测试系统展开分析，即从测试需求开始，在最高层次对自动测试系统展开总体的规划和设计。要站在被测系统的过去、现在和未来需求上，从技术发展的高度进行总体规划。顶层设计要解决的问题有：第一，要为测试系统展开分析和规划，分层次分阶段地实现自动测试；第二，根据不同的测试设备测试指标的要求制定出严密的测试方案；第三，选定自动测试系统硬件平台和软件平台的体系结构。

被测试设备的测试任务与目标分析是组建自动测试系统的首要环节。不同的测试任务和目标需要不同的测试方法和设备。随着自动测试技术的发展，接口也在不断地发展，市场上存在着 GPIB、VXI 等不同接口的各类仪器，因此根据不同的测试任务和目标的需求，可能需要选择不同接口的测试仪器，而在实际自动测试系统的组建过程中往往需要采用多种总线接口技术，从而构建混合总线技术的自动测试系统。

2．硬、软件的选择与设计

任何自动测试系统的构建都离不开相应的硬件和软件。硬件的选择包括三个方面：测试仪器和设备的选择、接口总线的选择以及控制器或控制机的选择。根据测试需求可以选择一系列的测试仪器和设备，在选择相应测试仪器与设备之后就需要考虑硬件的接口总线方案，即硬件的体系结构。在自动测试系统中，测试仪器和设备之间的通信离不开总线技术，故自动测试系统的接口总线方案的设计成为关键的一环。最后还有根据自动测试系统的指标需求选择核心控制器。

软件的选择包括其运行环境、操作系统、开发平台与编程语言、测试数据是否需要保存、数据的备份、数据库等方面。

从自动测试系统的组建整体来看，通用化、智能化、小型化等方面是发展趋势，测试总线技术总体将沿着 LXI 总线的方向继续发展。然而由于存在大量的 VXI、PXI 和 GPIB 接口总线的仪器，在实际的自动测试系统组建中，根据测试需求和经济性等因素，往往会采用图 2-9 所示的基于混合总线的自动测试系统方案。

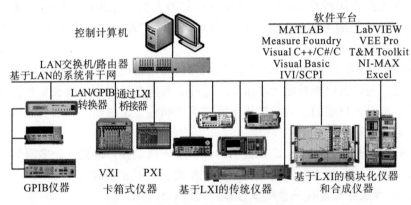

图 2-9　基于混合总线的自动测试系统

在这种混合总线的自动测试系统中，其骨干网络一般是基于以太网的数据通道，基于 GPIB、VXI 和 PXI 的其他子网络可以提供对传统仪器支持，这在自动测试系统中可以作为基于 LXI 测试系统的有益补充，使整个自动测试系统中的各种总线仪器都可以接入高速以太网，在控制计算机的控制下协同工作。

2.5　远程实验系统的网络结构模式

在远程实验系统中，根据数据流和实际运用需求的不同，在实验系统的网络结构模式上也各不相同，主要的系统网络结构模式有三种类型：C/S（Client/Server，客户机/服务器）模式、B/S（Browser/Server，浏览器/服务器）模式以及 C/S、B/S 混合模式[103]。

2.5.1 基于 C/S 模式的网络结构

C/S 模式是在 20 世纪 80 年代出现的一种经典模式。这种体系结构应用灵活、功能强大，可以充分利用服务器和客户端的各自硬件环境。在计算机应用的各个领域中 C/S 模式被大量使用，尤其是在各种远程测量和控制系统中。远程实验系统，尤其是基于远程控制的远程实验系统在本质上是一种远程测控技术在实验技术领域中的新应用，因此基于 C/S 模式的远程实验网络结构曾经被认为是远程实验系统的最佳网络结构模式。

C/S 网络结构模式主要由两部分构成：服务器和客户端。在服务器和客户端上分别独立运行各自的应用程序，其中，服务器程序主要用于实现模拟计算、数据管理和分享、管理共享外设和设备资源、接收和响应用户端的请求等功能；在客户端上的应用程序为每个用户提供独立的人机操作接口，使用户通过客户端能访问和使用服务器的各种资源，也可以在客户端上完成除用户接口外的独立运行与控制逻辑等。

C/S 模式的运行关系体现为"请求-响应"的应答模式。当用户想要访问远程服务器时，通过客户端发出"请求"，远程服务器在接收到"请求"并完成相关操作后，再对客户端的"请求"作出特定的"响应"，进而完成系统的通信、控制等特定功能。

C/S 模式有多种结构，比如典型的有单服务器多客户端模式、多服务器单客户端模式以及复杂的 C/S 模式、现代 P2P 模式和双 C/S 模式等[104]。

1. 一台服务器连接一台或多台客户端的 C/S 模式

典型的系统结构如图 2-10 所示。在该系统结构中，通常将 Server 放在一台机器中充当服务器，而把 Client 放在另一台或多台计算机中。在面向连接的 C/S 模型中，服务器端首先建立能够被客户端使用的地址和端口，当地址和端口建立后，服务器就等待客户端的连接请求。当一个客户端连接到服务器后，客户端与服务器之间即可进行信息交换。在一台服务器连接多个客户端的模式中，服务器通常可以同时为多个客户端提供服务。

2. 一个客户端连接多个服务器的 C/S 模式

图 2-11 给出了一个客户端连接多个服务器的 C/S 模式。在这种网络结构模式中，存在一个或多个客户端，但同时可能有多个服务器。其中，每个客户端可能同时连接多个不同的服务器，建立连接后从不同的服务器端获取不同的用户服务。这种方式的系统架构比较复杂，在一般的计算机应用系统中较为少见，主要用于

一个客户若需要向多个服务器发送服务请求的情况，比如在远程实验系统中，一个客户端需要同时从不同的服务器对象上获取不同的系统服务时往往可以使用这种 C/S 的系统模式。在该模式中，服务器端的工作原理与单服务器相同，不同的是客户端的设计，客户端需要循环或使用不同的 Socket 来和不同的服务器通信。

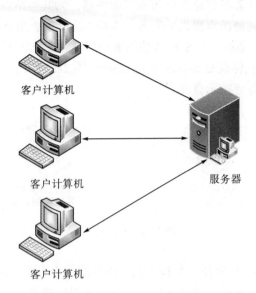

图 2-10   一台服务器连接一台或多台客户端模式

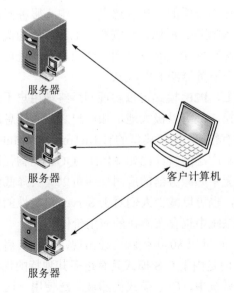

图 2-11   一个客户端连接多个服务器模式

3. 复杂 C/S 模式与 P2P 对等模式

在一些复杂应用中，多个服务器和多个客户端或多个层次的 C/S 结构布局也被广泛使用。此外，随着对等网络技术(peer-to-peer，P2P)的发展，C/S 结构也得到了进一步发展。与早期点对点(peer to peer)的 Client/Server 模式不同，在 P2P 模式中，每个用户计算机或结点既可充当服务器，为其他结点提供服务，同时也可作为客户端享用其他结点提供的服务。本质而言，P2P 是基于复杂 C/S 模式设计的 TCP/IP 应用，是基于 C/S 模式的拓展和变换。在 P2P 模式中，每个用户计算机中的 P2P 应用软件既是 Server 又是 Client。图 2-12 给出了 P2P 模式下两个用户计算机之间的对等连接示意图。

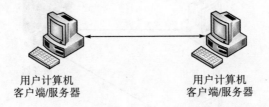

用户计算机　　　　　　　　　　　　　　用户计算机
客户端/服务器　　　　　　　　　　　　　客户端/服务器

图 2-12　P2P 模式

P2P 本身是基于 TCP/IP C/S 技术的一种新的无中心服务器的设计模式，对网络技术而言，P2P 与 Web、FTP 等均属于网络应用层技术，只是 P2P 在设计实现上更为复杂。P2P 无须专门的服务器去实现协同工作，这里的服务器概念与传统 C/S 中的服务器概念是不一样的。传统意义上，中心服务器机器上往往运行的是 TCP/IP 应用的服务器端程序，所以，传统意义上服务器的概念在物理机器与应用上是重合的。如果更改 TCP/IP 的应用设计，使应用程序既可作服务器又可作客户端，就可以实现无中心服务器的 P2P 模式。

由于在设计模式上，P2P 模式可以实现网络终端用户不依赖中心服务器而直接进行信息和数据交换，故可以极大地增加用户之间的信息沟通和交流能力。目前互联网的 P2P 应用有很多，比较典型的有 BitTorrent、eMule、OPENEXT、ezPeer 等，另外一些使用非常广泛的软件比如 MSN、QQ、酷狗、迅雷等也正在向无中心服务器模式转变。无中心服务器的应用程序可以大大降低服务器压力，降低系统组建和运行的成本，也可以减少人们对于 Server 稳定性的依赖，这在复杂的多用户协作式远程实验系统中也存在潜在的应用价值。

尽管 C/S 模式从 20 世纪 80 年代就已经出现，而且其后又出现了层次结构更加灵活的 B/S 模式，但是由于 C/S 模式具有很多其独特的优势，目前，在日常生活和各行各业的软件系统中，C/S 模式仍然被广泛使用。比如，大中型星级酒店客房入住系统、超市 POS 收银系统等。C/S 模式的主要技术优势有：

（1）C/S 模式技术成熟。由于 C/S 模式的研究开发较早，开发技术已经非常成熟，而且拥有着与之对应的开发工具，这些工具对于开发人员来说很好掌握，为开发人员提供了便利。

(2) 系统处理能力和负载均衡能力强。在 C/S 模式中，由于客户端具有专用的应用程序，因此在系统任务和功能的划分以及负载均衡方面比较灵活。在负载均衡方面通常将需要共享的任务放在服务器上，不需要共享的各种专用任务通常放置在客户端程序中。因此 C/S 模式拥有更强的实时处理能力和分布计算的能力，使其更加适合大规模的数据处理。该模式追求将客户端与服务器端两端的负载任务进行均衡处理，充分利用硬件资源，大大提高系统的处理能力。

(3) 交互能力强，系统封闭，安全性高。C/S 模式不仅具有独立的服务器软件，也具有独立的客户端软件，通过客户端软件可以实现非常好的人机界面。由于 C/S 模式必须在客户的本地计算机上单独安装客户端软件，这样的交互界面可以独立于网络进行单独设计，从而使得系统更加封闭，其安全性也更好。

相较于 B/S 模式，由于 C/S 模式需要独立的客户端程序，因此也存在一些特有的缺陷。C/S 模式的网络结构中，操作系统与应用软件功能的升级比较复杂，这不仅给应用软件实现带来很大的难度，也不利于软件维护。如果用户需求上升，客户端应用软件就必须添加各种新功能，这对用户界面的设计要求就更高，也造成软件维护成本的上升。同时 C/S 结构体系所使用的软件程序缺乏统一的通用国际标准，往往也无法实现跨平台运行，这也阻碍了 C/S 模式的一些应用。

图 2-13 给出了基于 C/S 模式的远程实验系统的典型结构。可以看出，C/S 结构的远程实验系统主要包括客户计算机、远程服务器、实验计算机、实验仪器、摄像头以及各种具有联网功能的智能设备。对于基于虚拟仿真的远程实验系统，则只包括图中的客户计算机和远程服务器两部分，而不涉及具体的实验设备实体，实验结果由远程服务器模拟计算得到。

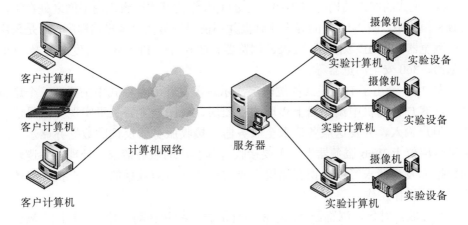

图 2-13　基于 C/S 模式的远程实验系统典型结构

不管是基于虚拟仿真还是远程实物控制的 C/S 模式的实验系统，其服务器端需要安装运行服务器程序，在客户端也需要安装相对应的客户端程序，通过客户端程序与服务器端程序进行交互通信。在实验时，用户通过客户端设计实验过程，配置实验参数，并通过网络发送给远程服务器。在基于虚拟仿真的远程实验中，服务器根据接收到的实验参数进行实验模拟，并将模拟结果反馈给远程客户端，并在客户端上通过虚拟仪器等方式展现出来，完成远程实验。在基于远程控制的远程实验中，服务器根据接收到的实验参数，通过实验计算机控制实验设备或仪器仪表进行实验。在实验开展的同时持续采集实验仪器和设备的实验数据，并反馈给远程客户端，实验摄像机所采集到的实验现场的音视频也同步发送到客户端，并在客户端程序中显示出来。

2.5.2　基于 B/S 模式的网络结构

基于 B/S 模式的远程实验系统往往也被称为"WebLabs"，可以将其部署在互联网、校园网等不同的网络中[105]。B/S 模式是随着 Internet 和浏览器技术的发展和成熟而逐渐产生的一种新的网络结构模式。在 B/S 模式中，Web 浏览器是客户端最主要的应用软件，相当于将 C/S 模式中所有的客户端软件统一为浏览器软件。这种模式统一了客户端，将系统功能的核心部分集中到服务器上实现，简化了系统的开发、维护和使用。客户机上只要安装一个浏览器，用户就可以直接与服务器进行交互并获得服务。在 B/S 模式中受限于浏览器，绝大多数功能的实现必须集中在服务器上，只有极少部分事务需要在客户计算机实现。因此，B/S 模式不仅降低了对客户端计算机的性能要求，同时也大大减轻了系统维护的成本与工作量。

B/S 模式的网络结构与图 2-10 表示的 C/S 结构基本一致；而不同之处在于，在 B/S 模式中，图 2-10 中的客户计算机并不需要安装任何客户端程序，而是采用标准浏览器，如 IE 浏览器、Edge 浏览器、Chrome、Firefox、百度浏览器、QQ 浏览器、360 安全浏览器等。

图 2-14 给出了 B/S 模式的逻辑层次示意图。在 B/S 模式中主要有三个逻辑层，在客户计算机中浏览器上实现的视图层，视图层主要负责实现界面显示、接收用户输入，并发送服务请求至服务器，接收服务器反馈的数据并显示；业务逻辑层位于 Web 服务器上，主要接收远程客户的服务请求，处理业务逻辑并向数据库发送请求等；数据存储层主要实现数据库的数据储存、查找、修改等数据库的操作工作。

在互联网时代，浏览器是几乎所有计算机系统和移动终端的"标配"软件，而 B/S 模式中客户端不需要专门的客户端程序，而是使用通用的浏览器完成，因此 B/S 模式具有一些 C/S 模式所不具有的优点：

(1) 系统维护与升级方式简单。在现代软件应用中，尤其是随着网络的发展，各种计算机软件的维护与升级越来越频繁，采用 C/S 模式的网络系统，尤其是大型网络系统的维护与升级变得越来越困难。而 B/S 模式则显得高效简便，由于客户端为 Web 浏览器，无须任何维护，只需要管理服务器即可，系统维护和升级的工作量几乎不随用户数量的增大而增加，而且也很容易通过互联网连接到服务器上实现远程异地维护、升级等[106]。

(2) 成本降低，更具可选择性。在互联网时代，在各种操作系统中都有大量的浏览器可以使用，由于浏览器的大体标准相对统一，因此，在 B/S 模式中无论是客户机还是服务器都具有更多的选择，也更容易实现跨平台工作。因为无须开发客户端程序，维护也更简单，所以开发系统成本可以显著降低。

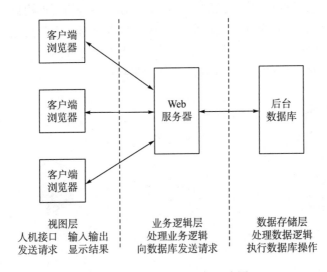

图 2-14　B/S 模式的逻辑层次图

(3) 系统的扩展更加简便。在 B/S 模式中，系统的扩展不需要专门为增加的客户端进行各种配置，只需要用户访问相应的服务器即可。系统功能和业务的扩展也更加简便，只需要增加相应的网页页面和服务器的功能即可。

当然 B/S 模式也具有一些显著的缺点：

(1) 系统响应速度慢，服务器负荷重。在 B/S 模式中，鉴于维护和升级等考虑，一般都采用的是"瘦客户端"模式，客户端采用标准浏览器实现。B/S 模式中通常将主要的处理运算和数据操作等由服务器完成，而客户端基本上只是实现用户的人机接口。这种模式中客户端任务极轻，而服务器端任务却比较重，同时，服务器还要为大量的客户端服务，因此整个系统的负荷分布不均匀。另外，受制于网络带宽等影响，系统的整体响应速度慢，系统出错率较高。

(2) 安全性相对较差。由于 B/S 模式采用通用浏览器实现与服务器的交互访问，通信与软件系统的各种技术标准是公开和透明的，因此 B/S 模式的系统对安全的控制能力相对较弱。当然，随着各种加密和鉴权算法的完善和改进，安全性问题也正在逐步得到改善。

基于 B/S 模式的远程实验系统的典型结构与图 2-13 类似，只是客户计算机上运行的是浏览器，而服务器主要提供 Web 服务。

2.5.3　基于 C/S 和 B/S 混合模式

由于 C/S 模式和 B/S 模式各有优缺点，故二者在不同的场合都有着独特的优势。因此，近年来又出现了一种更加灵活的结构方式，即基于 C/S、B/S 混合的网络结构模式。这种网络结构模式集中了 C/S 和 B/S 各自的优点构建，既有高度的交互性、实时性以及安全性，又具有 B/S 客户端浏览器与平台的无关性。它既能实现对信息和资源的自由共享与深度交互，又能实现对数据严密、有效的管理。图 2-15 是一种 B/S 和 C/S 混合模式的典型网络结构。

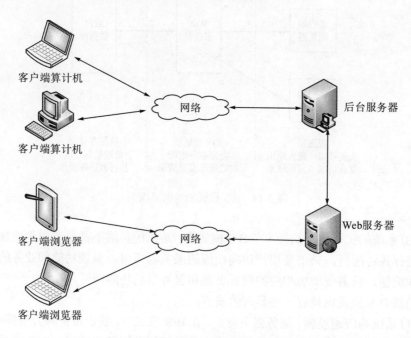

图 2-15　B/S 和 C/S 混合模式

通常，对于一般的任务，在 C/S 模式中速度往往要明显快于 B/S 模式，因为 C/S 模式更利于处理大量数据。在 B/S、C/S 混合模式中通常将数据量大、实时性要求较高以及交互性强的功能采用 C/S 模式实现，以便进行高效直接的操作。而在一般情况下，也可以通过 B/S 模式利用浏览器访问 Web 服务器实现数据量小、实时性要求低，交互性弱的一些一般功能的操作。

2.6 远程实验系统的典型架构

在远程实验系统的实际开发过程中，会面临各种挑战与问题，其中一个关键的设计挑战是确定一个可以对远程硬件进行访问的合理体系架构。最简单的远程实验形式是针对单一实验的系统，这种系统一般具有一个基于 Web 的界面，它可以选择性反馈测量数据、声音/视觉信息等。更复杂的远程实验系统可能涉及多套设备、多个实验内容和多个用户。下面首先介绍一个单一实验系统的简单架构，然后重点分析两个典型的现代远程实验系统的体系结构。一个是澳大利亚悉尼科技大学的远程实验系统，另一个是麻省理工学院的 iLab。之所以选择这两个远程实验系统，是因为它们都具有成熟的远程实验体系结构，是支持远程访问真实实验设备的不同体系结构的代表。

2.6.1 远程实验系统简单架构

针对单一实验的远程实验系统是最简单的远程实验形式。这种系统一般支持一个或多个客户端，访问一个特定的远程实验设备，并将远程实验设备的测量数据和音视频等反馈给实验者。

图 2-16 给出了远程控制实验室的通用结构，其中，远程客户端通过作为中间件的服务器操纵位于大学实验室中的实际实验设备。远程实验室中的网络摄像机将采集的音视频信息反馈给客户端。

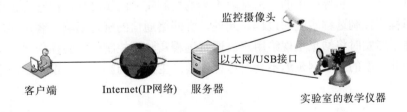

图 2-16 远程实验系统的简单架构

通常，这种系统采用 TCP/UDP 链路，通过基于命令的架构方式来实现数据和命令的交换。图 2-17 给出了这种基于命令的底层架构模式[107]。在服务器端，共同执行三个并发任务：命令解析、发送线程、采集和闭环控制线程。命令解析器负责从客户端接收命令，解释并执行请求的操作。当没有收到请求时，命令解析器休眠，使处理器执行其他任务。类似地，发送线程在命令的指挥下向客户机发送控制回路所获得的测量值。采集和闭环控制线程执行对实验过程的数据采集和闭环控制。采集和闭环线程包括当 TCP/IP 通道意外断开或触发超时错误时，将进程移动到安全状态的机制。这些保护措施可以保证在与远程实验室建立新的连接后，用户能够正确地重新启动实验。

客户端应用程序也需要创建两个线程来实现与服务器交换数据的传输层功能，即发送线程和接收线程。客户端的第三任务是将信息呈现给最终用户，实现人机接口。图形用户界面可以是一个纯粹的 HTML/JavaScript 的应用，也可以是安装了专用插件(如 Flash、java 或 activex 专用的插件)的 Web 浏览器，还可以是专门开发的客户端程序。

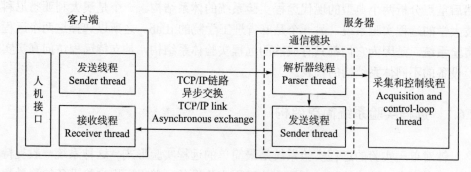

图 2-17　基于命令的底层架构模式

使用客户机-服务器体系结构开发远程实验室是一个普遍的选择，但它不是远程控制型实验的最佳解决方案。应用这种体系结构来控制实验意味着有两个信息环路：一个是在服务器端本地运行的实时控制环路，另一个是在网络上异步运行的信息环路。信息环路中的网络延迟不影响控制实验的实时性，但它会延迟客户端应用程序控制远程实验的过程。此外，受网络通信的延迟影响，客户端的用户接口并不能实时将结果呈现给用户。通常远程实验要控制的实验操作并不是危险的，因此典型的互联网延迟不会对远程实验产生关键的影响，而仅仅是产生延迟响应。

2.6.2　UTS 架构

UTS 架构是澳大利亚悉尼科技大学组建的一种远程实验系统采用的体系结构[108]。UTS 远程实验架构已成为澳大利亚"国家实验室资源共享支持"项目 LabShare 的重要支撑。在 UTS 远程实验室系统中，目前集中了 6 种各不相同的典型实验设备：

(1) 微控制器设计实验设备 (12 个嵌入式操作系统实验)；

(2) 光束偏转实验设备 (10 个光束光路实验)；

(3) 自动化实验设备 (5 个 PLC 实验)；

(4) 动力与控制实验设备 (3 套耦合水箱实验)；

(5) 可编程硬件设计 (5 套 FPGA 实验)；

(6) 结构设计实验设备 (3 套摇床平台实验)。

澳大利亚悉尼科技大学的 UTS 远程实验系统架构旨在提供灵活性和可扩展性，以及管理多套设备能力。因为学生可以从他们能使用的各种计算机上访问远程实验系统，而在这些计算机上，学生自己可能没有足够的权限安装软件，因此 UTS 的远程实验室设计的关键目标是确保所有的实验都可以从任何联网的计算机上访问，而且无须安装附加的软件，包括在远程计算机上安装客户端应用程序。UTS 远程实验系统采用 B/S 模式，所设计的系统架构如图 2-18 所示。

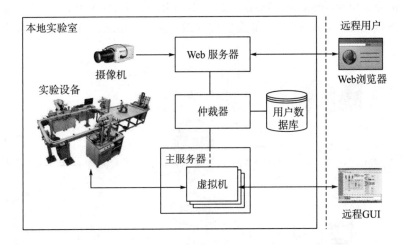

图 2-18　UTS 远程实验系统架构

实验系统中由仲裁器负责管理和验证用户身份信息。远程用户通过 Web 浏览器登录，并请求访问一组设备。仲裁器从未使用的设备池中向学生分配设备，必要时对分配请求进行排队处理。然后通过 Web 界面向学生提供设备的音视频监视信息。

为了支持设备的控制以及支持与控制应用程序关联的不同用户接口，仲裁器在主服务器上启动 Windows 虚拟机 (使用 VMware)，并将虚拟机与对应设备关联。然后学生创建一个远程桌面连接到这个虚拟机，运行控制程序并控制设备。因此，实验设备的控制程序是在主服务器上运行的，而不是在远程用户的计算机上运行，在远程计算机上仅仅呈现相关的用户界面。当学生完成远程实验另结束会话时，仲裁器回收设备，重新对其初始化并将设备退回至空闲设备池中。这种架构意味着客户端所需的唯一软件是 Web 浏览器和远程桌面客户端。现在悉尼科技大学的这种远程实验架构已成为 LabShare 项目的重要支撑，尽管预计这个项目的最终架构可能将是 UTS 架构、iLabs 架构和其他架构的最佳组合。

2.6.3 iLab 架构

MIT 的 iLabs 分布式远程实验架构是与 UTS 架构相对应的另一种非常成功的远程实验体系结构。iLab 致力于一种通过互联网访问的在线实验室的研究与建设，它可以极大地扩展学生课程教育的实验范围，丰富科学和工程教育。iLab 可以被整个大学或世界各地共享，其目的是最大限度地共享高等教育或者其他实验资源。iLab 项目的最终目标是创造一系列丰富的实验资源，方便世界各地的教职工通过互联网共享他们的实验室。iLab 的整体构架被称为 iLab 共享结构（the iLab shared architecture, ISA），如图 2-19 所示。iLab 主要由三部分构成：实验室服务器（iLab server）、实验服务代理端（service broker）和实验室客户端（lab client）[109]。

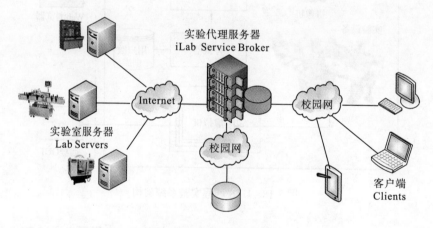

图 2-19　MIT 的 iLab 架构

实验室服务器由各实验室的管理者进行独立的设备管理和实验系统建设，实验室服务器管理可以供远程访问和操作的实验硬件。它主要进行实验仪器管理控制、实验数据的采集和处理等。

实验代理服务器主要用于交换和协调实验室客户端和服务器端的信息，为多个实验提供共享存储和管理服务。它负责进行用户的注册和登录时的认证和访问管理、为用户提供身临其境的交互式实验环境以及将实验操作界面嵌入网页，最终将实验接入网络。

实验客户端在远程客户计算机上运行，为用户提供友好的实验操作的交互式页面，用户可以通过具有 IE 内核的网页浏览器进行访问，完成实验的预约、实验学习和实验操作。

目前 iLab 提供三种类型的实验：批量(batched)类实验、交互式(interactive)实验和整合类实验。

(1) 批量类实验。在开展批量类实验时，学生通过其远程机器上的客户端间接与远程实验设备进行交互，通过客户端将学生配置的实验参数传递给代理服务器，代理服务器又与执行实验的实验室服务器进行通信，最后由实验室服务器控制实验仪器和设备进行实验。实验一旦完成则将实验数据与分析结果返回给客户端。在这种实验形式下，客户端和实验设备之间在执行时没有任何直接的交互。只有完成实验后，学生才能收到结果。批量类实验主要针对仪器共享类实验。

(2) 交互式实验。交互式实验主要针对远程控制类实验。交互式实验允许学生的客户端和实验室服务器之间直接通信。该架构包含一个改进的交互式服务代理(interactive service broker，ISB)，由交互式代理服务器提供调度功能，并在适当的时间建立远程客户端和实验室服务器之间的通信。因此，远程客户端可以通过实验室服务器直接操作实验设备，实验室服务器也将获取的相关实验现象、测试的实验数据和结果传递给远程客户端。

(3) 整合类实验。整合类实验就是将批量类实验和交互式实验整合到一个 iLab 实验系统中，同时实现仪器共享和远程仪器的操作与控制。最新的 iLab 共享架构(ISA)已经将批量和交互式元素合并到单个架构中。

iLab 架构和 UTS 架构是两个非常有代表性的架构，它们具有不同的优势。iLab 共享架构对访问预订、分布式和联合用户账户管理具有非常好的支持，并且具有非常好的可扩展性。相反，UTS 远程实验室架构对访问队列管理、设备管理、多设备的仲裁访问等方面支持非常好。但在诸如多用户协作和通信、与第三方学习管理系统(learning management systems，LMS)或虚拟世界接口的集成等方面，无论是 iLab 还是 UTS 的当前版本都没有进行很好的支持。

虽然还有许多其他远程实验系统架构也被用于远程实验室，但它们通常比上述架构更简易或与 UTS 和 iLab 有相似的特征。

2.7 远程网络协作实验系统

远程实验系统使学生不受时间和空间的限制而通过网络开展实验，通过远程实验系统可以增加学生进行实验的次数，从而提高传统实验室的利用率。另外，远程实验系统也可以将昂贵的实验室设备测试的实验数据向更多的用户共享。

目前大多数远程实验系统往往都是专门为给定的非常具体的实验室设备开发

的，实验室之间、用户之间往往都是孤立的，这使得实验效率比较低下，无法完成复杂的大型远程实验，而解决之道便是远程协同实验。远程网络协同实验包括两种模式，一种是支持实验参与者协作的网络远程实验室，另一种是支持网络实验室之间互相协作的远程实验系统。

支持实验参与者协作的网络远程实验室是在远程实验中引入学习者、其他学生、教师、设备、活动和其他元素的直接互动，将远程实验系统构建为学生、教师以及其他参与者的协同学习平台。这种协作实验平台不仅是传统实验室的补充，更增加了一个新的学习维度。世界各地不同国家的学生可以一起做实验，这也是提高学生跨文化能力、培养学生国际视野的一种有效途径[110]。

支持网络实验室之间互相协作的远程实验，是指能够将运行在网络中各个地理位置的远程实验系统有机融合、共享数据、开展协同实验、共同完成复杂的大型实验的模式。由于远程实验系统运行实验设备和站点在地理位置上的分散分布，这些网络中的实验设备由各自的所有者独立建设与管理，再通过计算机网络可以完全将这些分散的网络实验室有机融合，互补短缺，协同开展大规模或更复杂的大型实验，以达到充分利用资源、协同共进的目的[111]。

2.7.1　基于 CSCL 的远程实验系统

随着计算机网络技术的发展，计算机支持的协作学习 (computer-supported collaborative learning, CSCL) 模式展露出其巨大的影响。利用计算机技术，尤其是多媒体技术和网络技术，建立协作学习的环境，使教师与学生、学生与学生在讨论、协作与交流的基础上进行协作学习的学习方式是对传统合作学习的延伸和发展。

在远程实验中，对于加强学习者之间的协作与互动是非常必要的。基于 CSCL 的远程实验系统是一种实验参与者协作共同开展实验的新型实验系统。学习者与其他学生、教师、设备、活动和其他要素应直接互动[112]，这是协作式远程实验系统建立的关键，一个通用的远程实验室必须基于同步协作环境。无法支持多用户协作的远程实验系统就意味着系统缺乏传统实验室经验学习的一个关键组成部分。学生之间的合作可以让学生交流技能、成果和知识，形成团体，并模仿其他群体成员。

意大利萨兰托大学 (University of Salento) 创新工程部 DIDA 实验室为被称为 MicroNet 的网络电子显微镜 (web-enabled electron microscope) 和被称为 AstroNet 的网络天文望远镜 (web-enabled telescope) 设计的网络协作实验室 (web collaborative laboratory, WeColLab)[113]，就是基于 CSCL 的远程实验系统的典范之一。

WeColLab 网络协作实验系统旨在创建一个基于 Web 的实验系统，通过互联网连接，可以通过虚拟课程远程控制真实的实验室设备 (如天文望远镜或电子显微镜等)，其具体设计目标是：

(1)必须基于 Web 网络，不需要学生安装任何特殊的软件，设计采用标准协议和通用组件，以保证 Web 兼容性，

(2)必须具有协作性，支持 2~20 个学生和教师参与的小组，能够通过各种协作工具互相交流，这些协作工具可以是共享白板、图片注释、聊天等。此外，协作者应该能一起看到并远程控制实验室设备，远程控制时，一次一个人操作，其余人观察和交流。

(3)必须支持安全管理功能，能协调主管或导师管理实验室会话，授权控制请求并保护设备免受任何潜在的破坏性操作。

(4)必须具有通用性，支持重复使用。需要定义"标准"的方法和通用的系统结构，使之对不同的实验室类型都能重复使用，能覆盖大量由计算机控制的各种实验室设备。

支持 WeColLab 远程实验平台的场景是一个必须远程使用实验室设备(比如电子显微镜或望远镜)的虚拟教室，虚拟教室可以位于世界的任何一个地方。虚拟教室由教师、导师和一群学生构成。教师负责实验课程的讲解和实验指导。导师负责促进平台的使用，监督设备的正确和安全使用，解决技术问题并主持讨论。导师拥有控制讨论的工具，对于不安分的学生可以停止其实验，甚至禁用他们的音频和视频。学生可以轮流使用并控制远程实验设备。此外，虚拟教室中还可以有外部观察人员，观察任意可以选择的旁听实验室会议，但不能参加课堂讨论，也不能操作实验设备。

图 2-20 是网络电子显微镜网络协作实验室的逻辑体系结构。图中可见 WeColLab 系统的主要组件有：

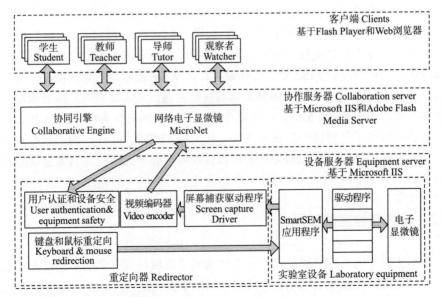

图 2-20　为电子显微镜设计的网络协作实验室(WeColLab)逻辑体系结构

(1) 设备服务器 (equipment server)。设备服务器由实验室设备 (如电子显微镜) 和重定向器组成，允许远程访问和控制设备，授予用户适当的访问权限。

(2) 协作服务器 (collaboration server)。协作服务器管理协作应用逻辑，协调来自设备服务器和用户 (包括学生、导师、教师和观察者) 的多媒体流。协作服务器基于 MS IIS 5.1 Web 服务器和 Adobe Flash Media Server 2。分为两部分：①WeColLab 协作引擎。它主要实现多重视频会议，共享电子白板、音频混音等功能。②MicroNet 应用程序。它是该系统中唯一的特定组件。可以通过服务器端脚本代码定制 MicroNet 软件，将协作服务器调整到不同的远程 Web 实验室，比如天文望远镜或光谱仪等。

(3) 客户端。客户端包括学生、老师、导师和外部观察员等。他们通过协作服务器从其他参与者和设备服务器接收音频、视频和图像。WeColLab 客户端基于 Flash 组件，在 Web 浏览器中播放，与具体的操作系统无关。

设备的远程控制服务器包含三个组件：本地处理客户端发送命令 (按键和鼠标坐标) 的组件；能够捕获监视器视频流 (600～800 分辨率) 的组件；将视频流压缩并实时发送到协作服务器的组件。

根据实验室设备类型，WeColLab 设置了两种重定向器组件：软件重定向器和硬件重定向器。如果实验室设备采用标准的基于 Windows 系统的控制器，则在该控制器上安装软件重定向器；如果实验室设备基于专有硬件，不包括标准的基于 Windows 系统的设备控制器，则使用硬件重定向器。硬件重定向器是具有 I/O 重定向的外部计算机，该计算机将实验室设备连接起来，通过外部键盘和鼠标模拟输入命令，并通过 XVGA 视频采集器进行采集、压缩和视频输出。由于硬件重定向器使用了额外的硬件，因此更昂贵，但也更安全。

协作服务器基于 Windows 操作系统，采用 Adobe Flash Media Server 2 (FMS2) 的流式传输功能，该功能提供多媒体流特性和开发环境的独特组合，以创建交互式和协作式应用程序。FMS2 允许所有参与者从 WebCams 和麦克风接收和发送他们自己的音频/视频流。来自设备服务器的视频也通过 FMS2 获取，压缩和发送到所有参与者。由于使用 FMS2，因此每个客户端都必须安装 Adobe Flash Player 插件。该插件可用于任何操作系统和 Web 浏览器。连接到 Internet 的大多数计算机上一般都有该插件，因此 WeColLab 可以轻松向想要参加远程实验室会话的人提供服务。

2.7.2 远程实验室的协同

远程实验室的目标是通过网络从不同的科学领域获取大量的实验设备。基于网络的远程协同实验系统可以将异地分布的网络实验室通过 Internet 整合为功能强大的网络化协同实验系统。这种网络化远程协同实验系统一方面可以实现硬件设备、计算机软件和专家资源的共享；另一方面也可以提高各实验室综合能力，实现以前单一实验室无法进行的各种大型的、复杂的研究实验。此外，还为本身实验条件不足的单位和个人提供了利用网络化协同实验系统进行科学研究的条件，从而减少了实验室软硬件的重复建设，节约投资。因此，远程实验室的协同系统主要用于大型的科学研究之中。

远程实验室协同工作研究的关键在于开发控制各远程实验系统协同工作的控制系统。通过网络协同试验技术将不同地点的试验资源进行整合，从而在一定程度上解决了试验能力和试验规模的限制问题。由于各实验室设备往往具有巨大的差异性，这使得各国研究人员所开发的基于 Internet 的远程实验室协同系统难以具有普遍性。

以结构远程协同试验为例，早在 20 世纪 90 年代，日本和韩国学者最早提出了这一概念，将异地分布的结构实验室通过互联网整合起来，实现一个大型的网络化结构试验协同。美国国家科学基金委员会于 1999 年每月投入 8000 万美元资助建立了地震工程网络模拟系统(network for earthquake engineering simulation, NEES)，其目标是通过网络实现实验资源，包括试验设备、数据库以及模型模拟的共享和整合[114,115]。欧洲也建立了名为"减轻地震风险的欧洲网络"的协同研究协同系统(european network for seismic risk mitigation, EUROSEISMICNET)，其目标是集合全欧洲在结构工程领域和地震工程领域的所有开发和研究力量，并从各国相互学习防灾减灾的经验。2003 年韩国启动了建设工程发展计划(korea construction engineering development program, KOCED)，该计划将在韩国各大学中建立 12 个大型试验设施，并用高速网络连接起来，以资源共享协同工作的方式为整个土木工程服务。在我国，湖南大学率先建立了一个通用开放及共享的网络化结构实验室系统(networked structural laboratories, NetSLab)[116]，其目标是利用高速发展的互联网通信技术将异地的实验室连接起来联合开展远程协同试验研究，达到试验资源共享、综合试验能力提高的目的。中国台湾地震工程研究中心(NCREE)也建立有类似的基于网络的地震工程模拟(internet-based simulation for earthquake engineering, ISEE)协同试验网络平台，以实现世界范围内的网络化结构试验[117]。该平台不仅允许全世界的研究者同步观测和参与试验，而且允许几个实验室连接进行协同试验。ISEE 通过远程控制和集成的方式，将地理上分布于各地的结构实验室连结成一个网络。其研究方法包括数据库方法(The database approach)和应用协议方法(The application protocol approach)。

图 2-21 给出了 ISEE 的数据库研究方法示意图。数据库方法主要包括数据库中心(data center)、设备控制器/数据浏览器(facility controller/data viewer)以及分析引擎/数据处理器(analysis engine/data controller)三项内容[118,119]。

数据库中心用于交换和共享实时数据。数据库中心提供了一个 Web 界面，让研究者可以在试验前建立需要的试验参数，也提供公共观测者的接口。数据库中心采用了微软 SQL 数据库服务器和 IIS 网络服务器。

设备控制器/数据浏览器用于控制远程实验室的试验设备,在协同拟动力试验中,设备控制器从数据中心接收数据,再将数据发送给试验设备。数据控制器在 NCREE 和台湾大学之间开发使用,两个研究机构分别开发了 MTS FlexTest IIm 和 MTS407 控制器。

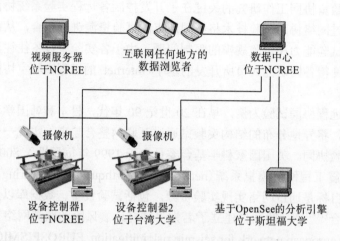

图 2-21   ISEE 的数据库研究方法示意图

分析引擎/数据处理器用于结合有限元分析反应和试验中测量到的反应来模拟和计算结构反应。在协同拟动力试验中,分析引擎从数据中心接收测量恢复力,模拟动力分析,再将计算位移发回数据中心。分析引擎/数据处理器采用和扩展了数值模拟软件包(open system for earthquake engineering simulation, opensees)。

协同中的摄像机和视频服务器主要获取试验的实时视频图像,并上传到网上共享。

ISEE 的应用协议方法主要基于 TCP/IP,具体示意图如图 2-21 所示。在 TCP/IP 协议基础之上,建立了网络结构试验平台(platform for networked structural experiments, PNSE),该平台采用了"网络化结构试验协议"(networked structural experiment protocol, NSEP)。NSEP 协议为 PNSE 定义了通信规则和数据包,服务器和客户端可以通过互联网发送和接收预先定义的数据包来完成相互通信。PNSE 包含三种类型的模块:服务器模块(The PNSE Server),命令产生模块(command generation module, CGM)以及设备控制模块(facility control module, FCM)。对于所有的客户机(包括 CGM 和 FCM)来说,所有信息和数据必须通过服务器来发送和接收。另外,为了简化网络拓扑结构,所有的客户机均不能相互通信和传递数据,平台构建如图 2-22 所示[120]。

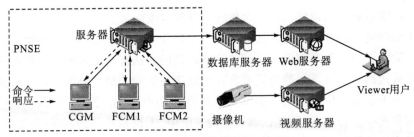

图 2-22 ISEE 系统架构示意图

2.8 远程实验系统中的调度

随着远程实验系统的发展，远程实验室已越来越被视为支持灵活地共享稀缺实验室资源的有用工具。支持共享访问的一个重要因素是协调实验室资源的使用调度。优化调度可以显著减少等待访问的时间，改善用户体验，提高远程实验系统资源的利用率，同时降低使用成本。

随着远程实验系统的广泛部署和使用，远程实验系统变得越来越复杂。远程实验的使用也显现出各种优势，比如访问灵活、具有共享资源和实验室的能力、用户和数据以及设备的安全性能得到保障等。

以 MIT 的 iLab 为代表，当前的远程实验室的工作方式主要有两种：批处理方式和实时交互式方式。采用批处理方式的远程实验系统首先是由用户提交实验操作规范，然后将该实验任务放置在队列中，一旦设备可用，就将其作为"批处理"任务异步执行。实验结果由用户稍后检索获取。在这种情况下，用户在执行时不与实验设备直接进行交互操作，实验设备的整体利用水平主要受处理队列算法的影响。与采用批处理方式的远程实验系统不同，目前更为流行的交互式远程实验系统允许用户在执行时同步实时监控和调整实验。用户在开展实验时就必须分配相应的实验设备资源。因此，实验设备就存在着一个分配的过程，即存在着实验资源的调度任务。实验资源调度的具体设计将取决于若干因素，包括用户数量、可用实验装置的数量、使用的典型持续时间、向用户提供的访问质量保证、使用模式等。调度算法的不同设计可以对用户体验产生重大影响，比如影响使用设备前的等待时间、访问的管理及设备的利用率等。

远程实验中的典型场景是一个远程实验系统管理一个实验设备资源池，学生登录系统并被授权访问该设备资源池。在此过程中，通常会使用一组访问条件，比如默认的最大访问时间、接入的优先级、允许访问的时间段等。这些访问条件取决于其所属用户类型。接入成功后，学生就可以请求访问一套实验设备，此时远程实验系统将决定该访问的适当调度，确定设备资源池中的哪套设备可以分配。

本质上，实验资源的调度就是一个传统的资源调度问题。

资源调度问题非常常见，比如通信带宽的分配、并行处理、运输调度、项目管理、运营管理、生产调度等。解决这些问题的办法有很多，在可用资源和资源需求都可预测的情况下，静态调度常常可以实现资源的最佳分配。在远程实验系统中，由于需要使用设备的学生以及需要使用的时间都在变化，实验设备也存在被占用和被维修等因素，因此在远程实验系统中，无论是资源的需求(即访问请求)还是资源的可用性(即可供使用实验设备的数量)都是典型的不可预测的。

2.8.1 调度方法

实验设备调度的方法主要有两种：预约和排队[121]。

预约系统允许用户提前申请预留一个访问时间。这种方法是早期远程实验系统采用的主要调度方式[122]。在远程实验发展的十多年中，系统底层功能仍然非常相似，但架构变得更加复杂，并支持额外的辅助操作。比如，在 iLab 架构[123]中实现的预约系统包括两个支持用户预订实验设备的服务：一是协调对实验室访问的实验室侧调度服务，另一个是将预约映射到特定用户的用户侧调度服务。调度服务还提供其他辅助功能，如不定期的停机时间和取消预约的通知等。预约系统也存在其他变体形式，瑞典布莱金厄理工学院(blekinge institute of technology)的BTH 安全实验室就使用了共享资源预约，用户指定一组所需的设备资源，系统给出该组所有设备可能的可用时间并由用户挑选，挑选日期后进一步由学生确定实验的持续时间，由此完成实验预约。

预约方式的优点是可以为用户在确定的时间提供有保证的访问服务。但由于预约方式中，系统必须预留一个时间段，该时间段至少是实验设备允许的最大时间，因此当用户提前退出系统时，设备可能就会存在相当大的空闲时间，这也是预约方式的一个明显缺点。

排队方式是资源调度的另一种方法。在排队系统中，当用户发出请求时，其请求会被添加到队列中。每当有一套设备可以使用时，系统就将该设备分配给队列前面的用户或优先级更高的用户。澳大利亚"国家实验室资源共享支持"项目Labshare[124]中的远程实验室管理系统(remote laboratorie management system, RLMS) Sahara 的早期版本就采用了这种排队方式，也支持优先用户插队，在资源池中为优先用户分配指定设备或队列中的第一个设备[125]。排队系统的优势在于，只要一台设备可用，它就可以马上分配给等待的用户，而不需要等到下次预约，这最大限度提高了设备的利用率，但排队方式也存在明显的缺陷，那就是用户只有设备使用的机会，但却没有确切的可以保证的时间。

远程实验系统中的预约和排队各有优缺点。当只有一套实验设备时，通常是采用预约的方式更好，如果采用排队则可能导致大量的延误。而如果远程实验系统具有多套可调度的实验设备，则排队系统可能更高效。也有远程实验系统开始融合预约方式和排队方式，将二者混合起来构成混合预约和排队的调度方案。

为了避免每个新平台重新设计调度系统，在远程实验系统中一般建议设置独立的远程实验管理系统(RLMS)，由 RLMS 负责管理设备资源池，以实现更高效和复杂的调度。比如 Sahara、iLab 以及西班牙 Deusto 大学工程学院的 WebLab 等远程实验系统均设置了这种独立的远程实验管理系统[126]。

2.8.2　Sahara 的体系结构

澳大利亚悉尼科技大学 UTS 在 2000～2005 年开发了最早的远程实验管理系统 RMLS，即 Sahara 的最初版本，这也成为澳大利亚"国家实验室资源共享支持"项目 LabShare 的一部分。Sahara 是目前全球使用情况非常良好的远程实验管理系统之一，支持大量的远程实验室，支持排队、预约以及二者混合的资源调度方法。

Sahara RLMS 的基本架构如图 2-23 所示。其中包含了以下主要组件。

(1)Web 接口：通过该接口，用户可以被认证并与系统进行更广泛的功能交互，包括选择他们希望访问的远程实验平台。

(2)调度服务器：这是管理远程实验设备调度过程的中间件，包括跟踪实验平台状态并将其分配给用户。它负责根据分配的时间管理运行会话，以及记录所有事件和活动。

(3)平台客户机：该组件提供每个实验平台的软件抽象，并将调度服务器的抽象请求转换为实验平台的特定操作。

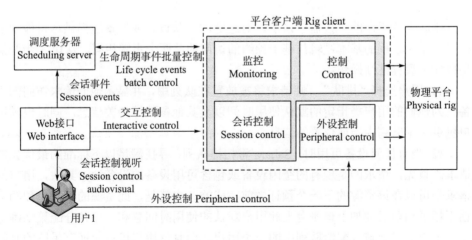

图 2-23　UTS Sahara RLMS 的基本体系结构

2.8.3　Sahara 的预约调度

预约调度允许用户在指定的时间内对实验设备进行访问，可以为用户提供有保证的访问权。资源调度流程如下所示：

(1)用户尝试登录到 Sahara 服务器并进行身份验证，然后为他们提供授权实验设备(或设备池)的列表。

(2)用户选择一个特定的实验设备(或设备池)，然后给出实验设备当前的状态，用户选择预约或排队访问。

(3)如果用户选择"预约"，则预约页面将显示可用的时间段。如果用户选择的是一个独立的实验设备，则系统显示禁用的时间段就是指该实验平台被预约了的时间段，或者是该设备所属的设备池具有和设备数量相同的预约。如果用户选择的是一个设备池，那么显示禁用的时间只会是那些预约数量与可用设备数量相同的时间段。

(4)一旦用户选择了一个时间段，就成功创建了预约。系统还可以限制用户进行的主动预订的数量，阻止用户跨多个类型进行多个并发预约。

(5)当用户登录时，如果他们有一个近期的实验预约，则他们的屏幕会提供实验会话开始的倒计时。一旦预约时间到，用户就被分配到实验设备上，设备页面将呈现，实验开始。

2.8.4　Sahara 的排队调度

排队支持用户的"按需"请求，对选定的实验设备或设备池提供尽可能快的访问。排队过程的基本逻辑与基于预约的访问的前两个步骤相同，从第 3 步开始将按如下流程继续操作：

(1)用户选择"排队"，则请求将被放置在队列中，并显示他们请求访问的设备、为他们的用户类指定的默认使用时间以及其他参数等相关信息，同时也向用户提供关于队列中当前位置的信息。

(2)当有任何设备可用时，Sahara 将扫描队列，寻找满足以下标准的最优先的请求。首先，请求的是现有的空闲设备或包含可用设备的设备池；其次，用户的请求是可以在该资源的下一个预订之前完成的，也就是，此资源的下一个预约会话不超过当前时间加上该平台上此用户默认的使用时间总和。这种分配策略确保了一个设备只会被分配给队列中的一个用户，而且该用户可以保证有足够的时间来使用它们。

(3)一旦用户分配到需要的实验设备，则设备页面就会出现，实验开始。

在这两种类型的调度中，一旦分配了实验平台，与实验平台的会话将立即启动。如果用户当前登录，则他们将被重定向到相关的设备访问页。如果他们没有登录，或没有在可配置的时间内登录，那么会话超时，设备将被退回到可用设备池中。

预约与排队调度方式各有优缺点，目前 Sahara 系统通过取消会话前的等待时间、为排队用户强制减少或可选减少最大会话时间、修改预约的解释、使预约代表实验设备的一个大概时间等方式实现了预约与排队混合的调度方式。

第 3 章 系统分析与设计

自本章开始，将主要以"交互式远程 EDA 实验系统"为例，探讨交互式远程实验系统的设计与实现。"交互式远程 EDA 实验系统"可以让学生通过连接了互联网的计算机远程操控位于实验室中的真实实验设备来开展实验。学生首先根据实验任务作好实验设计，并在本地计算机上完成系统的综合和仿真。在需要进行实际验证时可以通过客户端申请实验设备，并控制实验设备开机，在设备工作后，上传 FPGA 配置文件，远程配置 FPGA。此后，可以远程实时操作和控制实验平台进行逻辑测试与验证。实验系统中的摄像机可以捕获实验现场仪器运行情况和实验现象，并实时动态地返回给实验者，完成实验现象的观察。实验中的各项数据也由数据采集模块采集并传递给学生，完成数据测试。实验结束后，可远程关闭实验系统。整个实验过程与学生在实验室本地操作完全一样。利用该实验装置，学生可以不受时间、空间的限制，随时随地开展基于 FPGA 平台的各种创新性设计性实验。

交互式远程 EDA 实验系统由一系列的软件和硬件构成，其中硬件包括：可程控逻辑验证平台、控制服务器、视频服务器、实验服务器、实验计算机以及实验摄像机和环境摄像机等。软件包括：客户端软件、实验计算机软件、视频服务器软件、控制服务器软件、可程控 EDA 实验板上的 MCU 固件等。本章重点探讨该系统的整体设计。

3.1 需求与任务分析

电子设计自动化(electronic design automation, EDA)技术是现代电子设计技术的核心之一，它利用硬件描述语言(hardware description language, HDL)开展电子系统的设计(目前主要以数字系统为主)，并利用强大的 EDA 工具平台，实现对设计的逻辑化简、逻辑分割、逻辑综合、布局布线、逻辑优化、仿真测试以及特定目标芯片的适配编译和编程下载。设计过程中以计算机为主体，设计者只需要通过 HDL 给出设计的要求和功能描述，设计的具体实现由计算机自动完成。EDA 设计结果的物理实现主要有两种器件：专用集成电路(application specific integrated circuit, ASIC)和可编程逻辑器件(programmable logic devices, PLD)。在设计的初期以及小规模应用的情况下，主要以 PLD 为主。目前 PLD 主要有两种：现场可编程门阵列 FPGA 和复杂可编程逻辑器件 CPLD。FPGA 因其集成度更高、规模更大、成本更低、编程更灵活而成为 PLD 应用的主流。

EDA 课程是电子信息工程、通信工程和电子科学与技术等专业的一门非常重要的专业技术课程。EDA 课程的主要内容是学习一种硬件描述语言，掌握基于 FPGA 的现代数字系统的设计方法。它是一门实践性非常强的课程，EDA 实验对帮助学生掌握现代数字系统设计方法、提高分析及解决问题的能力、培养学生工程素质、创新意识和创新能力等方面具有非常重要的意义。

了解 EDA 实验系统的软硬件构成和设计的一般流程与方法是实现交互式远程 EDA 实验系统的前提条件。图 3-1 给出了 EDA 实验系统的软硬件构成。系统由三部分构成：计算机、下载电缆和硬件测试平台。计算机需要安装相关的 EDA 开发软件，EDA 开发软件有很多，例如设计输入软件、HDL 综合软件、仿真软件、适配软件、下载软件等。最基本的可以只安装一个集成开发软件，比如，若使用 Altera 公司的可编程逻辑器件则安装 Quartus II，使用 Xilinx 的可编程逻辑器件则安装 ISE 软件（在后面的设计中将只以 Quartus II 为例展开）。根据所用的可编程逻辑器件的不同选择不同的下载电缆线连接计算机与硬件测试平台。EDA 设计电路的最终实现一般都是在 FPGA/CPLD 芯片的内部，在硬件上为了测试设计是否成功，一般都是将 FPGA/CPLD 看作一个黑匣子，通过外部施加各种激励，观察其对应的系统响应来分析判别。

图 3-2 给出了在 EDA 实验中所使用的一般设计流程，具体过程为：

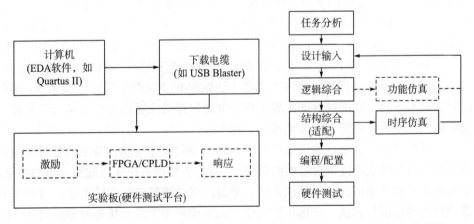

图 3-1　EDA 实验系统软硬件构成　　　图 3-2　EDA 实验一般流程图

第一步，需要根据设计的任务展开分析，明确所设计逻辑的具体功能和要求。

第二步，针对具体功能完成设计的输入，并建立工程。这是最关键的一步，在设计输入时，设计者需要根据具体逻辑问题采用文本(HDL)或图形(原理图、状态图、波形图)的方式准确地表达自己的设计意图。

第三步,由计算机完成逻辑综合,将设计输入的 HDL 或原理图等根据给定的约束条件进行编译、优化和转换,得到门级电路甚至更底层的电路描述网表文件。在这一步还可以产生功能仿真网表文件,利用该网表文件可以进行与具体硬件无关的功能仿真。如果仿真错误则修改设计后重新进行逻辑综合。

第四步,结构综合即适配。计算机根据选定的特定目标芯片和设计者给出的各项约束条件,如管脚锁定约束、时序约束等,将逻辑综合产生的网表文件进行逻辑映射,转换为适合在该目标芯片中实现的具体方案,并产生最终的下载文件,如 SOF、POF、JEDEC 等格式的文件。在这一步还可以产生包含了接近真实器件运行时序特性参数的时序仿真网表文件,利用该时序仿真网表文件可以进行非常接近于真实运行情况的时序仿真。在不太复杂的系统设计中,一般不需要单独进行功能仿真,直接进行时序仿真即可。

第五步、编程或配置。在这一步,计算机利用编程工具软件,将适配得到的下载文件编程或配置到目标芯片中,使目标芯片真正变成所设计的逻辑功能。一般而言,对基于 SRAM 结构的 FPGA 等掉电即丢失的数据下载称为配置,对 CPLD 等掉电不丢失数据的器件的下载称为编程。

第六步,在真实的硬件平台上对设计的系统进行硬件测试,利用芯片外围资源,如开关量输入、开关量输出指示、A/D、D/A、数码显示等验证所设计芯片的各项逻辑功能。

在整个的设计流程中,真正要用到硬件设备的环节实际上只有最后两步,即下载和硬件测试,前面的所有工作都是在计算机上进行设计和仿真分析。基于此,在远程 EDA 实验中,前面的所有步骤都可以在自己的计算机上完成,由于操作者不能直接接触到硬件设备,因此最后两步的实现也是远程 EDA 实验系统的关键。

在编程/配置环节中,需要将本地进行的 FPGA 配置修改为 FPGA 的远程配置。实现 FPGA 的远程配置就需要将本地产生的编程/配置文件传递给实验系统,然后控制实验系统自动完成硬件的配置工作,并及时反馈配置的进度和结果等配置信息给用户,使用户能拥有与本地操作一样的操作体验。

在硬件测试环节中,本地操作时,使用者需要操作实验设备上的各种模拟与数字输入设备给系统提供合适的测试信号,同时观察设备在此激励情况下的响应,如观察此时的显示情况、输出波形等,测量此时的模拟或数字输出量,进而实现逻辑功能的验证与测试。在远程实验中,由于操作者无法直接触及硬件设备,因此,需要我们将操作者的手、眼和耳朵等进行网络延伸,实现设备的远程控制、测量和观察。

综上所述,解决实验平台的远程测控、实验现场的音视频采集、可编程逻辑器件设计数据的远程下载、远程网络通信等问题则成为了实现设计的关键。

3.2 系统结构设计

交互式远程 EDA 实验系统的系统结构如图 3-3 所示。整个系统由客户机、路由器、交换机、实验计算机、视频服务器、控制服务器、可程控逻辑验证平台、摄像机、实验服务器等部件组成。

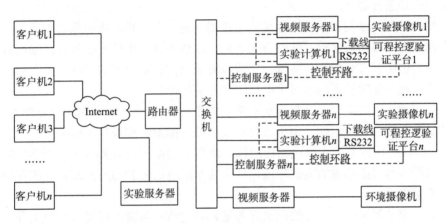

图 3-3 交互式远程 EDA 实验系统结构图

客户机是实验者自己的计算机，由于后续软件开发中采用 C/S 架构，因此该计算机中需要安装客户端软件，并通过客户端软件访问实验系统。根据前面对 EDA 实验操作流程的说明，EDA 实验中的前四步需要在自己的计算机上完成，因此还需要在客户机上安装相应的 EDA 开发软件。由于在后面的 EDA 实验电路板中，将使用 Altera 公司的可编程逻辑器件，因此客户端需安装 Quartus II。

路由器与交换机用于组建实验系统的局域网。由于互联网中的 IP 地址非常宝贵，使用路由器与交换机就可以让整个系统仅需一个固定的外网 IP 地址即可工作。在路由器中需要做相应的端口映射等配置。

实验计算机一方面连接局域网，另一方面通过 USB 下载线和 RS232 串口通信线连接可程控逻辑验证平台。实验计算机主要用于客户机和可程控逻辑验证平台的通信转发以及完成 FPGA 配置。实验计算机上需要安装实验系统的控制软件和 FPGA 的下载工具，如 quartus_pgml、quartus_jli 等。为了兼顾本地实验的正常开展，实验计算机上也可以安装完整的 Quartus II 软件。实验计算机接收客户端发来的 FPGA 配置文件,通过控制软件调用下载工具利用 USB 下载线实现 FPGA 的远程配置。通过 RS232 接口,实验计算机将接收的客户端发来的控制指令转发给可程控逻辑验证平台,实现远程控制。实验计算机也将可程控逻辑验证平台通过

RS232 接口发来的状态信息、采集的各类数据信息等转发给远端客户机，实现远程测量。

视频服务器和摄像机主要完成多路音视频采集、编码、压缩与传输功能。每一个可程控逻辑验证平台需要一台摄像头来采集设备的现场音视频，为了提升人机交互的感受，还可以增加一个实验室环境监控摄像头，可以更直观地看到实验现场各计算机的工作情况。视频服务器可以根据情况为每个实验计算机独立配备一台，也直接使用实验计算机实现，或可以多个实验设备共享一台支持多路视频采集的视频服务器。

控制服务器是实验系统中除实验服务器外的一个一直在线的重要服务器。使用者通过客户端访问实验系统时首先访问控制服务器，由控制服务器根据所有实验设备的忙闲状态分配设备资源，完成设备使用的任务分配与调度，并在用户的控制下实现所使用设备的电源供电控制和开关机控制。

可程控逻辑验证平台是整个实验系统的最终主体，是所有的实验的硬件平台，也是最为重要的系统组件。由于 EDA 实验设计的最终实现是在可编程器件芯片内，如 FPGA，因此整个实验电路板的核心就是 FPGA，外围电路实际上是为 FPGA 的测试提供尽可能完善的测试环境，尽可能全面地适应 FPGA 内部设计的各种逻辑的测试需求。

实验服务器是一个一般的网页服务器，通过该服务器实现发布实验指导、实验资源、客户端软件以及上交实验报告等功能。使用者通过 Web 浏览器访问实验服务器，阅读实验指导，获取客户端软件并安装。安装客户端软件后，通过客户端访问实验系统。

基于以上的系统结构，学生在使用时将按照以下步骤开展远程实验：

第一步，设计任务分析，与传统现场实验相同。

第二步，设计输入，与传统现场实验相同。

第三步，逻辑综合，与传统现场实验相同。

第四步，适配，与传统现场实验相同。

第五步，编程或配置。在传统现场实验中只需要打开实验箱电源，利用 Quartus II 软件中 Programer 编程工具即可实现可编程逻辑器件的数据下载。在远程实验中，这一步又可以分解为三小步：

(1)获取实验设备并远程开机。打开客户端软件，客户端软件会自动连接远程的控制服务器，点击客户端上的开机按钮，在有空闲实验设备的情况下，就可以通过控制服务器打开指定设备的交流供电，为分配给用户的实验计算机、可程控逻辑验证平台、视频服务器、摄像机等供电，同时控制实验计算机启动。

(2)与实验设备建立通信连接。通过控制服务器，客户端可以获取所分配的实验计算机和视频服务器的端口信息，为后面的通信连接做好准备。当视频服务器启动完成，就可以登录视频服务器查看到远端的可程控逻辑验证平台的状态，也可以通过视频服务器查看环境摄像机的视频信息，了解实验计算机的工作情况。当实验计算机启动完成，与客户机建立通信连接后，就可以在客户端上看到可程控逻辑验证平台通过实验计算机转发的实验板的状态信息、数据参数等。

（3）启动远程配置。通过客户端选择在第四步中产生 FPGA 的*.SOF 格式的配置文件，启动远程配置。客户端将配置文件传送给远端实验计算机，传送完成后自动调用 quartus_pgm 编程工具，通过与实验计算机相连的 USB_Blaster 下载线将配置数据通过实验电路板上的 JTAG 接口配置到 FPGA 中，完成 FPGA 的远程配置。

第六步，硬件测试。通过客户端的人机界面远程操作可程控逻辑验证平台，设置需要的测试输入，观察电路的响应，测量输出信号完成硬件测试。

3.3　组网与通信

在交互式远程 EDA 实验系统中，控制服务器、视频服务器和每个实验计算机都要能连接网络，才能被互联网中的用户访问，但如果给每个需要上网的计算机都分配一个固定的公网 IP 地址或域名是不现实的。在 IPV4 中，IP 地址是极其珍贵的资源，因此需要在系统架构中将所有实验计算机、视频服务器和控制服务器都通过路由器和交换机组成一个局域网，这样整个远程实验系统就只需要一个固定的 IP 地址。在路由器中，通过端口映射的方法将客户端在不同端口的访问与局域网内的不同 IP 地址的实验计算机、视频服务器和控制服务器建立连接。

实验计算机与可程控逻辑验证平台的通信采用点对点的通信方式，二者之间通过 RS232 连接。由于 RS232 是全双工通信方式，因此，可程控逻辑验证平台所采集的系统状态等信息与实验计算机发给逻辑验证平台的控制信息可以双向同时传输。实验计算机对可程控逻辑验证平台上 FPGA 的配置采用 USB 接口，通过 USB_Blaster 实现配置。如果对实验计算机做 USB 扩展和串口扩展后，也可以采用一台实验计算机控制多个可程控逻辑验证平台。不过考虑到远程实验机房也可能要承担本地现场实验任务，因此，在这里还是沿用了一台计算机搭配一台逻辑验证平台的方式。

第4章 可程控逻辑验证平台

可程控逻辑验证平台是整个实验系统的核心。该平台的设计要考虑到尽可能地为 FPGA 中的各种逻辑提供良好的通用测试环境，同时还要考虑到远程使用者的遥控、遥测和遥信的"三遥"操作。该平台设计的合理与否将直接影响实验内容的完成情况和操作体验的效果。

4.1 系统总体结构

EDA 设计最终物理实现的载体一般是 ASIC 和可编程逻辑器件，在学校的 EDA 实验中就只能使用可编程逻辑器件来实现。因此，任何一个 EDA 实验系统，本质上都是为可编程逻辑器件芯片内部实现的电路提供验证测试环境。通过给可编程逻辑器件施加一定的激励信号，观察其逻辑响应，从而推断可编程逻辑器件中的逻辑设计是否正确。图 4-1 给出了 EDA 实验平台的一般逻辑结构。

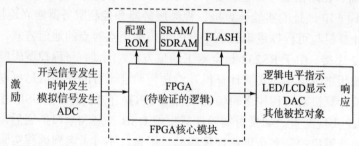

图 4-1　EDA 实验平台的一般逻辑结构

系统中的核心部分是承载用户设计的可编程逻辑器件，一般使用 FPGA 芯片。考虑到可编程逻辑器件中可能实现的各种逻辑设计，甚至嵌入处理器实现 SOPC 设计。因此，FPGA 部分往往还需要配置相应的 SRAM、SDRAM、FLASH 等外部存储器件，同时 FPGA 还需要搭配专用的配置 ROM 芯片。

关于系统中的激励，合适的时钟信号是数字系统测试中的一个关键所在。因此，要实现一个时钟信号发生器，产生所需的各种频率的时钟。一般实验系统是通过对时钟的不同分频来得到，这种方式虽然简单，但不够灵活，在远程遥控操作中则更加不方便。因此，远程 EDA 实验系统中可以使用更加灵活方便的 DDS 时钟源来实现多种时钟源和任意频率发生。另外，系统激励中需要产生各种规模的开关量输入信号，给系统提供合适的测试激励。根据逻辑问题的不同，需要的开关量规模变化很大，从 1 个到几十个。开关信号的类型差异也较大，例如，可能需要经过防抖动处理后的信号，也可能需要未进行防抖动处理的原始开关信号；可能需要带锁定的电平信号，也可能需要琴键式电平信号或单脉冲信号；可能需要正脉冲开关信号，也可能需要负脉冲开关信号等。一般的实验系统都是采用独立的硬件模块分别产生这些信号，信号输出的模式和路数都非常有限。对远程实验系统来说，由于要远程控制这些信号的产生，且使信号的数量动态可控，则必须使用微控制器，因此，可以利用微控制器模拟产生各种规模和模式的开关信号。设计一个远程可控并灵活多变的智能开关信号源是远程 EDA 实验系统的正确选择。测试中也可能需要输入模拟信号，根据具体逻辑问题的不同，模拟信号的幅度往往也需要可调，因此需要设计一个远程可控的模拟信号源来实现。模拟信号的采集离不开 A/D 转换器，因此，高速和高精度 A/D 转换器往往也是必不可少的。

关于系统的响应。实验系统中应该有相应的指示部件来反映系统的输出情况，这些指示部件有多种，包括用发光二极管 LED 做出的输出逻辑电平指示、LED 数码管、LED 点阵、液晶显示器等。在逻辑设计中通常还需要控制一些被控对象，如控制直流电机、控制步进电机、控制 D/A 转换器输出需要的模拟信号、控制通信接口电路工作等。因此，实验系统往往还需要设置直流电机、步进电机、D/A 转换、音频模块、各种通信接口等电路来实现对系统控制逻辑输出的验证。

由于实验内容千差万别，故其所需要激励信号的类型、被控对象的类型、输出逻辑的指示类型以及外围资源等会存在巨大的差异。好的实验平台应该能尽可能地适应各种不同需求。因此，为了满足可编程逻辑器件中各种可能的逻辑设计的验证，实验平台的外围电路应尽可能通用和全面。为了把尽可能多的外围资源纳入 FPGA 实验系统，选用可用 I/O 引脚数量众多的 FPGA 是一种可行的解决方案；另一种方案则是设计灵活的逻辑组态控制电路，根据具体的逻辑任务将需要的资源挂接在电路系统中，提供灵活多变的电路结构和组态模式。在接下来的可程控逻辑验证平台设计中，折衷地采用了这两种方案，选用了用户 I/O 高达 182 的 FPGA 芯片 EP2C8F256C8N，并利用大规模 CPLD 芯片 EPM570T144C5 构建多模式输出控制模块，提供灵活的外围电路结构和组态模式，还利用单片机和 EPM570T100C5 构建了灵活可变的激励源。可程控逻辑验证平台的外观如图 4-2 所示。

图 4-3 给出了可程控逻辑验证平台的系统结构。可以看出，逻辑验证平台的硬件大致包含 FPGA 核心模块、信号发生与测控模块、多模式输出控制模块以及外围实验单元 4 个部分。信号发生与测控模块、多模式输出控制模块以及外围实验单元均设计在实验平台的底板上，FPGA 核心模块通过插座与底板相连，构成逻辑验证的完整平台。

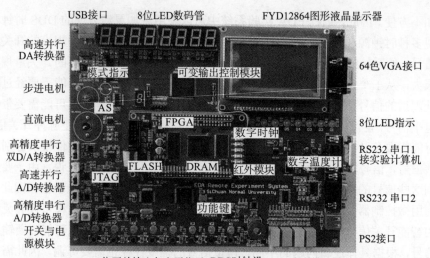

图 4-2   可程控逻辑验证平台的外观图

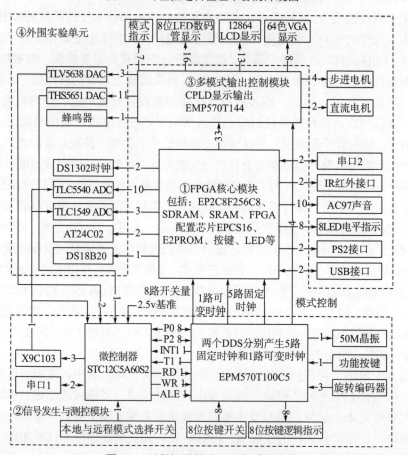

图 4-3   可程控逻辑验证平台系统结构

1. FPGA 核心模块

该核心模块包括超大规模 FPGA 芯片 EP2C8F256C8、大容量 SDRAM 芯片 K4S561632H、大容量 SRAM 芯片 ISSI61LV25616、FPGA 专用配置芯片 EPCS4、非易失性存储器 AT24C16 以及专为 FPGA 提供 I/O 和内核供电的电源芯片、测试按键和 LED 等。FPGA 的 JTAG 和 AS 配置接口也设置在核心板上。由于 FPGA 的更新换代比较快，而 SDRAM 等存储器与 FPGA 之间需要较高的速度，因此，将这些资源与 FPGA 一起制作成一块相对独立的 FPGA 系统板，并以插针的方式与底板连接，方便更换和系统升级。

2. 信号发生与测控模块

该模块是逻辑验证平台可远程控制的关键模块，主要由单片机 STC12LE5A60S2、大规模 CPLD 芯片 EPM570T100C5、高精度数字电位器 X9C103、若干运算放大器、旋转编码器、按键开关、LED 等部件组成。该模块主要有 4 个功能。

(1) 激励信号产生：产生 FPGA 测试需要的各种激励信号源，包括 5 路常用的固定频率，1 路步进 1 Hz、量程 1 Hz～25 MHz 的 DDS 时钟源、8 路可变模式的开关信号等。

(2) 数据采集：自动测量 A/D、D/A、数字电位器等输入输出的模拟电压值，自动采集真实的开关输出电平。设置有高精度恒误差频率计，可测量信号频率、占空比等。

(3) 通信功能：接收实验计算机发来的控制信号，发送采集的数据到实验计算机。

(4) 智能控制：控制电路的组态模式以适应不同逻辑测试的需求，控制各类开关信号的产生、控制产生不同的模拟电压、任意时钟频率等。

3. 多模式输出控制模块

该模块的功能是根据 FPGA 中设计逻辑的不同，动态地将各种显示电路、电机控制电路、D/A 转换电路等外围资源挂接在 FPGA 的实验电路中，实现实验电路的动态构建。该模块主要由大规模 CPLD 芯片 EPM570T144C5 以及输出模式指示数码管和功能按键构成。电路工作模式可以通过实验板上的功能按键或远程客户端发送的指令，由信号发生与测控模块输出信号来控制。

4. 外围实验单元

外围实验单元提供了逻辑测试中常用的各种部件，主要包括串行高精度 A/D 转换模块、以 TLV5638 构成串行高精度 D/A 转换模块、以 TLC5540 构成并行高速 A/D 转换模块、以 THS5651 构成的并行高速 D/A 转换模块、步进电机模块、直流电机模块、蜂鸣器模块、8 位数码管显示模块、8 位 LED 显示模块、FYD12864 液晶显示模块、64 色 VGA 显示接口模块、以 WMV8731 构成的符合 AC97 音频标准的声卡模块、DS1302 数字时钟模块、DS18B20 数字温度计模块、红外数据收发模块、RS232 通信模块、PS2 通信模块、USB 通信模块等。

4.2   FPGA 核心模块

4.2.1   硬件概述

FPGA 核心模块是将 FPGA 与 SRAM、SDRAM、配置芯片等重要部件设计在一块独立的电路板上，其电路硬件框图如图 4-4 所示。图中 FPGA 与 SDRAM K4S561632H 以及 SRAM ISSI61LV25616 的连线中，字母 A、D、C 分别表示地址线、数据线和控制线。

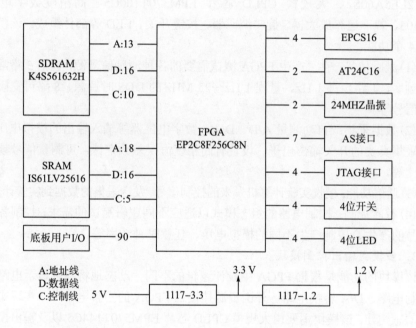

图 4-4   FPGA 核心模块硬件框图

4.2.2   FPGA 器件

FPGA 采用了 Altera 公司的高性价比的 Cyclone II 系列芯片，型号为 EP2C8F256C8N。该芯片内核电压 1.2 V，具有 8256 个逻辑单元，165888 bit 片上 RAM 存储单元，36 个 9 bit 嵌入式硬件乘法器，2 个锁相环，8 个全局时钟。EP2C8F256C8N 采用 BGA256 封装，管脚数量高达 256 个，用户 I/O 口高达 182 个，也是 EP2C8 系列型号中用户 I/O 口数量最多的芯片。由于该芯片用户 I/O 口数量较多，在设置了 SDRAM、SRAM

等外部存储器专用 I/O 后仍然有大量的 I/O 口提供给底板作为实验扩展 I/O 口，这也是选用该器件的重要原因之一。EP2C8F256C8N 芯片的主要器件特性如表 4-1 所示，更详细的特性参数可以参考其数据手册。

表 4-1　EP2C8F256C8N 器件特性简表

特性	EP2C8F256C8N
逻辑单元 LEs	8256
M4KRAM 块（4kbits+512 奇偶校验位）	36
RAM 总数/bit	165,888
嵌入式乘法器（9*9）	36
用户 I/O 数	182
锁相环 PLLs	2
全局时钟引脚	8
.rbf 配置文件大小/bit	1,983,536
支持的配置模式	AS（20 MHz）、PS、Fast AS（40 MHz）、JTAG
可选 AS 配置器件	EPCS4、EPCS16 等

FPGA 核心板上 EP2C8F256C8N 的 I/O 引脚分配如图 4-5 所示。

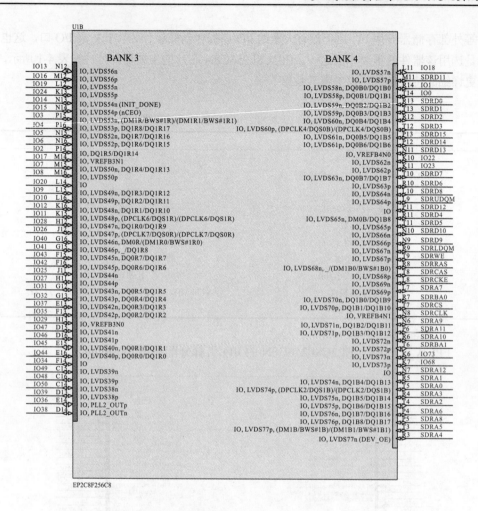

图 4-5　EP2C8F256C8N I/O 引脚分配图

4.2.3　配置电路

　　Altera 公司的 Cyclone 系列 FPGA 具有多种配置方案：主动串行（Active Serial, AS）模式、被动串行（Passive Serial，PS）模式及联合测试行动组（Joint Test Action Group, JTAG）模式。可以通过控制 FPGA 芯片的 MSEL[1..0]引脚来选择需要的配置模式。表 4-2 给出了 Cyclone 系列 FPGA 的配置模式与 MSEL[1..0] 引脚电平的对应关系。快速 AS 模式时钟频率可以达到 40 MHz，不过只有使用 EPCS16 和 EPCS64 的专用配置 ROM 才支持，其他 EPCS 配置 ROM 只支持时钟速率为 20 MHz 的 AS 模式，更多具体的细节可以参考关于串行配置器件的数据手册。JTAG 配置优先于其他配置方案，使用 JTAG 配置时，MSEL[1..0]引脚的电平设置将被忽略，但不允许 MSEL[1..0]引脚悬空。

表 4-2   Cyclone 系列 FPGA 的 4 种配置方案

配置方案	MSEL1	MSEL0	描述
AS(20 MHz)主动串行模式	0	0	使用串行配置器件：EPCS1，EPCS4
Fast AS(40 MHz)快速 AS 模式	1	0	使用串行配置器件：EPCS16，EPCS64
PS 被动串行模式	0	1	使用 EPC1、EPC2、增强型配置器件(EPC4、EPC8、EPC16)或智能主机配合 FLASH 实现或使用下载电缆配置
JTAG 模式	接 VCCIO 电源或地，不得悬空		智能主机或 Jam™标准测试和编程语言(STAPL)使用下载电缆通过 JTAG 引脚配置

Altera 公司的 Cyclone 系列 FPGA 是基于 SRAM 的查找表(look up table, LUT)来实现。器件掉电后，其内部的配置数据将丢失，因此，在实际引用中，需要专用的配置 ROM 来实现开机上电时的自动配置。Altera 专用串行配置器件是一种具有串行接口的 Flash 存储器，用于存储 FPGA 器件的配置数据，并在系统上电或重新配置时将配置数据装入 FPGA 中，使 FPGA 具备设计的逻辑功能。Altera 串行配置器件主要有 EPCS1、EPCS4、EPCS16、EPCS64 和 EPCS128 几个型号。其中，EPCS1 和 EPCS4 均为 8 个引脚，且引脚兼容。EPCS16 和 EPCS64 均为 16 个引脚，且引脚兼容。选用串行配置器件时一般要保证配置 ROM 存储容量要大于 FPGA 配置文件的大小，但将配置数据压缩后可以将数据量减少到 35%~55%，当然，采用数据压缩也将增加 FPGA 的配置时间，一般增加 50%的配置时间。在 SOPC 的设计中，EPCS 器件除了存储配置数据外，剩余空间还可以用来存储程序代码，并由 EPCS 控制器提供引导装载程序，因此根据需要可以适当选择较大容量的 EPCS 配置器件。表 4-3 给出了 EPCS 系列各配置器件的存储空间。

表 4-3   EPCS 系列配置器件存储空间

器件	容量/bit
EPCS1	1,048,576
EPCS4	4,194,304
EPCS16	16,777,216
EPCS64	67,108,864
EPCS128	134,217,728

图 4-6 给出了 EP2C8F256C8N 配置相关的电路图。虽然 FPGA 核心板是用作 FPGA 实验测试使用，并不需要系统脱机运行，但考虑到扩大 FPGA 核心板是使用面，此处还是设计了专用配置器件。由于 EP2C8 的配置数据为 1,983,536bit，

故选用了型号为 EPCS4I8 的串行配置器件。EPCS4I8 通过 FPGA 的专用配置引脚与 FPGA 连接，同时设置了 JTAG 和 AS 两个编程接口，这两个编程接口均为 10 针接口，即图 4-6 中的 JP3 和 JP4。在正常实验时，只需通过 JTAG 对系统下载配置数据，如果需要脱机运行则可以通过 AS 接口将配置数据编程到专用配置 ROM EPCS4I8 中。在实验时也可以先将配置文件转换为.JIC 格式的文件，然后通过 JTAG 接口间接实现 EPCS4 编程。由于只是用了主动串行 AS 模式和 JTAG 模式，因此 FPGA 的 MSEL0 和 MSEL1 引脚均接地。更多关于 JTAG 配置和 AS 配置的信息可以查看相关数据手册。

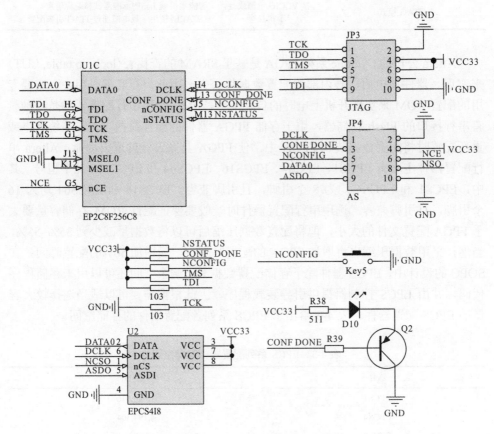

图 4-6　FPGA 核心板配置电路图

在 FPGA 的核心板上还设计了配置按钮和配置状态指示灯：

（1）配置按钮。在 FPGA 的 nCONFIG 端口施加一个下降沿将复位 FPGA，此时 FPGA 的所有 I/O 口都将变成高阻态。在 nCONFIG 端口施加上升沿将启动一次配置。核心板上由上拉电阻和 Key5 按键构成的手动开关电路构成重配电路。当按下开关，FPGA 复位，松开开关产生上升沿，发起重新配置请求，FPGA 将重新配置一次。

(2)配置状态指示灯。FPGA 的 CONF_DONE 端口在 FPGA 的配置期间将输出低电平,当配置结束后,CONF_DONE 引脚将恢复为开漏输出状态,此时由外部上拉电阻控制输出高电平。利用该端口输出的信号,通过 PNP 三极管驱动发光二极管 D8 的工作,在 FPGA 配置期间,CONF_DONE 输出低电平,PNP 三极管导通,从而驱动发光二极管 D8 发光,指示配置进行中;当配置完成,CONF_DONE 端口变为高电平,PNP 三极管截止,发光二极管 D8 熄灭,指示配置完成。

4.2.4　时钟电路

EP2C8F256C8N 芯片中没有片内振荡电路,故必须配备外部时钟电路,一般情况下选择有源晶振。FPGA 核心板上选用了一个 24 MHz 的有源晶振为 FPGA 提供系统时钟。由于 EP2C8F256C8N 内部具有两个 PLL 锁相环,利用该锁相环可以将 24 MHz 的系统时钟倍频或分频得到需要的各种频率。EP2C8F256C8N 具有 8 个全局时钟输入端,系统有源晶振占用了 CLK4 端口,也可以焊接 R31 为 CLK7 提供系统时钟,其余 6 个时钟专用端口均作为 I/O 扩展口连接到扩展插座上。不过需要注意的是,这些端口只能作为输入口,不能作为输出口使用。实际上,在电路底板上这几个时钟中有一个作为可程控 DDS 时钟源的输入端,另外 5 个专用时钟输入口作为主板上的 5 个常用固定时钟频率的输入端。时钟电路设计如图 4-7 所示。

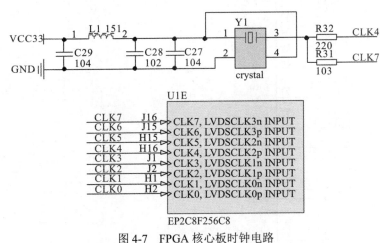

图 4-7　FPGA 核心板时钟电路

4.2.5　存储电路

FPGA 核心模块上的存储器件包括 SDRAM、SRAM、串行配置 ROM、E^{2}PROM

等。SDRAM 可以用作 SOPC 设计中嵌入式处理器(如 NIOS II)的内部 RAM 和程序的运行空间。SRAM 用于数据的高速存取。串行配置 ROM 用于存储 FPGA 配置数据并进行 FPGA 的主动配置。E²PROM 用于数据的非易失性存储，由于 E²PROM 采用的是 I²C 接口的存储器件，因此该器件也可以进行 I²C 接口的通信实验。

1. SDRAM 存储器

同步动态随机存储器 SDRAM(synchronous dynamic random access memory) 是一种大容量低成本的半导体存储器。存储器时钟频率由控制系统控制，存储器内部命令的发送和数据的传输都以此频率为基准"同步"传输。其存储阵列需要不断地"动态"刷新来保证存储数据不丢失，其数据的存储不是线性一次存储，可以自由指定地址进行数据的"随机"读写。在基于 NIOS II 的 SOPC 设计时，NIOS II 中的 SDRAM 控制器可以完成 SDRAM 的所有控制逻辑，实现 Avalon 总线接口，SDRAM 的初始化处理、数据刷新等。SDRAM 控制器可以使处理器将 SDRAM 作为大容量线性可寻址存储器使用，使数据操作像访问 SRAM 一样简单。

FPGA 核心模块上的 SDRAM 存储器采用三星公司 K4S561632E。K4S561632E 是一种 256 Mbit 的同步高数据速率的动态随机存储器，最高工作频率可达 166 MHz，采用 LVTTL 接口电平，54 脚 TSOP 封装。K4S561632E 的电路连接如图 4-8 所示。

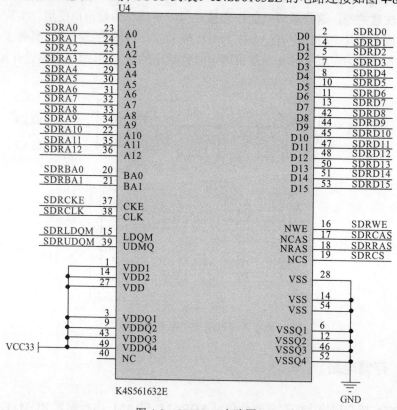

图 4-8　SDRAM 电路图

2. SRAM 存储器

FPGA 核心模块采用了 1 片 512 k×16 的高速异步 SRAM，芯片型号 ISSI61L V51216。该芯片采用了高速 CMOS 工艺，单电源 3.3 V 供电。该芯片采用全静态操作，没有时钟，也不需要刷新操作，支持三态输出。由于 SRAM 工作速度快，因此 SRAM 可以在 FPGA 设计中用在需要高速存储的地方等，作为高速存储器使用，如显示缓存、数据缓存。在 FPGA 的 SOPC 设计中，如果应用程序较小时，SRAM 也可以作为用户应用程序的存储器，让程序在 SRAM 中运行。SRAM 的电路设计如图 4-9 所示。

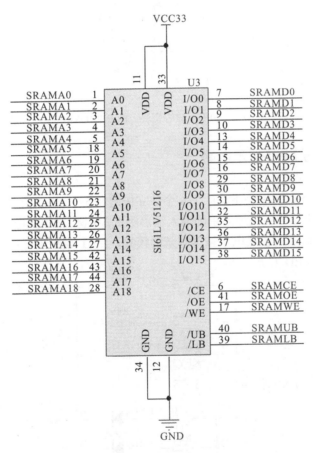

图 4-9　SRAM 电路图

3. 串行配置 ROM

串行配置 ROM 是基于 SRAM 查找表构建的 FPGA 脱机工作时所必需的存储器件，用于存放 FPGA 中的配置文件，并在上电时将配置文件加载到 FPGA 中，使 FPGA 正常工作。其大致工作情况在配置电路一节中已有描述，此处不再赘述。

4. E²PROM

在 FPGA 核心模块上设计了一片 E²PROM 芯片，型号为 AT24C16。该芯片存储空间为 2048×8(16k)，I²C 通信接口，擦写周期达 100 万次，数据保存可达 100 年。设置该芯片的目的是用作非易失性存储或作为 I²C 总线传输的实验资源。E²PROM 的电路如图 4-10 所示。

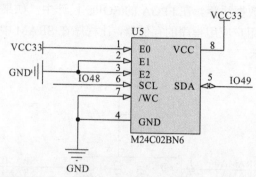

图 4-10 FPGA 核心模块上的 E²PROM 电路

4.2.6 按键与 LED 指示电路

在 FPGA 核心模块上还设计了 4 个独立按键和 5 个 LED 指示灯，这使得仅用 FPGA 核心模块即可实现最简单的输入输出测试。按键与 LED 指示电路如图 4-11 所示，图中键盘采用了低电平按键有效的模式，LED 也采用低电平驱动，FPGA 输出低电平时 LED 发光。

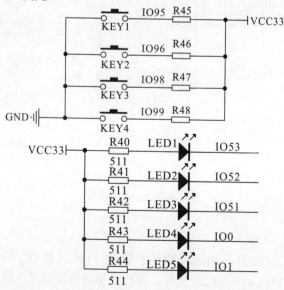

图 4-11 FPGA 核心模块上的按键与 LED 指示电路

4.2.7　用户 I/O 接口

FPGA 核心模块上提供给底板使用的用户 I/O 分配电路如图 4-12 所示。

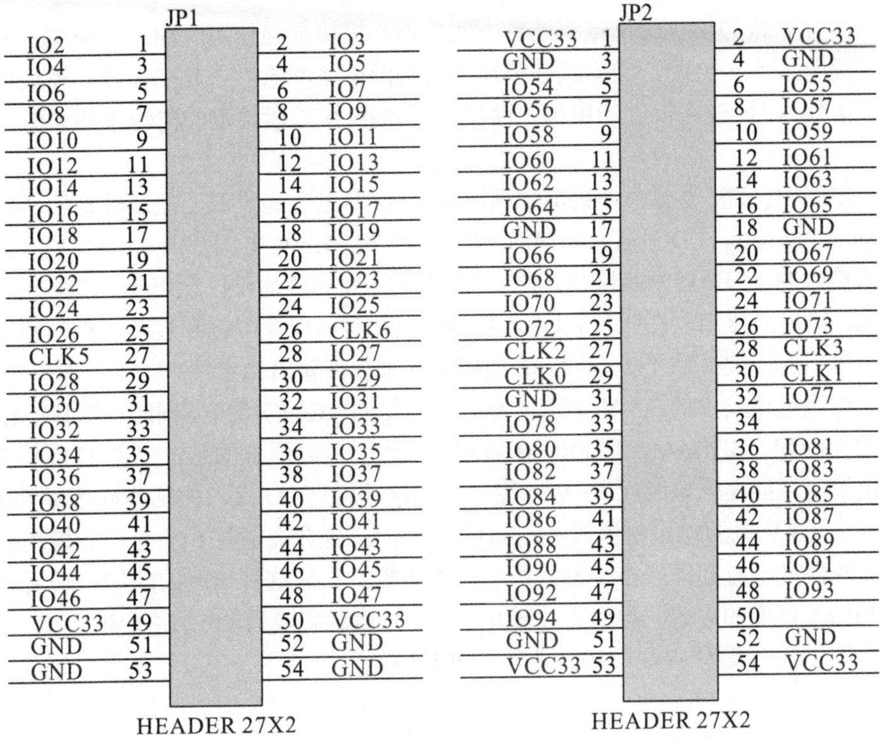

JP1（HEADER 27X2）

IO2	1	2	IO3
IO4	3	4	IO5
IO6	5	6	IO7
IO8	7	8	IO9
IO10	9	10	IO11
IO12	11	12	IO13
IO14	13	14	IO15
IO16	15	16	IO17
IO18	17	18	IO19
IO20	19	20	IO21
IO22	21	22	IO23
IO24	23	24	IO25
IO26	25	26	CLK6
CLK5	27	28	IO27
IO28	29	30	IO29
IO30	31	32	IO31
IO32	33	34	IO33
IO34	35	36	IO35
IO36	37	38	IO37
IO38	39	40	IO39
IO40	41	42	IO41
IO42	43	44	IO43
IO44	45	46	IO45
IO46	47	48	IO47
VCC33	49	50	VCC33
GND	51	52	GND
GND	53	54	GND

JP2（HEADER 27X2）

VCC33	1	2	VCC33
GND	3	4	GND
IO54	5	6	IO55
IO56	7	8	IO57
IO58	9	10	IO59
IO60	11	12	IO61
IO62	13	14	IO63
IO64	15	16	IO65
GND	17	18	GND
IO66	19	20	IO67
IO68	21	22	IO69
IO70	23	24	IO71
IO72	25	26	IO73
CLK2	27	28	CLK3
CLK0	29	30	CLK1
GND	31	32	IO77
IO78	33	34	
IO80	35	36	IO81
IO82	37	38	IO83
IO84	39	40	IO85
IO86	41	42	IO87
IO88	43	44	IO89
IO90	45	46	IO91
IO92	47	48	IO93
IO94	49	50	
GND	51	52	GND
VCC33	53	54	VCC33

图 4-12　FPGA 核心模块用户 I/O 接口图

　　EP2C8F256C8N 共有 256 个引脚，除去 FPGA 内核逻辑电源引脚 VCCINT、I/O 模块电源引脚 VCCIO、锁相环的电源引脚、专用配置引脚、时钟引脚以及地线等专用引脚以外，该芯片共有 182 个用户 I/O 口。除去核心模块上扩展 SRAM、SDRAM、E2PROM、独立按键、LED 指示等用掉的 I/O 后，剩下的 83 个用户 I/O 以及 4 个时钟输入引脚全部通过用户 I/O 接口插座扩展出来，用于外接其余的外围输入和输出实验电路。这些外围输入输出实验电路包括开关输入、LED 输出、高速 A/D、高速 D/A、数码管显示、液晶显示、声音模块、电机模块以及 USB、串口、VGA 等各种接口电路。由于只有 83 个 I/O 口作为大量外围实验电路的接口引脚，故引脚资源比较紧张，考虑到在绝大多数的实验测试中，并不需要将所有的外围实验资源接入到 FPGA 电路中，因此，在外围实验电路的设计中采用了组态模式，通过不同的电路组态模式挂接不同的外围实验资源到 FPGA 上。

用户 I/O 接口采用独立的插接方式与底板连接以提高系统的灵活性，方便 FPGA 核心模块的单独使用，也方便更新升级。

4.2.8　电源电路

FPGA 核心模块的供电有两种方式：核心模块单独使用时由核心模块上的电源插座输入 5 V 电源，经由核心模块上的电源电路供电；当 FPGA 核心模块插在底板上使用时，由底板上的电源电路供电。FPGA 核心模块上的电源电路如图 4-13 所示。

电路中，3.3V 电源由外接电源插座输入的5V 电压通过低压差线性稳压器 (low dropout regulator, LDO) 芯片 AMS1117-3.3 产生。1.2 V 电源是由 AMS1117-1.2 芯片将输入的 3.3 V 进一步降压产生。AMS1117 系列芯片可以输出最大 800 mA 的电流，输出电压精度在 ±1% 以内，具有比较完善的电流限制和过热保护功能。其输出端一般需要并联不少于 10 μF 的钽电容来提高输出稳定性。

电源电路输出的 3.3 V 电源主要给 FPGA 的 VCCIO 供电，同时也给核心模块上的 SRAM、SDRAM、E2PROM 等芯片供电。需要注意的是，当由 FPGA 核心模块的电源插座供电时，3.3 V 电源也可以通过用户 I/O 接口的插座向底板供电，但由于 3.3 V 电源输出电流最大不超过 800 mA，因此在通过 FPGA 核心模块的电源向底板供电时必须严格控制底板负载的电流。一般这种情况的应用应采用底板向 FPGA 供电的方式。电源电路输出的 1.2 V 电源主要为 FPGA 的 VCCINT 提供核心电压，以及为 FPGA 中的锁相环 PLL 供电。

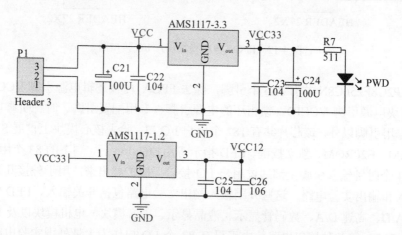

图 4-13　FPGA 核心模块上的电源电路

4.3　底板硬件设计

可程控逻辑验证平台的底板为 FPGA 中的逻辑电路提供测试环境,同时底板上的硬件测试环境还要受远程客户端的控制,即可以远程测量电路的数据,也可以远程调节实验板的组态模式等,因此底板的设计至关重要。

从图 4-3 的可程控逻辑验证平台系统结构框图可以看出,底板上的电路大致可分为信号发生与测控模块、多模式输出控制模块、外围实验单元这三个逻辑部分,此外还有电源电路等公共电路。

4.3.1　信号发生与测控模块

信号发生与测控模块具有信号发生、测量、控制、通信四个功能。信号发生功能主要模拟产生系统实验需要的开关输入信号并指示,产生实验测试需要的 6 路固定时钟和 1 路可以任意步进调节的时钟信号。测量功能主要有频率测量、脉宽测量、周期测量、模拟电压测量等。频率测量、脉宽测量、周期测量是测试提供给系统的真实时钟以及 FPGA 某个端口输出的信号频率、周期、脉宽等时间参数。模拟电压测量主要测试提供给高速 A/D 和高精度 A/D 的模拟电压值以及高速 D/A 和两路高精度 D/A 输出的模拟电压值。控制功能主要是控制输出给 A/D 转换器的模拟电压、控制输出给 FPGA 的可调时钟频率、控制多模式输出控制模块转换电路的组态形式等。通信功能主要是采用串口与实验计算机通信。

1. 单片机与 CPLD 核心电路

单片机与 CPLD 是信号发生与测控模块的核心电路。单片机采用深圳宏晶科技有限公司的 STC12LE5A60S2 的芯片。该芯片是一种单时钟机器周期(1T)的高速、低功耗、超强抗干扰的新一代 8051 内核的单片机。其指令代码完全兼容传统 8051,但速度快 8～12 倍,内部集成了 MAX810 专用复位电路,具有 2 路 PWM、8 路 10 位 A/D 转换器(采样率可达 250 k/s)。芯片工作频率可达 35 MHz(相当于普通 8051 工作在 420 MHz),用户程序空间 60 k 字节,片上 RAM 1280 字节。

单片机部分的电路如图 4-14 所示。图中 P1.0～P1.4 作为 5 路 A/D 转换的模拟输入端,其中,P1.0 测量 2.5 V 基准电压,用于 A/D 校准;P1.1 测量高速 D/A 转换器 THS5651 的输出电压;P1.2 和 P1.3 测量高精度串行双 D/A 转换器 TLV5638 的两路模拟输出电压;P1.4 测量数字电位器产生的模拟电压,该电压提供给实验板上的 A/D 转换作为输入;P1.5～P1.7 用于控制数字电位器 X9C103 产生所需的模拟电压; P0 口、P2 口、ALE、WR(P3.6)、RD(P3.7)、T1(P3.5)、INT1(P3.3) 等端口与型号为 EPM570T100C5 的 CPLD 相连, 实现时钟发生、开关信号发生、频率周期和脉宽测量等逻辑功能; INT0(P3.2) 口外接 JP3 的跳线开关, 该开关可以作为可程控逻辑验证平台工作在本地模式还是远程控制模式的选择开关; P3.0 口(RXD)和 P3.1 口(TXD)连接串行通信接口用于和实验计算机通信; P4.7 口外接 RC 电路用作系统外部自动复位; P4.6 口外接分压电阻构成掉电检测电路。为了保证串行通信波特率的准确度, 系统时钟电路采用了 11.0592 MHz 晶振。

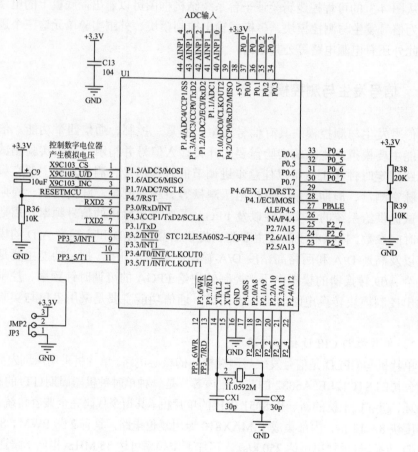

图 4-14 单片机部分的电路图

CPLD 芯片采用 Altera 公司的 MAX II 系列的低成本芯片 EPM570T100C5。该芯片采用 TQFP 封装, 具有 570 个逻辑单元, 76 个用户 I/O 口。主要配合单片机产生需要的多种时钟信号、开关信号等, 实现高精度的频率、脉宽、周期等时间参数的测量, 其电路如图 4-15 所示。

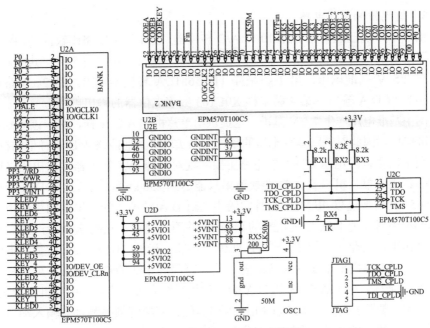

图 4-15　EPM570T100C5 电路图

2．通信接口电路

测控模块的通信采用简化的 RS232 串行通行接口，通信接口电路如图 4-16 所示。该接口采用一片 MAX3232CSE 的接口电平转换芯片实现 TTL 与 RS232 的电平转换。MAX3232 具有两组收发器，其中一组收发器与 STC12LE5A60S2 单片机的串口通信，实现单片机与计算机的通信，图中网络标号为 TXD2、RXD2，该 DB9 接口标示为 RS2；另一组收发器通过网络标号 TXD1、RXD1 分别与 FPGA 核心模块中用户 I/O 口中标号为 IO46、IO47 的管脚相连接，用以实现 FPGA 的串口通信实验的电平转换，该 DB9 串口标示为 RS1。这种设计使一片 MAX3232 既可以提供测控模块与实验计算机的通信，也可以开展 FPGA 中 UART 的通信测试实验。

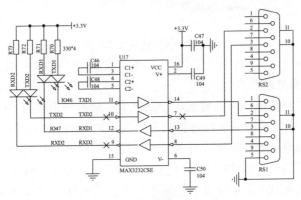

图 4-16　串行通信接口电路

3. 前端信号调理电路

由于单片机已经自带 8 路 10 位 A/D 转换器，因此外围电路比较简单，图 4-17 给出了主要的信号调理电路。单片机的 8 路 A/D 输入中共用了 5 路，其中，第 0 路采样 2.5 V 基准电压，第 1 路采样 THS5651DA 转换器输出，第 2、3 路采样 TLV5638 双 D/A 输出，第 4 路采样 X9C103 数字电位器的输出电压。

图中基准电压产生 2.5 V 基准，也提供给单片机作 A/D 采样，由于该信号为精密基准电压，因此对该路基准电压的采样可以实现对其他四路 A/D 采样值的校准。

图中信号调理电路 U18A 的电路主要实现对高速 D/A 转换器输出电压进行隔离跟随。由于单片机内置 A/D 转换速率只能达到 250 kb/s，无法达到 D/A 转换器 THS5651 的转换速度 40 MB/s。且实验中，对 D/A 转换器的输出检测主要用于检验 FPGA 中对高速 D/A 控制逻辑的正确性，并不需要真正让高速 D/A 产生高频模拟信号输出，因此，采用了廉价的 TL082 跟随。运放 U18B 实现对数字电位器 X9C103 产生的模拟电压的隔离跟随。这两路隔离跟随的输出电压送至单片机中进行 A/D 采样。对 TLV5638 的 D/A 输出信号系统未做隔离，由单片机直接采样。

图中限幅保护电路主要为 CPLD 内部实现的等精度频率测量的输入端口提供保护，防止输入的被测信号过大时损坏 CPLD 的端口。

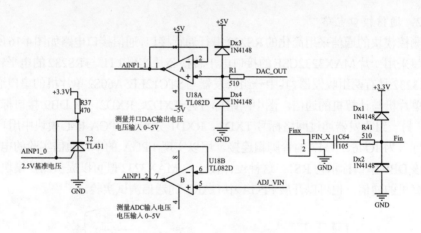

图 4-17 AD 转换前端电路

4. 后端控制电路

信号发生与测控模块中需要远程控制产生实验系统需要的一些控制信号，包括了开关信号、固定时钟与可控时钟信号发生，实验电路组态模式控制信号，A/D 采样需要的模拟电压等。其中，开关信号、固定时钟与可控时钟信号发生，实验电路组态模式控制信号等均由 CPLD 内部电路产生。A/D 采样需要的模拟电压则由数字电位器 X9C103 在单片机的控制下产生，其电路如图 4-18 所示。

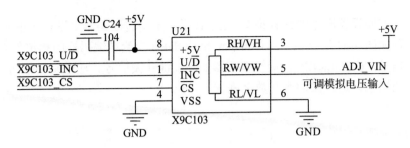

图 4-18　数控电压产生电路

5．人机接口电路

考虑到该逻辑验证平台不仅要用于远程实验，还需要在本地完成 FPGA 验证时使用，因此在系统中设计了本地人机交互的接口电路。设置了标识为 KEY1~KEY8 的 8 个开关，便于本地产生 8 路高低电平的逻辑输入。系统还设置了一个标号为 KEYFun 的功能开关，通过该开关实现外围电路的组态选择控制。开关电路的原理如图 4-19 所示。

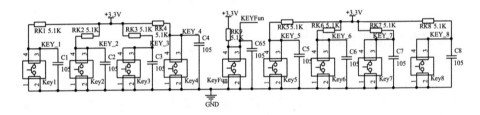

图 4-19　开关电路

为了指示开关输出的逻辑电平，设置了标号为 LED1~LED8 的 8 个 LED 指示灯，以指示 8 个逻辑开关输出的逻辑电平。电路原理如图 4-20 所示。

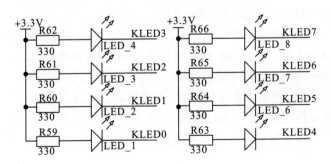

图 4-20　开关输出逻辑电平指示电路

为了方便设置产生的任意频率，还设计了一个旋转编码器来设置产生的频率，电路原理如图 4-21 所示。其中，CODEA 和 CODEB 为旋转编码器的相位差为 90°的脉冲信号，CODEKEY 为旋转编码器上的按键开关信号。通过旋转按钮实现频率信号的增减，通过按键实现数字确认和移位。

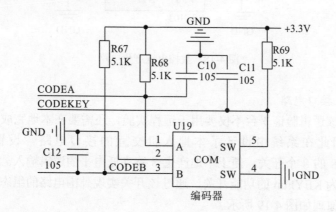

图 4-21　旋转编码器电路

4.3.2　多模式输出控制模块

多模式输出控制模块以 EPM570T144C5 为核心，外接数码管动态扫描电路、LCD 显示、VGA 显示、D/A 转换、直流电机、步进电机等输出模块，并由测控模块输出的控制信号控制电路的组态模式，其外围连接的逻辑关系如图 4-3 所示，其电路如图 4-22 所示。

1. EPM570T144C5 核心控制器

图中 CPLD 的 39~75 脚的 31 个 I/O 口通过接插件连接 FPGA 核心模式，由核心模块输出各类控制信号，经 CPLD 分配至各外围输出电路上；CPLD 的 76~91 脚连接 FYD12864 的液晶显示器；93~102 脚驱动 64 色 VGA 显示接口电路；109~118 脚为 8 位数码管动态扫描电路的 7 段码输入段；120~139 脚为 8 位数码管动态扫描电路的位选信号；140~144 脚以及 1~6 脚为连接高速并行 D/A 转换器 THS5651 的输出端口；7 脚为输出至蜂鸣器电路，控制蜂鸣器发声；8~13 脚控制步进电机；14、15 脚控制直流电机；16~20 控制串行 D/A 转换器 TLV5638；21~30 脚控制电路模式指示数码管，模式指示电路如图 4-23 所示；31~38 的 4 个 I/O 口为测控模块输出至多模式输出控制模块的控制信号，4 根控制线可实现最多 16 种电路组态模式。

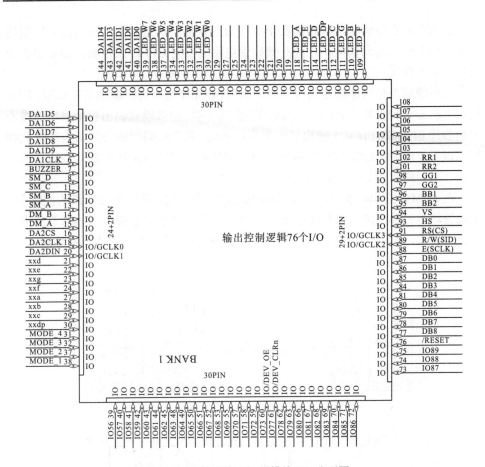

图 4-22　多模式输出控制模块 I/O 分配图

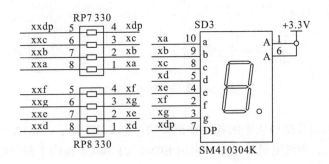

图 4-23　输出模式指示电路

2. 多模式输出控制模块的外围资源

多模式输出控制模块的外围资源包括数码管动态扫描电路、LCD 显示、VGA 显示、D/A 转换、直流电机、步进电机等。这些外围资源模块中，数码管动态扫描电路是最重要的电路之一。由于数码显示是逻辑验证与测试中最常用的单元电路，根据实际实验情况，可能需要 1~8 个数码管提供静态显示，也可能需要数码管提供动态显示的测试电路，因此数码管电路需要用 CPLD 来控制，模拟多种数码管的显示模式。

数码管动态扫描电路采用 8 只共阳极 7 段 LED 数码管和驱动电路构成。所有数码管的 a~g 和小数点 dp 的 8 个段码端全部并联，由多模式输出控制模块的核心控制芯片 EPM570T144C5 输出低电平直接驱动。每个数码管的公共阳极端由 PNP型三极管驱动，由 EPM570T144C5 输出对应的高电平信号来控制相应数码管的亮和灭，其电路原理如图 4-24 所示。

在 EPM570T144C5 中构建了数码管动态扫描控制电路。在该电路的控制下，数码管动态扫描电路可以模拟全部静态显示、部分静态显示或动态显示等外围电路接口方式，为用户在 FPGA 芯片中设计的逻辑提供尽可能灵活的外围显示电路。

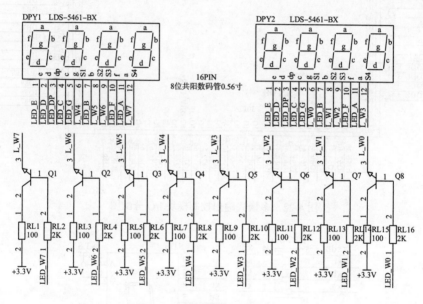

图 4-24   数码管动态扫描电路

多模式输出控制模块中的其他输出模块，如 LCD 显示、VGA 显示、D/A 转换、直流电机、步进电机等电路，也由 EPM570T144C5 按照不同的电路组态模式提供给 FPGA 核心板，为其提供相应的测试条件。

4.3.3   其他外围实验单元

这部分外围实验单元电路都是直接与 FPGA 核心实验板的用户 I/O 相连接的。这些电路包括了符合 AC 97 标准的 WM8731 音频电路、TLC5540 高速 A/D 转换器电路、TLC1549 串行 A/D 转换器、8 位 LED 指示电路、数字温度传感器电路、IIC 接口的 EEPROM 电路、红外接收与发射电路、步进电机驱动电路、直流电机驱动电路、蜂鸣器电路、USB 接口电路、PS2 接口电路、RS232 通信电路以及电源电路等。

4.4　信号发生与测控模块固件设计

如前所述，信号发生与测控模块主要包括开关信号发生、测量、控制和通信四个功能。开关信号发生主要是产生 8 位开关信号并指示、6 路固定时钟、1路步进量为 1 Hz 任意时钟。测量功能主要是完成频率、脉宽、周期以及总共 3路 D/A 输出的模拟电压和输入给 A/D 的模拟电压测量等。控制功能主要是控制输出给 A/D 转换器的模拟电压、输出给 FPGA 的可调时钟频率、控制多模式输出控制模块转换电路的组态形式等。通信功能主要是采用串口与实验计算机通信。

4.4.1　系统设计规划

由于实现信号发生与测控的硬件采用了单片机加可编程逻辑器件的经典模式，部分功能的实现是软硬件可互换的，故系统功能的实现方案比较灵活。在该设计中，除模拟电压的采集、数值计算、串口通信控制等功能外，大部分逻辑功能由可编程逻辑器件 EPM570T100 来实现。图 4-25 为 EPM570T100 中的顶层逻辑设计。图中，Freq_dev 模块实现 5 路固定时钟和 1 路任意时钟的发生；FREQ模块为恒误差同步测频模块；AUTO_TEST 模块为同步测频模块的频率、脉宽自动测量、数据寄存的控制状态机电路；FREQ 与 AUTO_TEST 两个模块共同完成恒误差频率测量、脉宽测量的逻辑功能；encode 模块为旋转编码器接口模块，实现旋转编码器的输出信号的滤波、鉴相、计数和 8 位频率值的寄存；lvbo 模块为多模式输出模块的本地控制按键的滤波电路；digexp 模块为单片机与可编程逻辑器件的通信接口，通过该模块可以实现单片机对时钟信号发生模块、频率脉宽测量模块、按键开关和旋转编码器的信号采集与控制以及对多模式输出显示模块的状态控制寄存等功能。

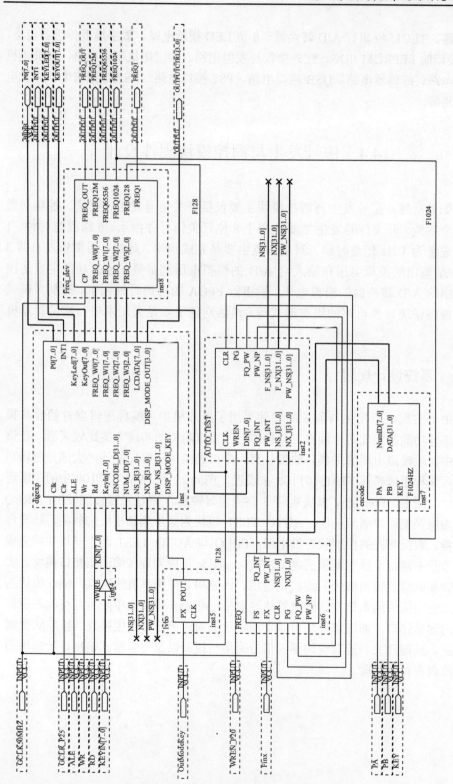

图4-25 EPM570T100顶层逻辑设计

4.4.2　频率脉宽测量模块

频率脉宽测量由恒误差测频模块 FREQ 和自动测量控制模块 AUTO_TEST 两部分构成。恒误差的频率测量是采用多周期同步测频法来实现。多周期同步测频法是对直接测频法的改进。图 4-26 为多周期同步测频原理框图，主要由一个 D 触发器和两个具有清零和计数功能的计数器构成其中两个计数器分别对基准信号和被测信号进行计数，两个计数器的清零由清零信号 CLR 控制，计数功能由 D 触发器输出的同步闸门 Sg 控制[127]。图 4-27 为多周期同步测频工作波形。工作时，首先通过清零信号将两个计数器清零，为开始计数做好准备；然后，从预置闸门 Pg 端输入预置闸门信号，在被测信号 Fx 作为时钟控制的 D 触发器控制下，由预置闸门信号产生与被测信号 Fx 同步的闸门信号 Sg。当同步闸门信号为高电平时，两个计数器分别对基准信号 Fs 和被测信号 Fx 同时计数；当同步闸门信号变为低电平时，两个计数器同时停止计数。假设基准信号频率为 Fs，被测信号频率为 Fx，在此测量期间，对基准信号的计数值为 Ns，对被测信号的计数值为 Nx，由于两个计数器计数的时间是完全一致的，则有

$$\frac{Ns}{Fs} = \frac{Nx}{Fx} \tag{4-1}$$

如果基准信号的频率已知，则可以计算出被测信号的频率

$$Fx = \frac{Nx}{Ns}Fs \tag{4-2}$$

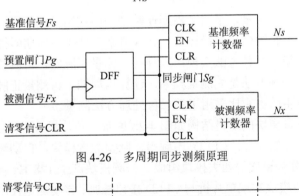

图 4-26　多周期同步测频原理

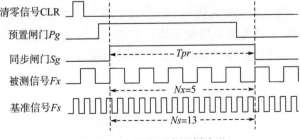

图 4-27　多周期同步测频波形

由多周期同步测频原理可知,由于控制计数器功能的同步闸门信号 Sg 是由被测信号作为时钟同步,同步闸门 Sg 高电平持续的时间始终是被测信号 Fx 周期的整数倍,因此,在计数器使用期间,对被测信号 Fx 的计数不会存在计数误差,即计数值 Nx 不存在 ± 1 字的测量误差。由于同步闸门与基准信号之间并没有任何同步关系,故基准频率计数器对基准频率的计数则会存在 ± 1 字的测量误差。如果忽略基准时钟 Fs 本身的误差,则由基准频率计数器带来的测频相对误差为

$$\delta = \left| \frac{Fx' - Fx}{Fx} \right| \times 100\% = \left| \frac{1}{Ns \pm 1} \right| \leq \frac{1}{Ns} = \frac{1}{Tpr \times Fs} \qquad (4-3)$$

其中

$$Fx' = \frac{Nx}{Ns \pm 1} Fs \qquad (4-4)$$

由相对误差公式可知,多周期同步测频法由基准频率计数器带来的误差仅与同步后的闸门时间和基准频率有关,而与被测频率 Fx 无关。闸门时间越长,基准频率越高,则测量误差越小。多周期同步测频测试的误差不会随着被测频率的变化而变化,在整个频率测量范围内其测量精度基本可以保持一致,因此,也被称为恒误差频率测量法或等精度频率测量法。

在本设计中,为了兼顾被测信号的范围,预置闸门信号 Pg 的时间长度可以由单片机设置修改。预制闸门时间越长,误差越低,在保证内部基准频率计数器不溢出的情况下,可测量的频率下限也越低。由于 EPM570 中没有锁相环 PLL,无法产生更高的时钟频率,因此,此处的标准时钟频率就是 CPLD 的晶振频率。

对于脉冲宽度的测量,采用了周期计数法,即使用被测信号的脉宽控制基准频率计数器对基准时钟信号进行计数。计数值乘基准频率周期即得脉冲宽度。

占空比的测量有两种方法实现:一种是先测量正脉宽,再测量负脉宽,最后计数占空比;另一种方法是先测量频率,计算出周期,再测量正脉宽,最后计算占空比。本设计中的占空比采用了第二种处理方法测量。

频率脉宽测量模块的逻辑结构如图 4-28 所示。单片机 MCU 主要完成频率、脉宽和占空比的数据计算。CPLD 由频率、脉宽测量模块,自动测量控制模块,MCU 接口以及分频模块等四大模块组成。分频模块产生 128 Hz 自动测量状态机时钟;MCU 接口模块实现单片机与 CPLD 接口控制;自动测量控制模块产生自动控制时序,控制频率脉宽测试模块自动完成频率、脉宽的测量,利用该自动测量模块可大大减轻单片机负担,单片机无须控制测量过程,只需要随时读取测量结果即可。

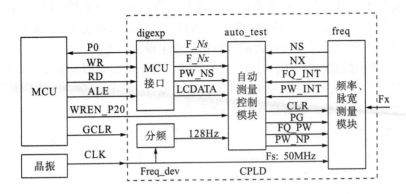

图 4-28　频率脉宽模块逻辑结构图

1. 同步测频模块

该模块的结构框图如图 4-29 所示。该模块是在图 4-26 的多周期同步测频原理图的基础上增加了脉宽测量功能。当频率脉宽选择信号 FQ_PW=1 时，数据选择器 MUX 选通 FQ_EN 输出，此时电路为多周期同步测频功能；当 FQ_PW=0 时，选通 PW_EN 输出，此时为脉宽测量功能。

脉宽测量采用周期计数法，利用待测脉冲的宽度充当基准频率计数器的计数使能信号。为了测量正负脉宽加入了同或门，当正负脉宽选择信号 PW_NP=1 时，FXPW 与 Fx 同相，此时测量正脉冲宽度；当 PW_NP=0 时 FXPW 与 Fx 反相，此时测量负脉冲宽度。单次脉冲产生电路主要确保每次清零后只输出被测信号 Fx 的一个脉冲供测量，且测量完成后产生中断信号，通知控制器处理。

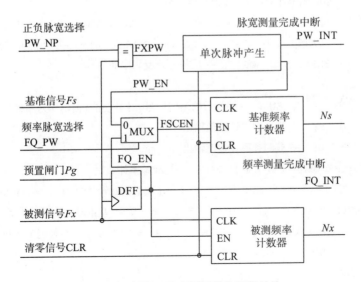

图 4-29　频率、脉宽测量模块逻辑结构

下面给出了频率脉宽测量模块的 VHDL 代码。进程 CFS 和 CFX 分别构建了对基准信号 *Fs* 和被测信号 *Fx* 的 32 位计数器，其中，选择 32 位计数器是为了保证在一个同步闸门时间内计数器的计数值不发生溢出。进程 SGA 构建了 D 触发器 DFF，实现对预置闸门 *Pg* 的同步寄存输出。其后的语句依次实现了同或运算，控制脉宽的反相与否，产生单次脉冲。最后的 WHEN ELSE 语句实现控制测频还是测脉宽的二选一数据选择器 MUX。

```
LIBRARY IEEE;
USE IEEE.STD_LOGIC_1164.ALL;
USE IEEE.STD_LOGIC_UNSIGNED.ALL;
ENTITY TEST IS
    PORT (FS, FX : IN STD_LOGIC;    --Fs基准时钟信号100 MHZ, Fx被测信号
          CLR, PG : IN STD_LOGIC;    --CLR清零信号，PG预置闸门信号
          FQ_PW : IN STD_LOGIC;    --频率/脉宽测量选择，1测频率、0测脉宽
          PW_NP: IN STD_LOGIC;    --正负脉宽测量选择，1正脉宽、0负脉宽
          FQ_INT : OUT STD_LOGIC;    --测频结束中断，下降沿有效
          PW_INT : OUT STD_LOGIC;    --脉宽测试结束中断，下降沿有效
          NS, NX: OUT STD_LOGIC_VECTOR(31 DOWNTO 0));
          --NS, NX 计数输出
    END TEST;
ARCHITECTURE DEMO OF TEST IS
    SIGNAL NS_B, NX_B : STD_LOGIC_VECTOR(31 DOWNTO 0);
    --NS_B基准频率计数，NX_B被测信号数
    SIGNAL FQ_EN, PW_EN, FSCEN : STD_LOGIC; --如图4-29所示内部使能信号
    SIGNAL STATE: STD_LOGIC_VECTOR(1 DOWNTO 0);  -- 单脉冲产生状态
    SIGNAL FXPW: STD_LOGIC; --反相与未反相中间信号
BEGIN
    FQ_INT <= FQ_EN ; --同步后的闸门信号(计数使能)输出作为测频结束中断
    NS<=NS_B;  --基准频率计数值输出
    NX<=NX_B;  --被测频率计数值输出
    CFS: PROCESS(FS, CLR)BEGIN --基准频率计数器
        IF CLR = '1' THEN   NS_B <= ( OTHERS=>'0' ) ;  --异步清零
        ELSIF FS'EVENT AND FS = '1' THEN --基准时钟上升沿有效
            IF FSCEN = '1' THEN   NS_B <= NS_B+1; --使能为1则加1计数
            END IF;
        END IF;
    END PROCESS;
```

```
    CFX: PROCESS(FX, CLR, FQ_EN) BEGIN   --被测频率计数器
        IF CLR = '1' THEN   NX_B <= ( OTHERS=>'0' ); --异步清零
        ELSIF FX'EVENT AND FX = '1' THEN   --被测信号上升沿有效
            IF FQ_EN = '1' THEN   NX_B <= NX_B + 1; --使能为 1 则加 1 计数
            END IF;
        END IF;
END PROCESS;
SGA: PROCESS(FX, CLR) BEGIN   --闸门同步 D 触发器
        IF CLR = '1' THEN   FQ_EN <= '0' ; --异步清零
        ELSIF FX'EVENT AND FX = '1' THEN --被测信号上升沿有效
            FQ_EN <= PG ;  --预置闸门锁存输出
        END IF;
    END PROCESS;
    FXPW<=FX XNOR PW_NP; --正负脉宽反相控制，PW_NP=1 则不反相，测正脉宽
PW1: PROCESS(CLR, FXPW)BEGIN --脉冲上升沿检测
 IF CLR='1' THEN STATE(0)<='0';  --异步清零，STATE="00"为清零状态
 ELSIF FXPW'EVENT AND FXPW='1' THEN --上升沿到，且原来为零状态
 --STATE="01"表脉冲开始
 IF STATE="00" THEN STATE(0)<='1'; END IF;
  END IF;
 END PROCESS;
PW2: PROCESS(CLR, FXPW)BEGIN
 --脉冲下降沿检测
     IF CLR='1' THEN STATE(1)<='0'; --异步清零，STATE="00"为清零状态
     ELSIF FXPW'EVENT AND FXPW='0' THEN --下升沿到，且 STATE="01"
      --STATE="11"表脉冲结束
     IF STATE="01" THEN  STATE(1)<='1'; END IF;
  END IF;
 END PROCESS;
PW_EN <='1' WHEN STATE="01" ELSE
  --STATE 为"01"表示脉冲开始，允许脉宽计数
'0' ; --否则禁止脉宽计数
--STATE 为"11"表脉冲结束，测试完成可读数
PW_INT <='0' WHEN STATE="11" ELSE
     '1' ;   --否则禁止读数
FSCEN <=FQ_EN WHEN FQ_PW='1' ELSE--数选器，FQ_PW=1 测频，=0 测脉宽
```

PW_EN ;

END DEMO;

多周期同步测频状态下的仿真波形如图 4-30 所示。图中，FQ_PW=1 使模块处于频率测量功能。该过程为，首先 CLR=1 使计数器清零，然后输入预置闸门信号 Pg，Pg 经过输入信号 Fx 同步后输出同步后的闸门信号 FQ_EN，即图中的 FQ_INT，该信号是测量开始和结束的状态指示信号，高电平表示正在测量计数，低电平表示测量结束。在高电平期间两个 32 位计数器同时计数，当 FQ_INT=0 时测试结束，基准频率计数器输出的计数值 Ns=27H，被测频率计数器输出计数值 Nx=3，如果知道基准频率的数值就可以精确计数出被测信号的频率。

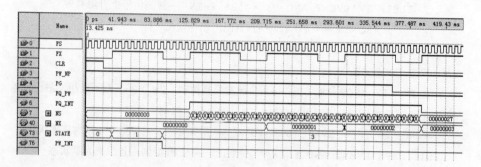

图 4-30   多周期同步测频仿真波形

脉宽测试功能的仿真波形如图 4-31 所示。图中。FQ_PW=0，使模块处于脉宽测试功能。该过程为，首先 PW_NP=1 使系统处于正脉宽测试状态，CLR=1 使计数器清零，然后等待被测信号正脉宽到达，当正脉宽到达时，基准频率计数器对基准时钟计数，正脉宽结束时 PW_INT=0 通知外部控制器可以读取数据。此后 PW_NP=0 进入负脉宽测试，先清零，然后负脉宽到达时对基准时钟计数，负脉宽结束时 PW_INT 变 0 产生中断结束测试。

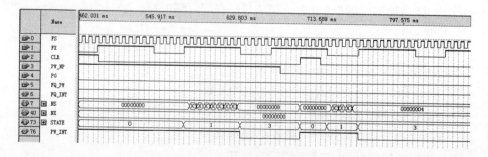

图 4-31   正负脉宽测试仿真波形

2. 自动测量控制模块

自动测量控制模块的核心是，根据频率测量模块的工作时序产生自动测量和数据读取的控制时序，自动完成频率，脉宽的测量控制，从而减轻单片机的控制任务，使单片机可以随时在该模块中获取最新的测量数据。本设计中的占空比是通过频率计算出周期，再由正脉宽除以周期计算得到，因此，自动测试模块的状态机只需要控制自动完成频率测量和正脉宽测量，并将数据寄存，以备单片机随时读取。

自动量程控制模块模拟频率和脉宽测量控制的逻辑状态如图 4-32 所示，其各状态下输出控制信号时序如图 4-33 所示。控制模块的预置闸门 Pg 的时间可以由外部输入的 8 位数据 DIN 控制，如果时钟频率为 128 Hz，则产生的预置闸门 Pg 的时间可以在 7.8 ms～2 s 设置。根据测量原理可知，Pg 时间的长度会影响精度、测量范围和测量的时间。Pg 时间越长，计数器计数值越大，测量速度越慢，但可测量的频率下限越低，由式（4-3）可知，其相对误差也将越小。基准频率为 50 MHz 的情况下，在最长 2 s 时间内，32 位的基准频率计数器也不会发生溢出。Pg 时间越短，测量速度也就越快，能测量的频率下限也越高，相对误差也越大。因此，设置可以调节的预置闸门 Pg 时间，则可以允许单片机根据测量的范围和速度要求来灵活调节。

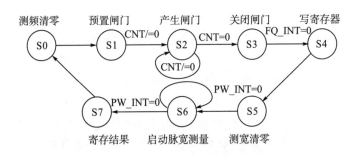

图 4-32 自动测量控制模块状态图

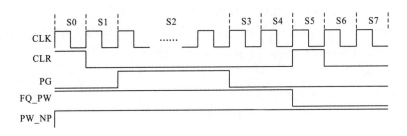

图 4-33 自动测量控制模块各状态输出信号时序图

　　　自动测频模块的 VHDL 状态机的主要代码如下：

```
ARCHITECTURE DEMO OF AUTO_TEST IS
    TYPE STATES IS (S0, S1, S2, S3, S4, S5, S6, S7);
    --自定义数据类型并枚举状态量
    SIGNAL ST：STATES；--状态寄存信号定义
BEGIN
    PW_NP<='1'；--只测正脉宽，因此 PW_NP 固定输出 1
    PROCESS(CLK)
     VARIABLE CNT : STD_LOGIC_VECTOR(7 DOWNTO 0)；--闸门时间计数
    BEGIN
     IF CLK'EVENT AND CLK='1' THEN --上升沿到达
      CASE ST IS
      WHEN S0 => CLR<='1'; FQ_PW<='1'; PG<='0'; --测频，清零
         ST<=S1;
      WHEN S1 => CLR<='0'; FQ_PW<='1'; PG<='0';
         CNT: =DIN; --预置倒计时计数器初值，准备产生预置闸门
         IF CNT/=0 THEN ST<=S2; END IF;
      WHEN S2 => CLR<='0'; FQ_PW<='1'; PG<='1'; --产生预置闸门
         IF CNT/=0 THEN CNT: =CNT-'1'; END IF;
         IF CNT=0 THEN ST <= S3; END IF; --预置闸门准备关闭
      WHEN S3 => CLR<='0'; FQ_PW<='1'; PG<='0'; --预置闸门 PG 关闭
         IF FQ_INT='0' THEN ST<=S4; END IF; --测试结束
      WHEN S4 => CLR<='0'; FQ_PW<='1'; Pg<='0'; --写入数据至寄存器输出
         IF WREN='1' THEN F_NX<=NX_I; F_NS<=NS_I; END IF;        ST<=S5;
      WHEN S5 => CLR<='1'; FQ_PW<='0'; PG<='0'; --测脉宽，清零
         ST<=S6;
      WHEN S6 => CLR<='0'; FQ_PW<='0'; PG<='0'; --启动测量
         IF PW_INT='0' THEN ST<=S7; END IF; --测量结束
      WHEN S7 => CLR<='0'; FQ_PW<='0'; PG<='0';   --写入数据至寄存器输出
         IF WREN='1' THEN PW_NS<=NS_I; END IF;
         ST<=S0;
      WHEN OTHERS =>ST<=S0;
      END CASE;
     END IF;
    END PROCESS;
END DEMO;
```

　　其中，CLK 为 128 Hz 的状态机时钟；WREN 为数据存储写允许，当 MCU 正在读取数据时（WREN=0）则不允许自动测频模块更新寄存器值，MCU 没有读取数据时（WREN=1）才允许更新寄存器，以确保数据读取的完整性；FQ_INT 和 PW_INT 端口分别是测频模块在频率测量和脉宽测量完成后产生的中断信号，该信号通知自动测频模块读取测量的数据并寄存；DIN 是预置闸门倒计时计数器设置的计数初值，以控制预制闸门的工作时间；NS_I 和 NX_I 分别是频率测量模块对标准频率 Fs 的计数值和被测频率 Fx 的计数值输出端，自动测量控制模块通过这两个端口读取其计数值；CLR 是自动测频模块产生的清零信号输出，用于控制频率测量模块清零操作，开始新的一轮测量；Pg 信号为该模块根据 DIN 输入的值产生的预置闸门输出信号；FQ_PW 是自动测频模块产生的频率/脉宽测量选择输出，1 测频、0 测脉宽。PW_NP 是测量正、负脉宽的选择控制信号，当输出 1 时，测量正脉宽，输出 0 时，测量负脉宽；F_NX 和 F_NS 是输出给单片机用于频率计算需要的基准频率计数值和被测频率计数值；PW_NS 是输出给单片机用于计算脉宽所需要的计数值。

　　自动测量控制模块的仿真结果如图 4-34 所示。图中依次实现了频率测量、正脉宽测量的仿真。

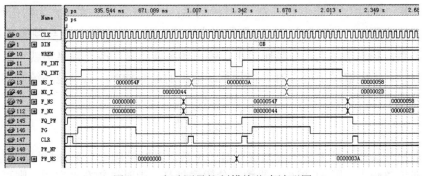

图 4-34　自动测量控制模块仿真波形图

4.4.3　信号发生模块

　　信号发生模块主要是产生系统需要的各类固定时钟和任意时钟信号。信号发生的本质是实现时钟分频。实现分频的方法有很多，其基本原理就是计数。这里的数控分频主要采用了基于累加器的数控分频方法。

　　基于累加器的数控分频借鉴的是直接数字频率合成器（Direct Digital Synthesizer，DDS）数控产生频率原理。由于数控分频只需要产生数字时钟，因此并不需要 DDS 中的相位调制器、正弦查找表以及 D/A 转换器，只需保留 DDS 中的相位累加器即可，其原理如图 4-35 所示。

图 4-35　基于累加器的数控分频原理示意图

　　累加器将寄存器的值与频率字 W 相加，每个时钟沿到达时，n 位寄存器的值以频率字 W 为步长增加，寄存器的最高位作为分频结果输出。当频率字为 1 时，即为加 1 计数器，相当于要经过 2^n 个时钟周期，f_o 才能输出 1 个周期，即将输入信号 2^n 分频。当频率字不为 1，而为 W 时，则等效为一个加 W 的二进制计数器，经过 $2^n \div W$ 个时钟周期后，f_o 输出 1 个周期，因此系统的分频比为

$$\frac{f_{clk}}{f_o} = \frac{2^n}{W} \tag{4-5}$$

其输出频率 f_o 的表达式可写为

$$f_o = W \frac{f_{clk}}{2^n} \tag{4-6}$$

其中，W 为频率字，即步长；f_{clk} 为时钟频率；n 为寄存器位数，f_o 为输出频率。从该表达式可知，当时钟频率 f_{clk} 和频率字 W 确定时，输出频率 f_o 与频率字 W 成正比关系，频率字越大，分频比越小，输出频率就越高，改变频率字就可以实现数控分频。当 W 取最小值 1 时，得到系统输出的最低频率，这也是系统能实现的频率分辨率。

$$f_{omin} = \Delta f = \frac{f_{clk}}{2^n} \tag{4-7}$$

　　数控分频器的频率分辨率与寄存器的位数以及时钟频率有关。时钟频率越低，寄存器位数越大，则 Δf 越小，即频率分辨率越高。当时钟频率确定后，则可以根据频率分辨率的要求，确定寄存器的位数，理论上该方法可以获得传统方法无法实现的极高分辨率。比如系统时钟为 50 MHz 时，要求实现输出频率分辨率优于 0.1 Hz 的时钟信号，则累加器的位数可按如下求取

$$\frac{50 \times 10^6 \text{ Hz}}{2^n} \leqslant 0.1 \text{ Hz} \tag{4-8}$$

即

$$n \geqslant 29 \tag{4-9}$$

因此，要使频率分辨率优于 0.1 Hz，只需要累加器位数大于等于 29 位即可。

　　另外，需要注意的是，受奈奎斯特抽样定理的限制，该方法产生的输出频率不能超过系统时钟频率的一半，理论上最高输出频率为

$$f_{omax} = \frac{f_{clk}}{2} \tag{4-10}$$

如果已知累加器位数 n、系统时钟 f_{clk} 以及需要输出的频率 f_o 就可以根据式(4-6)求出产生该输出频率所需的频率字

$$W = \frac{2^n \cdot f_o}{f_{clk}} \tag{4-11}$$

比如，时钟频率 50 M，累加器 30 位，需产生 523.3 Hz 频率，则频率字为

$$W = \frac{2^{30} \times 523.3\text{Hz}}{50 \times 10^6 \text{Hz}} \approx 11238 = (2\text{BE6})_H \tag{4-12}$$

在本设计中，系统时钟为 50 MHz，累加器位数设置为 27 位，则频率分辨率为 0.3725 Hz，满足预期步进 1 Hz 的精度要求，最高输出频率不超过 25 MHz。

该模块的端口定义可见图 4-25。其中，CP 为系统时钟 50 MHz；FREQ_W0~FREQ_W3 为任意数控信号发生的频率字输入端，为了保证信号精度，频率字采用了和内部相位累加器一样的 27 bit 位宽；FREQ_OUT 为任意数控时钟信号输出端，FREQ12M、FREQ65536、FREQ1024、FREQ128、FREQ1 等端口依次产生 12 MHz、65536 Hz、1024 Hz、128 Hz、1 Hz 的时钟信号。

该模块的核心代码如下，其中信号 FREQ_W 用于将 FREQ_W0~FREQ_W3 输入的数据拼装出完整的 27 位频率字。任意时钟信号的产生采用了基于累加器的数控分频实现，其频率由单片机输入的频率字 FREQ_W 来确定。12 MHz 和 65536 Hz 信号不存在直接的 2^n 分频关系，因此也分别采用了相位累加的方法实现，其频率分别由代码中定义的频率字常数 FWD12M 和 FWD65536 来确定。频率字的计算采用了公式(4-11)所示的方法。代码中信号 ACC、ACC2 和 ACC4 分别用于实现任意频率、12MHz 频率和 65536Hz 频率的相位累加器。由于 1024 Hz、128 Hz 和 1 Hz 的时钟频率与 65536Hz 时钟频率之间存在 2^n 倍分频关系，因此定义了信号 ACC3，采用二进制计数器的分频方式，将 65536 Hz 信号按照二进制分频，其 2^6 分频产生 1024 Hz 信号，2^9 分频产生 128 Hz 信号，2^{16} 分频产生 1 Hz 信号。

```
ARCHITECTURE DEMO OF FREQ_DEV IS
    SIGNAL FREQ_W: STD_LOGIC_VECTOR(26 DOWNTO 0); --输入信号
    SIGNAL ACC, ACC2, ACC4: STD_LOGIC_VECTOR(26 DOWNTO 0):=(OTHERS=>'0');
    SIGNAL ACC3: STD_LOGIC_VECTOR(16 DOWNTO 0):=(OTHERS=>'0');
    CONSTANT FWD12M: STD_LOGIC_VECTOR(26 DOWNTO 0)
    :="001111010111000010100011111";  --X"1EB851F";
    CONSTANT FWD65536: STD_LOGIC_VECTOR(26 DOWNTO 0)
    :="000000000010101011110011000"; --(2AF32)175922;
    BEGIN --计算公式：频率字=HEX((需要产生的频率*2^27)/50*10^6)
```

```
FREQ_W<=FREQ_W3 & FREQ_W2 & FREQ_W1 & FREQ_W0;  --组装频率字
     PROCESS(CP, FREQ_W, ACC, ACC2, ACC4) BEGIN
     IF(CP'EVENT AND CP='1') THEN
          ACC<=ACC+FREQ_W;              --任意频率相位累加
          ACC2<=ACC2+FWD12M;         --12 MHz 相位累加
          ACC4<=ACC4+FWD65536;        --65536 Hz 相位累加
          END IF;
          FREQ_OUT<=ACC(26);          --输出任意频率
          FREQ12M<=ACC2(26);          --12 MHz 输出
          FREQ65536<=ACC4(26);         --65536 Hz 输出
     END PROCESS;
  PROCESS(ACC4(26), ACC3) BEGIN --分频产生 1024、128 和 1Hz 信号
    IF (ACC4(26)'EVENT AND ACC4(26)='1')THEN
       ACC3<=ACC3+'1';      --二进制计数分频
    END IF;
    FREQ1024<=ACC3(5);           --1024 Hz 输出
    FREQ128<=ACC3(8);            --128 Hz 输出
    FREQ1<=ACC3(15);            --1 Hz 输出
  END PROCESS;
END DEMO;
```

4.4.4 旋转编码开关处理模块

旋转编码开关处理模块主要用于信号发生模块任意信号的频率值设置。由于晶振频率为 50 MHz，因此任意信号能产生的频率最高值为 250 MHz，步进值设置为 1 Hz，因此需要利用旋转编码开关实现 8 位输出频率的设置值。

旋转编码开关(rotary encoder switch)是一种重要的人机交互器件。常用的旋转编码开关具有 5 个引脚，分别是 A 相和 B 相脉冲输出端，地线端以及一个按键开关的两个引线端。A、B 两相脉冲端口一般是开漏输出，因此一般需要在 A、B 两相脉冲输出端加上拉电阻。A 相和 B 相脉冲之间一般具有 90°的相位差，根据旋转方向不同，可分别产生 A 相超前 B 相 90°或 B 相超前 A 相 90°脉冲。

图 4-36 给出了 CPLD 中旋转编码模块的设计逻辑图。其中，A 相和 B 相脉冲以及按键开关的输入信号均经过滤波模块进行防抖动处理。D 触发器实现 A、B 两相脉冲的鉴相，判别旋转编码开关旋转的方向。A、B 两相信号逻辑相与的脉冲经过 1 级 D 触发器构成的延时网络后进入加减计数器中进行脉冲计数。旋转编

码开关上的按键经防抖动处理后，控制加减计数模块中的一个 8 位移位控制寄存器移位，通过移位寄存器的译码实现对 8 位 8421BCD 码计数单元的选通控制，由选通的计数单元对脉冲进行加减计数。

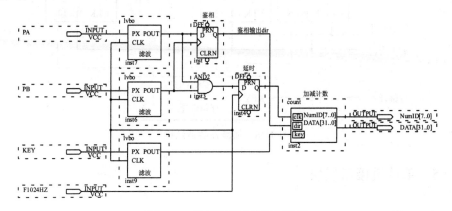

图 4-36　旋转编码开关控制逻辑

当旋转编码开关顺时针旋转时 B 相超前 A 相 90°，经 D 触发器鉴相后的输出信号 DIR 为低电平 0，加减计数器在 DIR 信号的控制下对脉冲实现加计数；当旋转编码开关逆时针旋转时，A 相超前 B 相 90°，鉴相后的输出信号 DIR 为高电平 1，加减计数器在 DIR 信号的控制下对脉冲实现减计数。其工作波形的示意图如图 4-37 所示。

图 4-36 中加减计数模块的内部结构如图 4-38 所示。加减计数模块由 8 个独立的 8421BCD 码计数器和 1 个由 8 位移位寄存器实现的地址选择器构成。8 个独立的 8421BCD 码计数器分别存储需要在信号发生模块中产生的频率值。频率值采用 8 位十进制数表示。旋转编码开关输入的计数脉冲究竟作用于哪一个计数器由移位选择器选择，控制计数器功能实现。8 位移位寄存器是一个自循环移位寄存器，其初始移位值为"10000000"，在旋转编码开关的按键脉冲作用下，依次右移，逐个选通相应的 BCD 码计数器。

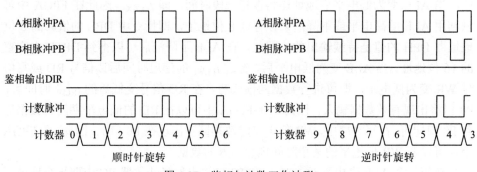

图 4-37　鉴相与计数工作波形

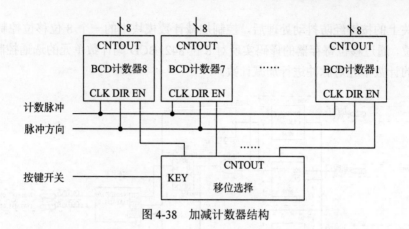

图 4-38   加减计数器结构

4.4.5   单片机接口模块

如前所述，测控模块采用的微控制器为 STC12LE5A60S2，该控制器为 51 单片机的衍生系列，具有比较高效的总线通信模式，因此，本模块的系统设计中也采用了在 CPLD 中构建总线模块与 MCU 实现总线方式的通信。

单片机与 FPGA 之间通过并行总线通信具有很多优点：①通信速度快，编程简单可靠，单片机只需要一条 MOVX 指令就可以完成所需的读写操作；②I/O 口线的消耗相对比较固定，基本不会因为扩展对象的不同而变化，如果扩展对象的地址在 256 以内，则只需要 P0 口、WR、RD、ALE 即可，如果扩展对象超过 256 则增加 P2 口即可；③并行总线方式可以通过 FPGA 很方便地扩展更多的外围接口和资源，如 SRAM、AD、DA 等，也可以很容易地构建类似 DMA 的操作方式。

实现单片机与 FPGA 总线通信方式的重点在于掌握单片机的总线读写时序，然后根据总线时序设计 FPGA 的接口电路。51 单片机外围设备的扩展采用与片外 RAM 统一编址的方式，其读写操作和外部 RAM 的读写一致。

图 4-39 和图 4-40 分别给出了单片机访问外部 RAM 的读时序和写时序。图中 ALE 为地址锁存允许信号，在 ALE 的第一个高电平期间，P0 口将出现低 8 位地址，当 ALE 变为低电平后地址还将保持一段时间，即 t_{LLAX}，因此在 FPGA 中可以利用 ALE 的高电平或下降沿来锁存低 8 位地址，即指令中 DPL 的值。高 8 位地址即 DPH 的值是持续输出的，因此，在 ALE 下降沿后可以得到 DPTR 中完整的 16 位地址。当 ALE 变为低电平后，经过 t_{LLWL} 的延迟时间后读信号 RD 或写信号 WR 变为低电平，即可进行数据的读或写。在 RD 信号变低后的 t_{RLDV} 时间后，P0 口将出现有效数据输入，因此，在 FPGA 中可以在 RD 的低电平期间将数据送到 P0 口即可。在写时序中，WR 低电平时数据同步出现在 P0 口上，因此，在 FPGA 中，可以在 WR 低电平的某个时间锁存写入的数据。

在第二个 ALE 高电平时，P0 口和 P2 口输出程序计数器 PC 中取指令地址，在 PSEN 低电平期间从 ROM 中将指令从 P0 口读入。

图 4-39 和图 4-40 中各时间量的含义及其典型值如表 4-4 所示。

表 4-4　外部 RAM 访问时间参数

参数	说明	12 MHz 晶振		可变晶振		单位
		最小值	最大值	最小值	最大值	
$1/t_{CLCL}$	晶振频率			0	33	MHz
t_{LHLL}	ALE 脉冲宽度	127		$2t_{CLCL}-40$		ns
t_{AVLL}	地址有效到 ALE 变低时间	43		$t_{CLCL}-25$		ns
t_{LLAX}	ALE 变低后地址保持时间	48		$t_{CLCL}-25$		ns
t_{RLRH}	RD 负脉冲宽度	400		$6t_{CLCL}-100$		ns
t_{WLWH}	WR 负脉冲宽度	400		$6t_{CLCL}-100$		ns
t_{RLDV}	RD 低到数据输入有效时间		252		$5t_{CLCL}-90$	ns
t_{RHDX}	RD 变高后数据保持时间	0		0		ns
t_{RHDZ}	RD 变高后数据浮空时间		97		$2t_{CLCL}-28$	ns
t_{LLDV}	ALE 变低到数据输入有效时间		517		$8t_{CLCL}-150$	ns
t_{AVDV}	地址建立到数据输入有效时间		585		$9t_{CLCL}-165$	ns
t_{LLWL}	ALE 变低到 RD 或 WR 变低时间	200	300	$3t_{CLCL}-50$	$3t_{CLCL}+50$	ns
t_{AVWL}	地址建立到 RD 或 WR 变低时间	203		$4t_{CLCL}-75$		ns
t_{QVWX}	数据有效到 WR 变低转换时间	23		$t_{CLCL}-30$		ns
t_{QVWH}	数据有效到 WR 变高时间	433		$7t_{CLCL}-130$		ns
t_{WHQX}	WR 变高后的数据保持时间	33		$t_{CLCL}-25$		ns
t_{RLAZ}	RD 变低后的地址浮空时间		0		0	ns
t_{WHLH}	RD 或 WR 变高到 ALE 变高时间	43	123	$t_{CLCL}-25$	$t_{CLCL}+25$	ns

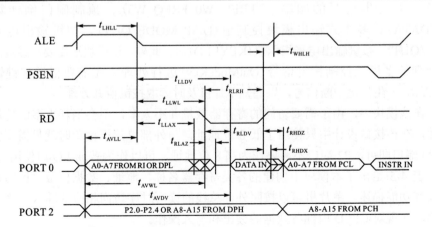

图 4-39　51 单片机访问外部 RMA 的读周期时序

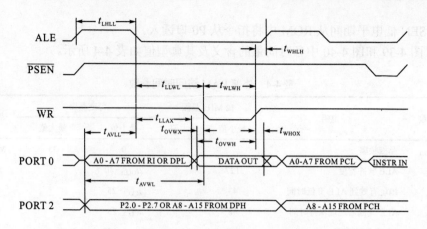

图 4-40　51 单片机访问外部 RMA 的写周期时序

当单片机需要读取 FPGA 内部的某个数值时，可以执行 MOVX A, @DPTR 或 MOVX A, @Ri 来实现。这两条指令在执行时会按照图 4-39 的时序自动产生地址锁存和读信号的操作，唯一不同在于通过@Ri 方式访问，只能访问 00～FFH 的低 256 个字节空间，不影响 P2 口，即 P2 口还可以做普通 I/O 口使用。当单片机需要向 FPGA 的某个地址写入数据则可以执行指令 MOVX @DPTA, A 或 MOVX @Ri, A，该指令自动产生图 4-40 的写周期时序。

在图 4-25 中，模块 digexp 即为单片机接口模块。该模块需要按照 STC12LE5A60S2 单片机的总线时序要求读取外部按键(KEYIN)、基准频率计数值 (NS_R)、被测频率计数值(NX_R)、被测脉宽计数值(PW_NX_R)、旋转编码开关处理模块输出的预制频率值(ENCODE_D)以及读取设置标志位(NUM_ID)等。同时，还需要将单片机计算后的一些控制数据写入相应的其他被控模块，例如，产生任意频率发生需要的频率字(FREQ_W0～FREQ_W3)、预制闸门倒计数值 (LCDATA)、多模式输出模块控制值(DISP_MODE_OUT)、按键输出电平值 (KEYOUT)、按键输出电平指示值(KEYLED)等。此外，该模块还需要对经过防抖动处理的多模式控制按键信号(OutModeKey)进行处理，还需要根据按键输入 (KEYIN)产生按键中断信号，以通知单片机及时读取按键值并处理。

在该模块中，由于需要访问的寄存器数量并不太多，不会消耗太多的地址，因此，在该接口设计中只使用了低 8 位地址，与外部单片机接口时就只需要使用其 P0 端口即可，P2 端口不需要作为高 8 位地址，可以作为普通 I/O 口使用。

表 4-5 给出了本模块中构建的各类寄存器名称、地址、数据位数、读写模式以及其功能描述。单片机可以按照外部总线的读写时序访问相应的输入、输出寄存器，实现对 CPLD 内部各数据的读出和写入操作。

表 4-5　寄存器表

寄存器	地址	位数/bits	读写模式	功能
FREQ_W0	01H	8	可写	
FREQ_W1	02H	8	可写	27 位频率字寄存器
FREQ_W2	03H	8	可写	
FREQ_W3	04H	3	可写	
KEY_LED	05H	8	可写	按键电平指示灯输出寄存器
KEY_OUT	06H	8	可写	按键电平输出寄存器
KEYINREG	07H	8	可读	按键输入寄存器
NS_R	08H~0BH	32	可读	基准频率计数值寄存器
NX_R	0CH~0FH	32	可读	被测频率计数值寄存器
LCDATA	11H	8	可写	预制闸门寄存器
PW_NS_R	12H~15H	32	可读	脉宽测量计数值寄存器
ENCODE_D	16H~19H	32	可读	8 个 4 位预制频率 BCD 码寄存器
NUM_ID	1AH	8	可读	预制频率设置标志位寄存器
DISP_MODE_COUNT	1BH	4	读写	多模式输出模块模式设置寄存器
DISP_MODE_OUT	1CH	4	可写	多模式输出模块输出寄存器

为了提高系统的可靠性,考虑到干扰信号如果作用在系统清零信号 CLR 和写信号 WR 上,将对模块内部的数据造成错误的清零操作或错误的写入操作,因此,在该模块的实现中对系统清零和写信号采取了一定的抗干扰措施。对于读信号,即便存在负向干扰脉冲,但也不会对 FPGA 内部的数据造成错误操作,故不影响单片机的正常运行,因此,可以不用像写信号一样进行抗干扰处理,而只需要对读信号 RD 进行简单的同步化处理即可。

以下两个进程对系统清零信号进行抗干扰处理。处理的思路是在进程 CLRSAMPLE_P 中,利用一个 10 位的移位寄存器对清零信号进行连续 10 个周期的采样。在进程 CLR_EN_P 中对采样的数据进行判别,当连续 10 个周期采样信号均为高电平时才认可为可靠的清零信号达到,此时产生清零使能信号 CLR_EN。系统需要清零的模块在下一个时钟周期达到时,利用该清零使能信号实现同步清零。通过调整采用时钟和移位寄存器的位数可以调整对干扰信号的抵抗能力。

```
CLRSAMPLE_P: PROCESS(CLK) BEGIN    --通过10位移位寄存器采样复位信号
  IF CLK'EVENT AND CLK='1' THEN
      CLRSAMPLE<=CLRSAMPLE (8 DOWNTO 0)& CLR;
  END IF;                              --采样的 CLR 信号从低位向高位移动
END PROCESS;
CLR_EN_P: PROCESS(CLK)  BEGIN      --产生内部复位使能 CLR_EN 信号
  IF CLK'EVENT AND CLK='1' THEN
      IF CLRSAMPLE="1111111111" THEN  CLR_EN<='1';
      ELSE CLR_EN<='0';  END IF;
  END IF;                            --当连续10个脉冲采样到高电平则允许复位
END PROCESS;
```

以下两个进程是对单片机的写信号进行的抗干扰处理。与清零信号的处理思路基本一致，在进程 WRSAMPLE_P 中利用一个 6 位的移位寄存器，在每个系统时钟周，对单片机产生的写信号 WR 进行连续的移位寄存。再在进程 WREN_P 中对移位寄存器的值进行判断，当发现连续采样到 2 次高电平和 4 次低电平时，则认为是可靠的写信号到达，此时才让写使能信号 WR_EN 有效。在后续进程中，当 WR_EN 有效时才能将单片机 P0 口输出的数据写入到特定地址指向的寄存器中，实现数据的可靠写入。

```
WRSAMPLE_P: PROCESS(CLK)  BEGIN   --通过6位移位寄存器采样 WR
  IF CLK'EVENT AND CLK='1' THEN
      IF CLR_EN='1' THEN  WRSAMPLE<=(OTHERS=>'1');
      ELSE WRSAMPLE <= WRSAMPLE (4 DOWNTO 0)& WR;
  END IF;                          --先采样的放在高位，后采样的放在低位
  END IF;
END PROCESS;
WREN_P: PROCESS(WRSAMPLE) BEGIN       --产生内部写使能信号
--连续采样到2次高电平4次低电平则认为是可靠的写信号到达，则产生写使能
  IF (WRSAMPLE (3 DOWNTO 0) ="0000" AND WRSAMPLE (5 DOWNTO 4)="11")
THEN  WR_EN<='1';
  ELSE WR_EN<='0';
  END IF;
END PROCESS;
```

单片机接口模块中需要构建大量输出寄存器，对于输出寄存器的构建比较简单，每个输出寄存器可以使用一个独立的进程实现。以控制任意频率产生的 FREQ_W0 输出寄存器为例：进程中，在系统清零时，将 FREQ_W0 寄存器复位

成初始值，由于默认产生 1MHz 频率，因此，此处赋值为 C3H；当系统清零信号无效时，如果地址为 01H，且写使能 WR_EN 有效时，则将单片机 P0 口的数据写入寄存器 FREQ_W0 中。

```
WRDDS_W0_P: PROCESS(CLK)                    --写频率字寄存器 FREQ_W0
BEGIN
  IF CLK'EVENT AND CLK='1' THEN
    IF CLR_EN='1' THEN  FREQ_W0<=X"C3";
    ELSIF ADDR=X"01" AND WR_EN='1' THEN        --地址：01H
        FREQ_W0<=P0;
    END IF;
  END IF;
END PROCESS;
```

对于单片机读入数据的操作，这里用一个进程实现。以读取基准频率计数值为例，当同步后的读信号 RDSAMPLE 有效，且地址在 08H ~ 0BH 时，则将 NS_R 寄存器内的值以 8 位为一组送给单片机的 P0 端口。其他寄存器的读取操作，用类似的方法扩展即可。当地址或 MCU 读信号无效时，一定要对 P0 口赋值高阻态 "ZZZZZZZZ"，当 MCU 向 FPGA 写入数据时，FPGA 内部 P0 输出必须为高阻态，才能确保数据正确的写入 FPGA 内部，否则 MCU 从 FPGA 外部输入的数据将会和 FPGA 内部输出的数据发生冲突，引起数据写入的错误。

```
RD_P: PROCESS(RDSAMPLE, ADDR, NS_R… … )
BEGIN
  IF ADDR=X"08" AND RDSAMPLE='0' THEN        --地址 08H 读最高 8 位
    P0<=NS_R(31 DOWNTO 24);
  ELSIF ADDR= X"09" AND RDSAMPLE='0' THEN      --地址 09H 读次高 8 位
    P0<=NS_R(23 DOWNTO 16);
  ELSIF ADDR=X"0A" AND RDSAMPLE='0' THEN      --地址 0AH 读低 8 位
    P0<=NS_R(15 DOWNTO 8);
  ELSIF ADDR=X"0B" AND RDSAMPLE='0' THEN      --地址 0BH 读最低 8 位
    P0<=NS_R(7 DOWNTO 0);
  … … --其他寄存器的读做类似操作
  ELSE
    P0<="ZZZZZZZZ";                           --释放端口，允许端口输出数据
  END IF;
END PROCESS;
```

4.4.6　单片机程序设计

在信号发生与测控模块的设计规划中，大量的逻辑功能由可编程逻辑器件实现，因此，单片机需要实现的功能非常简单。其主要用于完成可编程逻辑器件中数据的读取和写入、频率测量信号发生等数据的计算和处理、模拟电压的测量和处理、与实验计算机的通信等功能。

1. 数据的读取和写入

由于可编程逻辑器件中设计了与单片机时序匹配的总线通信控制逻辑，因此，单片机只需要按照访问外设的总线方式读取指定地址即可。可编程器件内只使用了低 8 位地址，采用 MOVX A, @Ri 指令从可编程逻辑器件中读取数据，采用 MOVX @Ri, A 指令向可编程逻辑器件写入数据。

下面给出的是读取 32 位寄存器数据的函数。该函数只需要给出 32 位寄存器的首地址，即可返回读取到 32 位寄存器的数值。语句"uint8 pdata *p"；定义了一个指针变量 p，指针指向单片机的 pdata 区。语句"p=adr；"实现地址的赋值，"tmp2=*p；"则将地址指向的数据读取进来，放在 8 位整型变量 tmp2 中，该语句相当于执行了指令 MOVX A, @Ri，其中 Ri 中为 adr 的地址值。由于要连续读取 4 个 8 位的数值，故将变量 tmp2 的值放入 32 位变量 tmp1 的低 8 位中，连续读取 4 次，并通过移位的方式将数据拼接成一个完整的 32 数值。

```
uint32 ReadNum(uint8 adr)  //寄存器首地址
{ uint32 data tmp1=0;
  uint8 i, tmp2=0;
  uint8 pdata *p;  //定义指针变量 p
  p=adr;
  P0=0xff;
  for(i=0; i<4; i++)  //均为 32bits 4 字节寄存器，因此 8 位一组连读 4 次
{tmp2=*p;  //读入 8 位
  tmp1 <<= 8;  //数据存入 tmp1 中，先读的为高位，后读的为低位
  tmp1=tmp1|tmp2;
  p++;   //地址加 1
   }
  return tmp1;
}
```

对于数据的写入可以利用和读取数据一样的数据指针来完成，也可以通过定义访问扩展 ram 的地址常量来实现。下面是向 CLDATA 寄存器写入数据的一种方法示例。首先定义地址的值为 11H，然后通过语句"CLDATA=0x7f；"向该地

址写入数据 7FH，从而将预制闸门时间设置为 1 s。

```
#define CLDATA PBYTE[0x11] //定义 CLDATA 的地址为外部低 8 位地址 11H
… …
CLDATA=0x7f; //设置 CL 时间为 1s，(内部状态机时钟为 128 Hz)
```

2. 数据计算和处理

在信号发生与测控模块中，单片机需要计算被测频率值、脉宽值、占空比等，并根据旋转编码开关设置的任意频率值计算相应的频率字。以下三个函数分别实现对频率、脉宽和占空比的计算处理。

```
//频率、周期量与显示函数
void FreqTest()
{float  FNum=0.0;
 FNum=(100000000.0*ReadNum(F_NX))/ReadNum(F_NS);
 Period=1/Fnum；  //根据频率计算周期，并赋给全局变量 Period
 FormatF(FNum)；  //将频率浮点数转换为显示数组
}
//脉宽测量与显示函数
void PW_Test()
{ float  PWNum=0.0;
   PWNum=(ReadNum(PW_NS)*10.0)；//ns 100 M 频率周期 10 ns
   P_width= PWNum；  //将脉宽赋给全局变量 P_width
   FormatP(PWNum)；  //将脉宽时间浮点数转换为显示数组
}
   //占空比计算与显示函数
void Q_Calcul ()
{ float Q=0.0;
  Q= P_width/ Period；//计算占空比
  FormatQ(Q)；   //将占空比转换为显示数组
}
```

3. 模拟电压的采集

在信号发生与测控模块中，需要对 A/D 转换器的输入电压进行控制和测量，也需要测量 D/A 转换器输出的模拟电压值。因此，电路中利用了 STC12LE5A60S2 单片机的 P1.0 ～ P1.4 口作为模拟电压的输入端，利用单片机内置的 A/D 转换器实现模拟电压的采集。

函数 V_Test 实现了所有模拟量的采集和处理。语句"P1ASF = 0x1F；"用于设置单片机 STC12LE5A60S2 中的 P1ASF 寄存器，使单片机的 P1.0 ～ P1.4 为模拟功能，作为 A/D 转换器的输入端。根据电路设计，P1.0 为基准电压，用于实现片

内基准电压不准带来的测量误差的校准；P1.1 为 THS5651 数模转换器输出电压；P1.2 是两个 A/D 转换器的输入电压；P1.3 为 TLV5638 A 通道输出电压，P1.4 为 TLV5638 B 通道输出电压。语句 "AUXR1 |= 0x00；" 实现对 AUXR1 寄存器的 ADRJ 位的控制，ADRJ 是 A/D 转换结果寄存 ADC_RES 和 ADC_RESL 的数据格式调整控制位。当 ADRJ 为 0 时，10 位 A/D 转换结果的高 8 位存放在 ADC_RES 中，低 2 位存放在 ADC_RESL 的低 2 位中。

　　对 A/D 转换的采集函数是 uint16 get_AD_result(uint8 channel)，其中 channel 是采样的 A/D 通道号。V_Test 函数首先对 P1.0 口上的由 TL431 产生的基准电压进行采集。连续采样了 16 次，求取其平均值，并存放在变量 temp1 中。然后利用循环对 P1.1～P1.4 口的模拟电压进行采集，仍然是连续采集 16 次，求取平均值。语句 "temp=(temp2*25050)/temp1；" 利用 P1.0 采集的已知基准电压的值对 P1.1～P1.4 测量数据的校准，常数 25050 表示基准电压实测值 2.5050 V。

```
void V_Test()
{    uint32 temp=0, temp1=0, temp2=0;
     uint8 i=0, j=1;
     uint8 AD_finished=0;  //存储 A/D 转换标志
     P1ASF = 0x1F;  //设置 P1.0～P1.4 作模拟用途
     AUXR1 |= 0x00;
     ADC_RES = 0;   //ADC_RES A/D 转换结果寄存器
     ADC_RESL = 0;  //ADC_RESL A/D 转换结果寄存器低
//采样 P1.0 基准
for (i=0; i<16; i++)
{ temp1=temp1+get_AD_result(0); }
temp1=temp1/16; //16 次平均
//采样 P1.1～P1.4
for (j=1; j<5; j++)
{ temp2=0;
   for (i=0; i<16; i++)
   { temp2=temp2+get_AD_result(j); }
   temp2=temp2/16;  //16 次平均
   temp=(temp2*25050)/temp1; //P1.0 基准电压实测值 2.5050V
   FSave(temp);  //变换数据格式并存储
   }
}
```

4. 数据通信

单片机与实验计算机的通信采用 RS232 串口通信方式。单片机主要将采集到的各类信号发送给实验计算机，并通过实验计算机转发给远程客户端，使客户端能获得可程控逻辑验证平台的各类参数与状态，实现远程测量。同时实验计算机也将远端客户机发来的控制信息转发给可程控逻辑验证平台，实现对实验平台的远程控制。

单片机向远端客户端发送的数据包括可程控逻辑验证平台频率测量端口上测量得到的被测频率值、脉宽值、任意频率发生器当前产生的频率值、1 路 A/D 输入模拟电压和 3 路 D/A 输出的模拟电压值、可程控开关当前输出的电平状态等。发送数据的帧格式如表 4-6 所示。除校验和以外，所有的字节均采用了 ASCII 码编码，其中频率、脉宽和电压等数据包含了单位和小数点等信息。

表 4-6　发送数据的帧格式

起始字符	被测频率/B	脉宽/B	发生频率/B	模拟电压/B	开关状态/B	输出模式/B	校验和//B	结束字符
$$	10	10	10	20	2	1	2	**

远程客户端通过实验计算机发来的控制数据主要有需要产生的任意频率的设置值、开关输出电平值、多模式输出模块的模式控制值、A/D 转换器的模拟电压等数据。单片机接收到这些数据后将按照协议规范进行解析。表 4-7 是单片机接收数据的帧格式。

表 4-7　接收数据的帧格式

起始字符	频率设置值/B	开关控制值/B	模式控制值/B	模拟电压设置/B	校验和/B	结束字符
$	8	2	1	2	1	*

由于发送的数据比较固定，因此，在采集完所有参数后，单片机周期性的自动向实验计算机发送数据，使远端计算机能实时获取采集的最新数据。对于来自远程客户端的控制数据，单片机采用了中断方式接收。图 4-41 给出了数据中断接收的流程图。当中断发生后，首先禁止串口再次中断；并判断是否是接收中断，如果是，则清除接收中断标志位 RI。然后判断接收的数据是否是数组帧的帧头，如果是，则进行数据接收计数器清零、校验和清零等初始化工作，为正式数据的接收做好准备；如果接收数据不是帧头，则判断数据是否为数据帧的结束符。如果不是结束符，则接收数据并进行校验和计算；如果是结束符，则判断接收数据的总长度是否正确，数据校验和是否一致，如果不一致则回送重发命令给实验计算机，并通过实验计算机转发给远程客户端，通知客户端重发数据。如果校验通过，则进行数据的解析和处理，完成产生设置频率的频率字计算和控制、8 路开关的电平产生、多模式输出模块的模式控制、A/D 转换器

的模拟电压产生等。

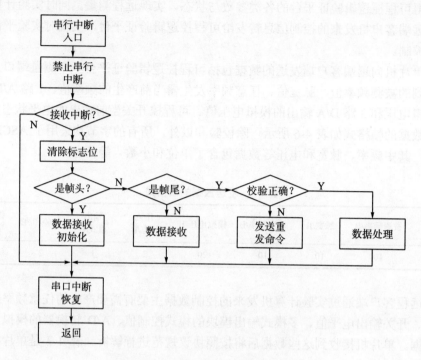

图 4-41　单片机接收中断处理流程

4.5　多模式输出控制模块

多模式输出控制模块的主要作用是将 8 位数码管显示电路、LCD 显示电路、VGA 显示接口电路、THS5651 D/A 转换器、TLV5638 D/A 转换器、直流电机、步进电机以及蜂鸣器等电路通过不同的组态挂接到 FPGA 实验系统中，以配合完成 FPGA 核心板中所设计逻辑的验证。

该模块总共规划了 32 个输入 I/O 口 DIN,这些 I/O 口与哪些输出模块相连接,则由 4 位模式控制端 MODE 控制。当前工作的模式由 MODLED 直接控制一个模式指示数码管指示。8 位数码管显示电路、步进电机、D/A 转换等外围资源是否接入实验系统、以何种方式接入实验系统由 MODE 的模式控制值确定。

系统顶层设计如图 4-42 所示。图中共有两个顶层模块,一个是 ALTUFM_OSC 模块,另一个是 LED_DISPLAY 模块。ALTUFM_OSC 模块是 EPM570 中的内部振荡器,该振荡器可以产生 3.33 MHz 或 5.56 MHz 的时钟频率。这里设计产生 3.33 MHz 的时钟频率,用作系统时钟。LED_DISPLAY 模块主要完成 32 位的输入 DIN

和外部数码管、D/A 转换器等资源的分配连接、模式指示数码管译码、8 位数码管动态扫描等工作。由于 8 位数码管显示电路的硬件连接构成了动态扫描模式，在一般的实验中可能更多地需要使用更简单的静态显示，因此，可以根据不同的模式，将 8 位数码管电路以动态方式或静态方式的电路结构提供给 FPGA 核心板，完成 FPGA 中逻辑设计的验证工作。

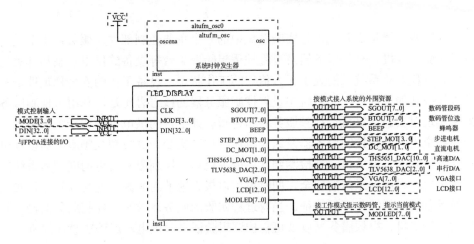

图 4-42　多模式输出控制模块顶层设计

第 5 章　控制服务器

控制服务器是交互式远程实验系统中的一个重要控制部件。服务器主要是完成对实验计算机、视频服务器及可程控逻辑验证平台等设备的供电控制和开关机控制。远程实验系统长期处于无人值守的工作状态，设备工作的安全稳定性是系统设计成功的关键之一。系统中设置控制服务器的核心思想是，利用该控制服务器来实现对实验计算机、视频服务器和逻辑验证平台的供电控制和开关机控制。当系统空闲时，由控制服务器发送关机命令控制实验计算机和视频服务器以及可程控逻辑验证平台关机。当检测到其完成关机后，控制服务器再彻底切断系统的交流供电，以确保系统的安全，同时也可以极大地节约能源，使交互式远程实验系统具备一定的绿色环保特征。当有远程实验的服务请求时，控制服务器再重新给实验计算机、视频服务器以及可程控逻辑验证平台供电，启动实验计算机。

5.1　控制服务器总体结构

如第 3 章中的交互式远程 EDA 实验系统的工作原理所述，控制服务器是整个实验系统中的一个重要控制设备。控制服务器与实验服务器同样是 24 小时在线，而实验计算机、视频服务器和可程控逻辑验证平台以及相关的摄像机等设备均是在控制服务器的控制下启动工作的。当远端用户需要开展实验时，客户端软件将首先与实验服务器通信，通过对实验服务器的查询，自动获取空闲设备的 IP 地址和相应端口号。接下来，客户端将与控制服务器建立通信连接，通信连接建立后，用户就可以通过客户端界面上的开机按钮向控制服务器发送开机指令。控制服务器收到开机指令后，首先控制继电器打开系统的交流供电，然后控制实验计算机开机。当实验计算机完成开机，客户端和实验计算机中的控制软件将自动建立通信连接，连接建立后，可程控逻辑验证平台上采集到的各类实验数据和状态数据将周期性地发送给客户端。客户端也可以通过实验服务器的转发对可程控逻辑验证平台进行控制和参数设置。视频服务器启动完成后，客户端与视频服务器建立通信连接后就可以接收视频服务器发送的视频流，直观地观察到实验室现场。

当用户需要结束实验时，通过客户端界面上的关机按钮向控制服务器发送关机命令。控制服务器收到关机命令后，首先控制计算和视频服务器进行关机操作，当检测到计算机完成关机后，再控制继电器彻底切断系统的交流供电。最后，控制服务器向客户端和实验服务器发送实验关机成功的状态信息，在实验服务器中重置该设备的空闲状态信息，实验结束。

一般在 FPGA 的实验中，实际使用硬件平台的时间其实并不长，而大部分的时间是用在 FPGA 内逻辑的设计和仿真上。为了提高硬件测试平台的利用率，控制服务器还需要对用户使用硬件验证平台的时间做出提醒和必要的限制，以减少用户占用硬件平台，造成资源浪费。因此，控制服务器需要对用户使用硬件平台的时间进行计时、超时提醒乃至强制结束。

由于计算机在使用过程中难免会发生死机、不响应等特殊情况，而整个实验系统是属于无人值守的，因此，必须要控制服务器也能处理这种特殊情况，并将故障情况反馈至实验服务器，提醒管理员检修。

根据控制服务器在系统中的作用分析，控制服务器需要实现以下基本功能：

(1) 具备通过以太网与实验服务器和远程客户端通信的能力；

(2) 能控制系统交流供电的自动开启和关闭；

(3) 能实现实验计算机的开机控制和关机控制；

(4) 能对设备使用时间进行计时、超时提醒和强制结束。

除此以外，控制服务器因为需要 24 h 不间断工作，因此，控制服务器的设计中也需要考虑自身运行的一些特殊情况。

首先，控制服务器自身的电源供电问题需要特殊考虑。虽然控制服务器的耗电量比较低，但如果一直采用交流供电，也存在一定的安全隐患。因此，在控制服务器的设计中采用了更加安全可靠的 12 V 阀控密封铅酸蓄电池(valve regulated lead acid batter, VRLAB)供电。蓄电池虽然更加安全，但由此带来的对蓄电池的管理负担也需要在控制服务器中解决。具体来说，需要实现对蓄电池的电压监测、自动充电管理等。

其次，由于系统需要 24 h 不间断运行，控制服务器自身工作的稳定性将直接影响整个系统的可靠性，因此，必须对控制服务器的可靠性做出仔细的设计，硬件看门狗电路、软件陷阱等设计是必不可少的。

最后，考虑到除用于开展远程实验外，实验计算机、可程控逻辑验证平台等设备还有可能在本地现场使用，但实验计算机、可程控逻辑验证平台的供电和开关机是由控制服务器控制，因此，还需要在控制服务器上设置本地控制开关。通过该开关直接现场控制实验设备，当本地使用实验设备时，控制服务器也能将设备使用情况更新至实验服务器，以确保有远程实验请求时，实验服务器不再分配该设备。

根据以上的需求分析，图 5-1 给出了控制服务器的总体架构。

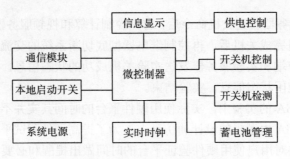

图 5-1　控制服务器系统结构

5.2　系 统 硬 件

5.2.1　微控制器

　　控制服务器需要采集和控制的信息较少，因此控制服务器中的处理器仍然采用 STC12LE5A60S2。该芯片是单时钟/机器周期（1T）的单片机，工作速度较快。内部集成了 MAX810 专用复位电路，具有内部看门狗电路，工作可靠性高。芯片集成了 60 k 用户应用程序空间和 1280 字节 RAM，使单片机最小系统变得非常简洁。芯片 I/O 口支持双向口/弱上拉、强推挽/强上拉、仅为输入/高阻、开漏这 4 种端口模式。每个 I/O 口驱动能力均可达到 20 mA（整个芯片最大不超过 120 mA）。此外芯片还具有 8 路 10 位 A/D 转换器，转换速度可达 250 k/s。芯片还支持低速模式、空闲模式、掉电模式/停机模式等省电模式。这对于需要蓄电池供电的控制服务器来说是一个优势。

　　图 5-2 给出了以微控制器为核心的主要逻辑电路。虽然 STC12LE5A60S2 具有内部振荡电路，但因为内部振荡电路为 RC 振荡电路，其时钟稳定度较差，考虑到通信时需要比较准确的波特率，因此，图中采用 11.0592 MHz 无源晶振为 MCU 提供系统时钟。

　　图中，单片机的 P1.0 ~ P1.2 作为模拟口，实现对 2.5 V 基准电压、实验计算机等负载的交流电流、12 V 阀控密封铅酸蓄电池电压的采样。P1.5 ~ P1.7 作为与低功耗实时时钟芯片 DS1302 的控制端。复位电路采用了外部 RC 复位。串口 1 通过双刀双掷的自锁开关 SWITCH1 的切换可以与以太网转换模块 RM04 通信或与 USB-串口转换模块通信。当与 USB 转换模块接通时，可以通过 USB 接口与计算机通信，或用于 ISP 编程；当与 RM04 以太网模块接通时，可以与远端客户机和实验服务器通信。串口 2 通过双刀双掷的自锁开关 SWITCH2 的切换分别转接到简化 RS232 和 RS485 接口，可以利用 RS485 或 RS232 为系统提供更加灵活的本地通信方式。系统还设置了一个液晶显示器接口，液晶显示器采用了简单易用的低压版 1602 字符液晶显示器，且设计了背光控制电路，当单片机 P3.4 口输出低电平时，液晶背光工作。通过液晶背光控制可以进一步降低系统功耗。单片机 P3.3 接口上的按键开关为手动开关机的控制开关，该开关为非自锁开关，按键一次控制电源供电并开机，再按键一次控制关机。

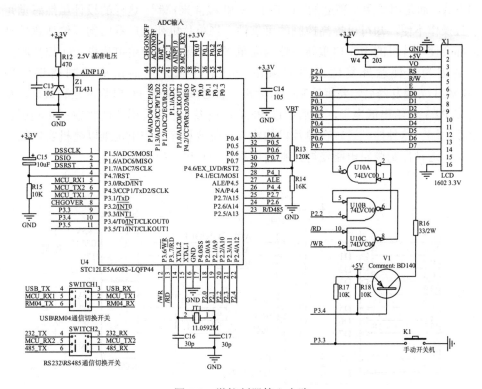

图 5-2　微控制器核心电路

图 5-2 中的微控制器核心电路还利用 STC12LE5A60S2 单片机的 P4.6 口设计一个外部低压检测电路，通过 R13、R14 的分压电路对蓄电池的端电压进行检测。当蓄电池电压低于 11.1 V 时，P4.6 口的电压将低于 1.31 V 的比较器门限电压，使单片机产生低压检测中断，该中断可以唤醒处于空闲模式的单片机，使其退出空闲模式，开启蓄电池充电的供电电源，启动对蓄电池的自动充电。

由于系统需要控制交流供电和实验计算机的开关机，因此，核心电路中设计了输出控制的逻辑电路，如图 5-3 所示。图中的控制信号是通过一片 74LVC377 的 8 位 D 触发器锁存后输出。从 Control 插接口输出的 ACL 和 ACN 信号分别是交流供电控制中两个继电器的控制信号，分别控制交流供电中火线和零线的通断。网络标号为 JIO1 的输出为实验计算机开关机控制信号。此外，电路中还控制 3 只 LED 发光二极管，以给出系统工作的状态信息。端口 Q5 输出控制的是供电状态指示灯，当输出低电平时 LED 发光，表示交流供电输出。端口 Q6 输出控制的是开关机的触发信号。端口 Q7 输出的是系统工作指示灯的控制信号。

　　图中对外的逻辑控制并未使用单片机 I/O 口直接输出控制，而是使用了一片 74LVC377 的 8 位 D 触发器锁存后输出。对触发器的控制也未使用典型的总线控制方式，而是用了两个独立的 I/O 口 P2.3 和 P2.4 来控制。这样的设计虽然感觉冗余且操作不便，却可以提高控制的可靠性。当单片机死机后看门狗复位或意外复位都会使单片机的 I/O 口重新设置为高电平，如果直接使用单片机 I/O 口控制，则会因为这种意外复位而改变输出控制的逻辑，从而造成控制错误使用 74LVC377 触发器后，要将控制信号输出，就必须首先在 P0 口给出控制数据，然后在 P2.3 口给出低电平，最后通过 P2.4 口模拟一个上升沿才能将数据正确更新至输出端。这种控制逻辑在单片机的意外复位或程序失控中是难以随机实现的。因此，这种控制逻辑电路使得控制的可靠性得到极大提高。

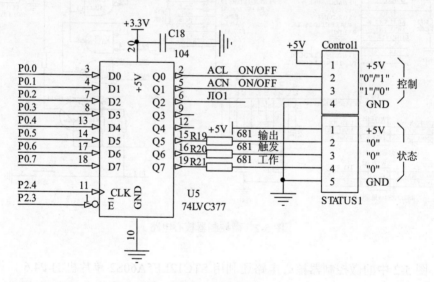

图 5-3　输出控制

　　单片机中的 P2.5 被用来控制 RS485 通信电路的接收与发送。网络标号为 ACONOFF 的 P1.3 口作为给实验计算机、视频服务器和可程控逻辑验证平台等负载供电的控制信号。网络标号为 CHGONOFF 的 P1.4 口用来控制蓄电池的充电与否，当蓄电池电压过低时，通过该端口控制交流供电开启，为蓄电池充电。网络标号为 CHGOVER 的 P3.2 用于检测蓄电池的充电状态，当该引脚为低电平时表示蓄电池充电结束，可以关闭给蓄电池充电的交流供电。

5.2.2　供电控制

控制服务器中需要接入 220 V 交流供电，出于安全考虑，供电控制电路采用了独立的电路模块。在整个控制服务器中需要两块供电控制电路，一块负责实验计算机、视频服务器、摄像头以及可程控逻辑验证平台的供电控制，另一块负责蓄电池充电时的交流供电控制。由于所控制的实验计算机、视频服务器、可程控逻辑验证平台的总功率并不大，蓄电池充电的功率也更小，因此，交流供电的开关控制并未使用电力控制中常用的交流接触器，而是直接采用了两个控制电压为 12 V 的小型继电器来实现。两个继电器分别控制交流供电中的火线和零线，对于保护地线则直接连接。

交流供电的控制为一块独立的印刷电路板，其电路原理如图 5-4 所示。继电器型号为 SRD-12VDC-SL-C，该继电器共 5 只引脚，控制电压 12 V，继电器触点在额定电压 250 V 下最大额定电流可达 10 A。该继电器适用于控制总功率不超过 400 W 的设备。

交流供电控制模块中还设置了光电耦合器以将 12 V 继电器的控制电源与数字系统相隔离。电路中的发光二极管 D2 和 D4 用来指示当前的控制状态，当控制交流供电输出时，LED 发光，使系统的工作状态更直观。

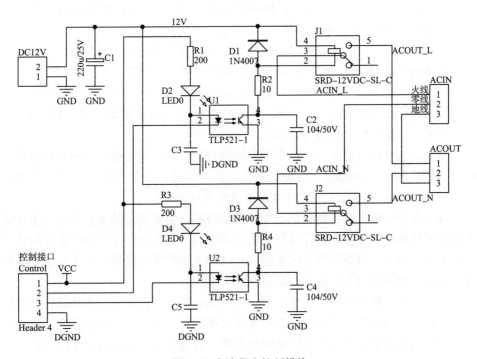

图 5-4　交流供电控制模块

5.2.3　开关机控制

　　根据前面的需求分析，控制服务器需要对实验计算机进行开机和安全关机的控制。对计算机的远程开关机的控制方法比较多，普遍采用的是网络唤醒方式。但并非所有的计算机都支持网络唤醒，这就需要计算机支持网卡远程唤醒，而且网卡还必须是有线网卡，无线网卡一般是不能完成远程唤醒。支持网络唤醒的计算机可以在主板的 BIOS 中设置，通过设置"Wake Up On LAN"或"Resume by LAN"或"PCI Wake Up"实现。计算机可以被唤醒，还需要确保能向被唤醒的计算机发送唤醒数据包。计算机供电后，虽然计算机还处于关闭状态，但计算机 ATX 电源中的+5 V Stand By 端口将输出辅助+5 V 电压，为主板提供辅助供电，该电源可以为网卡的工作供电，使计算机还处于关机状态时，其网卡仍可以处于激活状态，可以接收来自网络的数据包。如果收到的数据包符合特定的格式，就可以启动计算机。这种数据包是具有特定格式的 UDP 广播数据包，也被称为"魔术包(magic packet)"。发送 UDP 数据包的端口可以不限，但一般习惯性地使用 2034 端口。报文的数据也非常简单，就是连续发送 17 组数据，每组 6 个字节，共计 102 个字节。第一组数据是 6 个 0xFF，后面 16 组数据就是重复发送需要唤醒电脑的 MAC。这样通过唤醒数据包就可以实现计算机的远程唤醒了。为简单起见，也可以直接使用第三方工具软件或网站来实现，比如可以使用 irpm 等工具软件或 depicus 等网站实现远程唤醒。

　　相对于远程开机，计算机的远程关闭的方式有更多选择。最简单的方法是直接利用 Windows 中的 Shutdown 命令执行远程关机，命令格式为：

　　　　Shutdown -s -m \\目标机器的 IP 地址 -t 关机倒计时秒数

比如运行：shutdown -s –m \\192.168.1.10 -t 60 表示关闭 IP 地址为 192.168.1.10 的计算机，倒计时提示时间为 60 s。

　　当然，也可以自己编写一个小程序远程控制，通过发送命令在被控计算机上调用 shell 执行 shutdown –s 实现关机。此外，使用计算机的远程协助功能或 Teamviewer 远程桌面等工具也可以方便地实现远程关机。

　　以上方法可以实现计算机的远程开关机控制，但这些方法要想成功运用还会受被控计算机的硬件和软件设置等情况的影响。比如远程开机要受被控制计算机的主板、网卡、网络配置等因素影响，远程关机要受到操作系统中安全策略设置、路由器设置等因素的影响，比较容易失败。

　　在控制服务器中采用一种更简单、更可靠的实现方法，就是直接控制计算机的开机键，模拟操作计算机的开机键实现系统的开机和关机。具体的方法是在计算机主板的电源启动针脚上并接电源开关线，并连接至继电器的常开触点上。

　　图 5-5 给出了控制服务器中开关机控制的继电器电路。图中使用了型号为

TQ2-12 的微型信号继电器，该继电器体积小、功耗低。继电器的 JMT1 和 JOFF1
端口并联至主板上的电源启动针脚上即可。结合图 5-3 和图 5-5 可见，单片机 P0.2
口通过 74LVC377 的 Q2 端输出的低电平控制信号可以使继电器动作，模拟一次
开机键的按下。计算机在关机状态时，P0.2 口输出的触发负脉冲可以控制继电器
模拟产生一次开机操作。计算机在开机状态下，P0.2 口输出的触发负脉冲可以控
制继电器模拟产生一次关机操作。当计算机出现死机或不响应的情况时，P0.2 口
可以输出负脉宽更大的负脉冲信号，模拟长按电源键强制关机的操作。

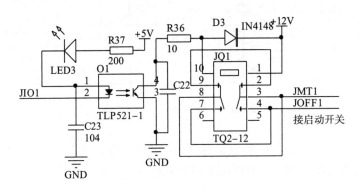

图 5-5　开关机控制继电器电路

5.2.4　开关机检测

开关机检测电路主要通过检测给实验计算机、视频服务器以及可程控逻辑
验证平台的供电电流来判断其工作状态。开关机检测电路用于判断计算机关机
是否结束，如果正在关机的过程中突然切断供电则可能损坏计算机硬盘或文件
系统。开关机检测的实现是通过对负载的交流供电电流的检测来实现，当检测
到电流降低到某一个较低的值时可以认为计算机关机结束。此时切断交流供电
就是安全的。

交流供电电流检测电路的原理如图 5-6 所示。交流电流的检测传感器采用了
CT103C 微型电流互感器。该电流互感器体积小、精度高、一致性好，其额定输
入电流 5 A，额定输出电流 5 mA，变比 1000∶1，线性度 ≤0.2%，隔离耐压达到
4500 V。

为了使对交流电流的测量比较准确，这里对交流电流的测量并未采用简单
的整流加平均的电路来完成，或峰值检波来简单测量。图中对交流电流的测量
采用了以 AD737 为核心的真有效值测量方法实现。电流互感器输出的电流首先
经过标号为*R1 的 200 Ω 高精度电阻转换为电压，在交流电流 5 A 时，电流互感
器输出 5 mA 电流，取样电阻上获得 1000 mV 电压。由于 RMS-DC 转换芯片

AD737 的额定输入量程为 0 ~ 200 mV，因此电阻 R4 和电位器 W1 构成的分压网络进行分压。由于 AD737 的输出为负电压，且其内部无输出缓冲器，因此在其 6 脚输出端加入了运放 U2B 构成的同相跟随器后又设置了一个反相放大器，并且通过调整 W2，使输入至单片机 P1.1 口的模拟电压 AC_I 刚好达到 A/D 转换的满度值。

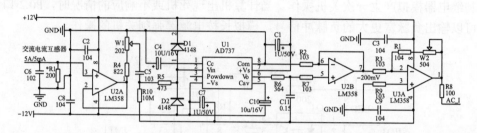

图 5-6 交流供电电流检测电路

通过单片机的内部 A/D 转换器对交流电流的测量，可以非常准确地判断出计算机关机是否完成，也可以判断出关机失败的现象，实现交流供电的安全控制。

5.2.5 通信模块

控制服务器需要首先接收客户机的服务请求，在客户机的控制下实现开关机等控制，同时也需要将自身设备的工作状态更新至实验服务器，这些操作都离不开基于互联网的网络通信。因此，控制服务器的通信最主要的是实现单片机电路的以太网通信。实现以太网通信的核心是实现 TCP/IP 协议栈。TCP/IP 协议栈是一系列网络协议的统称，不仅包括传输控制协议 (transmission control protocol, TCP) 和互联协议 (internet protocol, IP)，还包括网络层的 Internet 控制报文协议 (internet control message Protocol, ICMP)、Internet 组管理协议 (internet group manage protocol, IGMP)、地址解析协议 (address resolution protocol, ARP)、传输层的用户数据报协议 (user datagram protocol, UDP)、应用层的超文本传输协议 (hyper text transfer protocol, HTTP)、文件传输协议 (file transfer protocol, FTP)、简单邮件传输协议 (simple mail transfer protocol, SMTP) 等。

单片机等微处理器实现基于以太网通信的方案主要分为 3 种：第一种是传统 MCU+MAC+PHY 的方式，主要使用 MCU 实现软件 TCP/IP 协议栈的方案；第二种是 MCU+新型的硬件 TCP/IP 协议栈芯片方案；第三种是 MCU+TCP/IP 串口模块方案。

1. 软件 TCP/IP 协议栈方案

传统的软件 TCP/IP 协议栈方案如图 5-7 所示。整个系统由 MCU 微控制器、

MAC 控制器、PHY 物理接口收发器以及 1∶1 隔离变压器和 RJ45 接口组成。

TCP/IP 协议栈的实现主要由微控制器中的代码完成。以太网媒体接入控制器 MAC 和物理接口收发器 PHY 可以是分离的两块主芯片，如 D-Link 的 DL10030A+L80225/B 方案；也可以是整合的集成芯片方案，如 DM9000、ENC28J60、RTL8019AS 芯片等。

传统的软件 TCP/IP 协议栈方案实现过程中也可以直接选用集成了 MAC 控制器甚至 PHY 收发器的微处理器来实现。比如，可以选用 STMF107 和 STMF407 集成了以太网 MAC 模块的单片机，再加 DP83848 之类的 PHY 收发器实现，或者直接选用 TM4C129X 和 MC9S12NE64 之类的集成了以太网 MAC+PHY 的处理器来实现。

传统的软件 TCP/IP 协议栈方案中无论哪种物理架构，其核心仍然是通过在主控芯片中植入 TCP/IP 协议代码实现通信及上层应用。由于 TPC/IP 协议栈由软件实现，需要主控 MCU 不断地响应中断，这在很大程度上占用了 MCU 的系统资源，降低了 MCU 处理其他事件的能力。在单线程操作的情况下，这种方案中 MCU 的运行速度和数据的处理速度一般仅能满足需要，但随着线程增多，MCU 的工作效率将直线下降，这会严重影响通信质量。在代码方面，即便是采用 LWIP 协议之类的轻量级的 TCP/IP 协议栈，也会给主控芯片带来超过 40 kB 左右的代码量，这对于本身内存资源匮乏的单片机来说负荷过重。而从安全性和可靠性的角度看，采用这种软件协议栈方式的系统一旦受到复杂的恶意攻击，由于单片机运算能力孱弱速度慢，系统很可能进入瘫痪状态，使系统的安全性和可靠性受到严重影响。

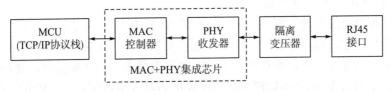

图 5-7 MCU 实现 TCP/IP 协议栈方案

2. 硬件 TCP/IP 协议栈芯片方案

硬件 TCP/IP 协议栈芯片方案如图 5-8 所示。该方案由 MCU、硬件 TCP/IP 协议栈专用芯片（内含 MAC 和 PHY）、隔离变压器和 RJ45 构成。与传统软件 TCP/IP 方案相比，该方案中 TCP/IP 协议栈的实现不再由 MCU 中的软件来实现，而是由 ASIC 芯片中的硬件逻辑来实现。而且这种 ASIC 芯片中一般也集成了 MAC 和 PHY 控制器，以一块单芯片实现完整的以太网控制逻辑，整个电路简洁可靠。

图 5-8 硬件 TCP/IP 协议栈方案

硬件 TCP/IP 协议栈芯片方案的核心是集成了 TCP/IP 协议栈、MAC 控制器以及 PHY 收发器的 ASIC 芯片。这类芯片最典型的代表是由 WIZnet 公司推出的以太网系列芯片：W5100、W5200、W5300、W5500 等。芯片将原来由处理器软件实现的 TCP/IP 协议栈用硬件化的逻辑门电路来实现。

将 TCP/IP 协议栈由独立芯片通过逻辑门的方式实现具有以下优点：

首先，由于对以太网通信中的各类响应均由硬件自动实现，基本上不占用 MCU 内部资源，也不再需要 MCU 频繁的响应中断请求，因此能够极大地提高 MCU 工作效率，MCU 只需要处理面向用户的应用层数据即可，这极大地减少了 MCU 的资源开销。同时，这类芯片一般都拥有非常完善的官方应用库，只需要了解简单的寄存器功能以及 Socket 编程便能实现以太网的网络通信功能，减少了烦琐的通信协议代码编写，大大缩短了开发周期，这对内存非常有限的单片机来说是非常适用的。

其次，由于 TCP/IP 协议的硬件化使协议的处理更加快速、稳定和可靠。以 W5500 芯片为例，单线程下，该方案的通信速度大约是传统软件协议方案的 10 倍，当同时开启多个 Socket 进行数据通信时，MCU 处理能力基本不受影响。

最后，由于 TCP/IP 协议由硬件逻辑门实现，这使得一般的网络攻击和病毒等的攻击几乎是无效的，因此在安全性方面也具有较大的优势。

硬件 TCP/IP 协议栈芯片方案在获得诸多优势的同时也不可避免的因为协议栈的硬件化而失去了软件协议栈的灵活性。目前，硬件 TCP/IP 协议栈的芯片只支持数量非常有限的几个 Socket，不能随时开启更多 Socket 通信。

3．TCP/IP 串口模块方案

在前面所述的两种方案中，无论是软件 TCP/IP 协议栈方案还是硬件 TCP/IP 协议栈芯片方案，都存在着一定的开发难度和工作量。实际上，在很多的应用场合中，单片机需要传输的数据量并不多，也不需要太快的传输速度，这种情况下选用简单易用的 TCP/IP 串口模块实现单片机的以太网通信是一个较好的选择。

TCP/IP 和串口的转换模块是 TTL 串口与以太网之间透明传输的网桥，可以实现单片机串口与以太网之间数据的透明传输。以太网串口模块可以使单片机采用简单易用的标准串口通信，再通过 TCP/IP 串口模块转换为 TCP/IP 数据包，实现单片机与以太网的数据透明传输。虽然 TCP/IP 串口模块本身的实现方式可能是软件 TCP/IP 协议栈方式也可能是硬件 TCP/IP 协议栈方式，但作为独立的 TCP/IP 与串口通信的转换模块使用时，单片机的开发用户可以不用过多关心网络通信的细节，可以节省开发时间，提高开发效率，这也是 TCP/IP 串口模块方案的最大好处。

市场上，TCP/IP 串口模块有很多，其中比较有代表性的有康耐德 C2000 系列，海凌科的 RM04、M30、RM08K、M35 等系列恢复以及伴随着物联网迅速发展而出现的以乐鑫 ESP8266 为核心的串口 Wi-Fi 模块。

康耐德 C2000 系列串口模块是深圳市东方数码技术有限公司推出的一种工业以太网模块，是国内出现较早，并被大量应用的工业以太网串口模块之一。C2000可以提供 TTL 串口到 TCP/IP 网络和 TCP/IP 网络到 TTL 串口的数据透明传输，它可以使设备立即具备联入 TCP/IP 网络的功能。该串口模块操作灵活，可以工作在 TCP Server、TCP Client、UDP、虚拟串口、点对点连接五种操作模式。单片机只需要实现串口通信即可，网络端可以采用 socket、动态链接库或 OCX 控件等方式开发，也可以直接使用虚拟串口软件，将原有的基于串口通信的程序直接升级为远程以太网通信，而无须进行任何代码修改。

RM04、M30、RM08K、M35 等是深圳市海凌科电子有限公司推出的 TCP/IP串口模块。RM04、RM08K 可以实现串口、以太网以及 Wi-Fi 三者之间的互相通信。M30、M35 可以实现串口与 Wi-Fi 之间的通信。其中以 HLK-RM04 最具代表性，它是低成本嵌入式 UART-ETH-Wi-Fi(串口-以太网-无线网)模块的典范。通过 HLK-RM04 模块(见图 5-9)，传统的串口设备在不需要更改任何配置的情况下，即可通过 Internet 网络传输自己的数据，为用户的串口设备通过以太网传输数据提供了快速的解决方案。

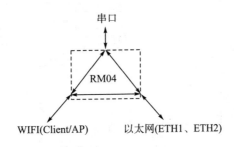

图 5-9 RM04 功能结构

ESP8266 系列串口 Wi-Fi 模块是以上海乐鑫信息科技有限公司推出的低成本、低功耗串口 Wi-Fi 芯片 ESP8266EX 为核心构建的。ESP8266EX 是一款集成了 2.4 G 无线通信和 CPU 的高性能 SOC 芯片。该芯片具有完整的 Wi-Fi Modem，支持 802.11 b/g/n，支持 Wi-Fi Direct(P2P)、P2P 发现、P2P 群主模式(group owner mode)、P2P 电源管理等。芯片内置的 32 位处理器，具有强大的片上处理和存储能力，具有丰富的输入输出接口和 1 路 10 位分辨率的 A/D 转换器等。ESP8266模块可以以内部 CPU 为核心，构建完整应用系统并独立运行，也可以将其作为UART-Wi-Fi 模块，配合其他 MCU 工作。

根据控制服务器的需求分析，控制服务器需要传输的数据量其实非常小，对传输速度的要求也非常低，因此基于开发便利性考虑，采用 TCP/IP 串口模块的方案比较适合的。控制服务器选用了海凌科的 RM04 模块。图 5-10 是控制服务器中以 RM04

为核心的以太网通信电路原理图。图中 U2 为 RM04 模块，模块的 UART_TX 和 UART_RX 为串行通信接口，该端口通过图 5-2 中的 SWITCH1 切换开关与 STC 单片机的串口相连接。RM04 模块上的 TXOP1、TXON1、RXIN1、RXIP1 四根线，分别是网口 1(ETH1)的数据发送和接收的差分信号端，通过隔离变压器连接至 RJ45 端口，一般作为广域网 WAN 端口。TXOP2、TXON2、RXIN2、RXIP2 分别是网口 2(ETH2)的数据发送和接收的差分信号端，通过隔离变压器连接至 RJ45 端口，一般作为局域网 LAN 端口。2 个 RJ45 插座均选用了 HR911105A、HR911105A 内带网络隔离变压器、LED 指示灯和滤波器，使硬件电路更加简洁。图中还设置了串口收发指示灯和指示 Wi-Fi 工作状态的 LED 指示灯。为了方便调试和设置，图中还设置了 Exit/Default 按键用于退出数据透传模式和恢复出厂值，设置了 WPS/Default 按键，用于 Wi-Fi 保护设置(Wi-Fi protected setup)和恢复默认值。

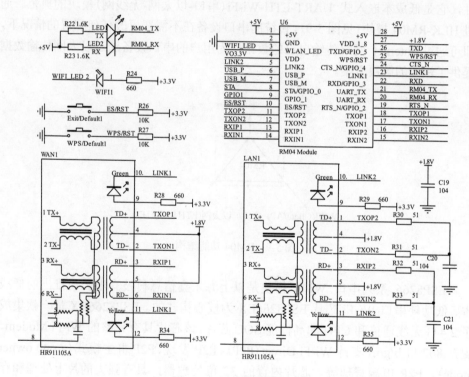

图 5-10   以太网通信电路

需要说明的是，虽然 HLK-RM04 的供电电源为+5 V，但其所有 I/O 口均为 3.3 V 逻辑电平，因此，在与 3.3 V 的单片机 STC12LE5A60S2 接口时不需要考虑逻辑电平的兼容性问题。

RM04 模块具有 4 种功能模式：默认模式、串口转以太网模式、串口转 Wi-Fi CLIENT 模式以及串口转 Wi-Fi AP 模式。

在串口转以太网模式下，RM04 的 ETH1 网口使能，Wi-Fi 和 ETH2 网口功能关闭。通过适当的设置，串口的数据与 ETH1 的网络数据相互转换。以太网可以配置为动态 IP 地址(DHCP)，也可以配置为静态 IP 地址(STATIC)。

在串口转 Wi-Fi CLIENT 模式下，Wi-Fi 使能；工作在 CLIENT 模式下，ETH1、ETH2 功能关闭。通过适当设置，串口的数据可以与 Wi-Fi 的网络数据相互转换。在该模式下，Wi-Fi CLIENT 可以配置为动态 IP 地址或配置为静态 IP 地址。在 Wi-Fi 的安全方面，模块支持目前所有的加密方式。

在串口转 Wi-Fi AP 模式下，Wi-Fi 使能；工作在 AP 模式下，以太网 ETH1、ETH2 功能关闭。通过适当的设置，串口的数据与 Wi-Fi 的网络数据相互转换。Wi-Fi 的安全性方面也支持目前所有的加密方式。在该模式下，移动终端、笔记本等 Wi-Fi 设备能连接到模块，成为 Wi-Fi 局域网下的设备。

在默认模式下，RM04 模块具有路由器的功能，此时 Wi-Fi 使能；工作在 AP 模式下，Wi-Fi 设备能连接到模块，成为 Wi-Fi 局域网下的设备。以太网 ETH1、ETH2 功能使能，ETH1 作为 WAN 端口，ETH2 作为 LAN 端口，WAN 端默认动态 IP 地址方式。LAN、Wi-Fi 为同一局域网，默认开启 DHCP 服务器。通过适当的设置，串口的数据与网络数据相互转换。

RM04 的串口有两种工作模式：数据透传模式和 AT 指令模式。系统开机默认为透传模式。透传模式下可以通过 ES/RST 开关或发送特定的串口数据而进入 AT 指令模式，在 AT 指令模式下也可以发送"at+out_trans=0"的指令，使 RM04 的串口重新进入数据透传模式。

RM04 的网络端也有多种工作模式：TCP Server、TCP Client、UDP Server、UDP Client。

在 TCP Server 模式下，模块监听指定的端口，等待 TCP Client 的连接请求，连接建立后，所有 TCP 的数据将直接发送到串口端，串口端的数据也发送到所连接的 TCP Client 端。

在 TCP Client 模式下，模块主动通过指定的域名/IP 和端口连接远端 TCP Server，连接建立后，所有从 TCP Server 端发送来的数据直接发送到串口端，串口端的数据也发送到 TCP Server 端。异常的网络断开会导致模块主动重连。在 TCP 主动重连功能使能情况下，TCP Server 主动断开连接，模块会立即主动重连，否则模块不会重连。

在 UDP Server 模式下，RM04 模块将打开本地的指定端口，一旦收到发往该端口的数据，模块就会将数据发到串口，并记录远端的 IP 地址和端口。RM04 串口上收的数据会被直接发送到已记录的远端 IP 地址和端口上。需要注意的是，RM04 模块只会记录最后一次成功连接的远端 IP 地址和端口信息。

在 UDP Client 模式下，RM04 模块直接将接收到的串口数据发送到指定的远端服务器的 IP 地址和端口上，从服务端返回的数据也将会发给串口端。

RM04 串口以太网模块的多种灵活的工作模式为控制服务器的以太网通信提供了多种实现选项。在控制服务器中,从可靠通信的角度考虑,控制服务器最好采用 TCP/IP 通信模式。同时,为了方便远端客户计算机通过实验服务器获取到控制服务器 IP 地址和端口后能方便地连接到控制服务器,控制服务器需要工作在 Server 模式。因此,控制服务器中的 RM04 串口以太网转换模块最终工作在 TCP Server 模式。

5.2.6 蓄电池管理

如面前分析所述,出于系统安全性方面考虑,控制服务器大部分的时间需要在蓄电池供电的状态下工作,只有当实验系统供电后系统才进入交流供电状态。控制服务器中,蓄电池的可靠性对于整个系统的工作就显得非常重要。

控制器中的蓄电池选用了 12 V/20 AH 的小型阀控密封铅酸蓄电池,因此需要根据阀控密封铅酸蓄电池的特性设计相应的电池管理电路。

1. 电池的放电管理

对于电池的放电管理主要是控制放电电流和防止过度放电。在控制服务器中,电池主要为单片机核心控制模块提供电能,控制模块的耗电电流基本固定,因此电池的供电基本上可被认为是恒流放电。根据阀控密封铅酸蓄电池的特性,一块充满电且性能良好的 VRLA 铅酸蓄电池以不同的电流恒流放电时,其端压变化曲线如图 5-11 所示。图中 I_{10}、I_8、I_5、I_3 分别依次代表 10 小时、8 小时 5 小时、3 小时放电率,即按指定时间将电池放电至额定终止放电电压所需要的电流。从图 5-11 可以看出,放电电流越小,能够放电的时间就越长。事实上,放电电流对电池的容量和使用寿命也有较大的影响。蓄电池的使用容量将随放电倍率增大而减小。表 5-1 给出了阀控密封铅酸蓄电池单体电池的不同放电率的放电电流和电池容量的关系表。电池的额定容量一般都是以 10 小时放电率电流放至终止电压所能释放的电池容量,因此额定容量一般为 C_{10},即 10 小时率标称容量。如果以 3 小时率放电电流放至终止电压,其容量 C_3 大约为 $0.75C_{10}$,即只能输出额定容量的 75%。为了采用小电流放电,延长电池供电时间,控制服务器中采用了 12 V/20 AH 的 VRLA 蓄电池。控制服务器的正常工作电流为一百多毫安,因此即使不采用休眠等低功耗处理方案,电池也可以正常供电一个星期左右。

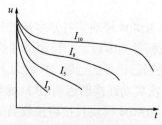

图 5-11　VRLAB 不同放电率的端电压变化曲线

表 5-1 不同放电率的放电电流和电池容量

放电小时数/h	放电容量系数	放电电流/A	放电终止电压/V
≥20	1	$0.05C_{10}$	1.85
10	1	$0.1C_{10}$	1.80
8	0.94	$0.118C_{10}$	1.80
6	0.88	$0.147C_{10}$	1.80
3	0.75	$0.25C_{10}$	1.80
1	0.55	$0.55C_{10}$	1.75

对于阀控密封铅酸蓄电池而言，电池过度放电，会导致电池内部大量的硫酸铅被吸附到阴极表面，形成电池阴极的"硫酸盐化"。硫酸铅本身是一种绝缘体，而阴极形成的硫酸铅越多，电池的内阻越大，电池的充放电性能也就越差，电池容量就下降得越快，其使用寿命就越短。蓄电池过放是造成电池过早失效的根本原因之一。因此，在使用蓄电池的过程中，防止电池过度放电，并实时补充电能是延长系统电池供电寿命和可靠性的重要方面。

为了防止电池过放，在控制服务器中设计了蓄电池电压检测电路，用于监测蓄电池的电压。控制服务器中对蓄电池的电压检测有两个独立的电路可以分别实现。一个是利用单片机的 P4.6 口实现的蓄电池低压检测电路，另一个是如图 5-12 所示的蓄电池电压检测电路。

蓄电池低压检测电路的原理如图 5-2 中所示。该电路利用了 R13 和 R14 构成的分压电路和单片机内部的低压检测比较器构成。当蓄电池电压低于 11.1 V 时，P4.6 口电压将低于内部比较器的翻转阈值电压 1.31V ± 3%，从而使单片机产生低压检测中断，利用该中断使单片机退出空闲状态，并启动供电控制模块开始对蓄电池进行充电。为了延长蓄电池使用寿命，控制服务器中对蓄电池放电的管理并不是放到额定终止电压才开始充电，而是选择了 11.1 V，即单体电池电压为 1.85 V 时就从停止放电转为充电。

蓄电池电压检测电路如图 5-12 所示。电池电压经过电阻 R11 和电位器 W3 构成的分压网络，再经由运算放大器 LM358 电压跟随后送至单片机的 P1.2 口进行电压测量，以了解蓄电池准确的充电和放电电压。

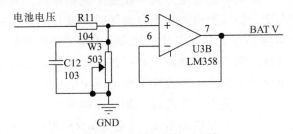

图 5-12 电池电压检测电路

2. 电池的充电管理

关于铅酸蓄电池的充电特性，美国科学家马斯(J. A. Mas)在 20 世纪 60 年代做了大量的试验研究。研究表明，铅酸蓄电池在充电时，其充电特性由最大可接受充电的能力来体现，即在保证蓄电池析气率较低、温升较低时所能承受的最大充电电流来体现，提出了以最低析气率为前提的蓄电池可接受的充电电流曲线。在析气量很小的前提下，符合蓄电池特性的最佳电流充电曲线是一条按指数规律变化的曲线，如图 5-13 所示。

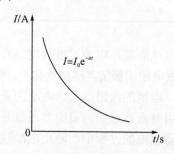

图 5-13　铅酸蓄电池最佳充电曲线

该特性曲线可以用式(5-1)来表示。

$$I = I_0 e^{-at} \tag{5-1}$$

式中，I 为充电电流；I_0 为初始最大充电电流；a 为最大接受力比，即电流和充电速率的比值($a=I/c$)；t 为充电时间。

该充电特性曲线是最符合蓄电池的充电特性的曲线，故被称为最佳充电电流曲线。在实际充电过程中，如果按该充电电流的曲线变化进行充电，则可以大大缩短充电时间，提高充电效率，延长蓄电池的使用寿命。

在实际的电池充电管理过程中，要准确确定 a 值不太可能，因为它会随着阀控密封铅酸蓄电池特性的变化而变化。因此，实际充电中要使蓄电池的充电过程完全吻合该充电特性曲线存在较大困难。一般采用一些变通的方式来实现充电管理。目前，阀控密封铅酸蓄电池的充电管理有恒流充电、恒压充电、限流恒压充电、多段式复合充电等多种方式。

恒压充电是一种最简单的充电方式，在整个充电期间，充电器给电池提供的充电电压保持不变。恒压充电的充电电流随时间变化的特性曲线近似于指数变化规律，如图 5-14 所示。在充电开始时，由于电池电压较低，初始电流比较大，随着充电的进行，充电电流逐渐衰减；在充电末期，流入电池的电流会变得很小，并维持在一定的值上。当改变蓄电池充电的电压时，充电的初始电流和终止电流都不会相同，充电电压越高，初始充电电流则越大，从而终止时的充电电流也越大。由于充入电池的电量=充电电流×充电电压×充电系数，因此电压越低，充电时间就越长。

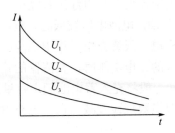

图 5-14　不同恒压值充电电流特性曲线 (U_1>U_2>U_3)

恒流充电也是一种传统的充电方式。恒流充电就是在整个充电期间采用恒定电流对蓄电池充电。图 5-15 给出了不同恒流充电值下的电池电压与充电时间的关系曲线。在充电初始，由于蓄电池内部浓差极化和电化学极化都比较大，内阻也较大，使蓄电池端压上升较快；在充电中期，蓄电池端压上升缓慢；在充电末期，由于蓄电池内部析气量大大增加，使得电池内阻迅速增加，这将导致电池的端电压发生显著上升，当气体析出的速度稳定后，电池电压不再变化，表示充电结束。停止充电后，因为电池内无电流，极化作用将很快消除，端电压迅速降回到额定电压值。改变充电电流的大小，充电曲线也有所不同。充电电流越大，充电时间越短，在同一时刻电池端电压要高于较小电流充电时的端电压。需要注意的是，过大的恒流充电值对电池的特性将产生不良影响，将会缩短电池使用寿命，甚至损坏蓄电池。

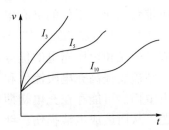

图 5-15　恒流充电时的端压变化曲线 (I_3>I_5>I_{10})

无论是恒流充电还是恒压充电，虽然都具有充电电路简单的优点，但也都存在明显的缺点。恒压充电的主要缺点是，充电初期时由于电池电压较低，充电电流比较大，容易造成电池损坏。恒流充电解决了恒压充电初期充电电流容易过大的问题，但在充电末期，电流不会自动变小，从而导致充电后期析气严重、电流利用率低以及充电终止电压高等问题，同样容易对电池造成损坏。

限流恒压充电是综合了恒流充电和恒压充电各自的优点而设计的一种充电方式。采用限流恒压充电时，需要在充电前根据蓄电池的容量或参照蓄电池厂家对蓄电池充电的要求设置好整流器输出的充电电压值和充电的限流值。充电时，整流器根据设置的电压和充电限流值对蓄电池进行充电。限流恒压充电的充电曲线如图 5-16 所示。在充电的前期，电池电压较低时，整流器输出的充电电流被限定在限流值上，相当于恒流充电。限流充电过程中电池的端电压几乎呈直线上升，当电池电压上升至预先设置的充电电压时，整流器的输出模式变为恒压输出，开始恒压充电。恒流充电期间一般将充入蓄电池额定容量的 70％～80％。在恒压充电期间，充电电流按照近似指数规律衰减。在接近充电结束时，充电电流较小，且基本不变。

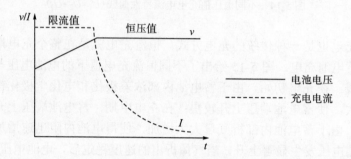

图 5-16   限流恒压充电电压电流特性曲线

在限流恒压充电中，蓄电池充满电量所需的具体时间取决于多个因素。主要有蓄电池上次放电的深度、充电限流值、充电电压值、电池充电期间的温度等。增大充电限流值、提高充电恒压值，都可以加快充电速度，缩短充电时间。但充电电压不能超过电池所带负载允许工作的最高电压，也不能超过蓄电池厂家规定的最大均充电压值。对于充电电流的限流值一般应小于等于 $2.5I_{10}$。

限流恒压充电虽然集成了恒流和恒压充电的优点，但如果需要进一步加快充电速度，提高充电效率，则需要提高充电限流值和恒压值。随着限流值和恒压充电电压的提高，在充电中仍然可能存在充电初期电流过大、充电末期电流过大、电池析气严重等问题，从而造成电池损伤。针对这种情况，出现了多段式复合充电方式。

图 5-17 是一种典型的三段式复合充电的特性曲线图。在充电器的控制下，充电过程按照三个阶段进行，即恒流充电、恒压充电、浮充充电。三段式复合充电实际上是在限流恒压充电的基础上进行改进。在限流恒压充电中，恒压充电的末期充电电流降低的速度逐渐变慢，并最终维持在一个恒定的值上。由于电池已经充满，该电流持续对电池充电，使电池处于过充状态，长时间的过充将加剧正极板的腐蚀，并使电池内产生的气体增加，安全阀频繁开启释放压力，电解液中的水分大量损失，从而使电池容量减小，寿命缩短。同时较大的过充电流也将导致蓄电池温度上升，甚至导致蓄电池出现热失控。

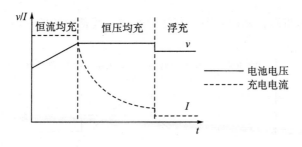

图 5-17　三段式复合充电的特性曲线

　　三段式复合充电就是针对这一缺陷所作的改进。三段式充电中，在充电的末期，当检测到充电电流小于某一设定值，如充电电流<$0.005C_{10}$，并持续了一定的时间后，如 3 h 以上，就将降低恒压充电的电压，从均充充电转变为浮充充电。也可以直接检测恒压均充持续的时间达到某一值后，比如持续了 18 h 以上，则转换为浮充充电。

　　浮充电压相对较低，只能产生较低的浮充电流对蓄电池持续充电。该浮充电流主要实现对蓄电池自放电损失电量的补充，使蓄电池始终保持在电量充足的状态，而又不对电池造成不利的影响。

　　三段式复合充电模式中，恒流均充的电流值一般取 $0.1C_{10}$，恒压均充的电压值一般按照单体电池取 2.3 ~ 2.35 V（25℃）计算。对于 12 V 铅酸蓄电池，均充电压可以取 13.8 ~ 14.1 V。由于浮充电压是长时间的连续充电的电压，因此对浮充电压的稳压精度有较高的要求，一般要求稳压精度达到≤±0.6%的水平。浮充电压的选取也非常重要，浮充电压过低将使蓄电池逐渐处于长期亏电状态，使蓄电池极板深处的活性物质不能参与化学反应，造成电池内阻增大，容量下降；浮充电压过高则使电池长期过充，造成极板腐蚀加剧，水分大量损失，容量下降，电池寿命缩短。浮充电压的取值一般按照单体电池取 2.20~2.27 V（25℃）计算。因此对于 12 V 的铅酸蓄电池可以设置在 13.2 ~ 13.62 V。

　　三段式复合充电方式较好地解决了充电末期电流过大的问题。在某些情况下，可能需要加快充电速度，而需要加大均充电流，但这个电流对于充电初期的电池来说可能太大，容易造成热失控而损害电池。在另一些情况下，可能会出现电池过放等问题，如果一开始就直接进入较大电流的恒流均充阶段，也容易造成热失控，从而损坏蓄电池。因此，在充电开始时最好采用较小的电流进行涓流充电，伴随着涓流充电，蓄电池内部的活性物质得到了一定的还原、电解液浓度也逐渐增大，蓄电池电压也逐渐上升。当蓄电池的端电压达到设定电压值时，再改用较大的恒流充电电流开始恒流均充电，这就是四段式复合充电方式。四段式复合充电方式的电压电流特性曲线如图 5-18 所示。四段式复合充电方式可以根据蓄电池的状态将充电过程合理的分为四个阶段：涓流充电阶段、恒流充电阶段、过充电阶段和浮充充电阶段，从而快速、高效地实现铅酸蓄电池的充电管理。

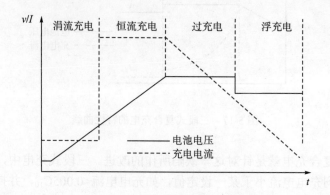

图 5-18　四段式复合充电电压电流特性曲线

在控制服务器中，蓄电池需要长时间在线不间断工作，因此高效合理的充电管理也是直接影响控制服务器正常工作的重要因素。控制服务器中蓄电池的充电管理采用了图 5-18 所示的四段式复合充电管理方式。具体采用了专用的铅酸蓄电池充电管理芯片 CN3717 来实现。

CN3717 是 PWM 降压型铅酸电池充电管理芯片，具有涓流充电、恒流充电、过充电和浮充充电四段式复合充电管理模式。图 5-19 是控制服务器中基于 CN3717 实现的蓄电池充电管理电路。

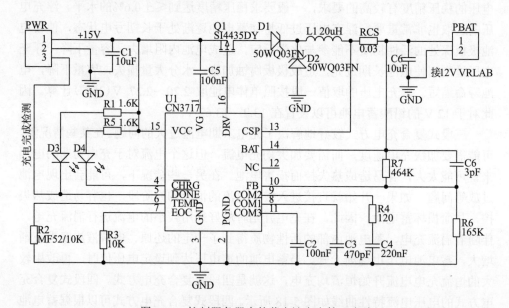

图 5-19　控制服务器中的蓄电池充电管理电路

恒流充电电流由连接于 CSP 管脚和 BAT 管脚之间的电流检测电阻 RCS 设置，其充电电流表达式为

$$I_{\mathrm{CH}} = \frac{120\,\mathrm{mV}}{R_{\mathrm{CS}}} \tag{5-2}$$

式中，R_{CS} 取值 0.03 Ω；控制恒流充电电流为 4 A。

电路的过充电电压由外部电阻分压网络来设置，电池的端电压通过电阻 R6 和 R7 构成的电阻分压网络反馈到 FB 管脚，CN3717 根据 FB 管脚的电压决定充电状态。当 FB 管脚的电压接近 3.69 V 时，充电器进入过充电状态。在过充电状态，充电电流逐渐下降，BAT 管脚电压保持不变。过充电状态电池端对应的电压为

$$V_{\mathrm{BAT}} = 3.69 \times \left(1 + \frac{R7}{R6}\right) + I_{\mathrm{B}} \times R7 \tag{5-3}$$

式中，I_{B} 是 FB 管脚的偏置电流，其典型值为 40 nA。该偏置电流导致电阻分压网络的分压结果存在误差，误差值为 $I_{\mathrm{B}} \times R7$。图中 R7 取值 464 kΩ，R6 取值 165 kΩ，因此 V_{BAT} 的设置值约为 14.1 V，这符合均充充电单体电池电压取值 2.3 ~ 2.35 V（25℃）的要求。

CN3717 的充电以涓流充电开始。在开始充电时，如果电池电压低于所设置的过充电电压的 75.6%，充电器进入涓流充电模式，此时充电电流为所设置的恒流充电电流的 19%。在恒流充电阶段，即使电池电压再降低到过充电电压的 75.6%，CN3717 也不再进入涓流充电模式，而是保持在恒流充电模式。按电路图中设置的参数，控制服务器中涓流充电的启动电压应低于 10.66 V，涓流充电电流大致为 760 mA。

过充电结束电流的大小由 CN3717 的 EOC 管脚所接电阻来设置，即通过图 5-19 中的电阻 R3 来设置。在过充电过程中，充电电流逐渐减小，当充电电流减小到 EOC 管脚的电阻所设置的过充电结束电流时，过充电结束，充电器进入浮充电状态。过充电结束电流的计算公式如下：

$$I_{\mathrm{EOC}} = \frac{1.278 \times \left(14350 + R_{\mathrm{EXT}}\right)}{R_{\mathrm{CS}} \times 10^{6}} \tag{5-4}$$

式中，I_{EOC} 为过充电结束电流，单位为 A；R_{EXT} 是从 EOC 管脚到地之间连接的电阻，即图中 R3，单位为 Ω。R_{EXT} 的电阻值不能大于 100 kΩ，否则充电将不能正常结束。R_{CS} 是在 CSP 管脚和 BAT 管脚之间的充电电流检测电阻，单位为 Ω。图 5-19 中 R3 取值为 10 kΩ，则过充电结束电流约为 1 A。过充电结束电流与恒流充电电流的比值约为 25.9%。

过充电状态结束以后，CN3717 控制电池进入浮充充电模式。在浮充电状态，BAT 管脚的电压被调制在过充电电压(VOC)的 93.6%。浮充电模式的存在可以弥补由于电池自放电或者负载所导致的电池能量损失。图 5-19 中设置过充充电电压为 14.1 V，则浮充充电电压为 14.1×0.936 = 13.2 V，这符合浮充充电时单体电池电

压取值 2.20～2.27 V(25℃)的要求。在控制服务器中，浮充充电一方面提供电池浮充电流弥补电池自放电，另一方面给控制服务器提供工作电流。

在浮充充电过程中，如果由于负载过重或电池自放电等原因导致电池电压逐渐下降，当电池电压降低到所设置的过充电电压的 82.2%时，将自动启动新的一轮充电周期，实现自动再充电。按照图 5-19 中的参数设置，当控制服务器中的电池电压下降至 11.6 V 时，如果系统还处于交流供电状态时，充电管理电路将自动启动新的一轮充电周期。

图 5-19 所示的充电管理电路还具有电池温度监测功能。该功能的实现是通过一个紧贴电池的 NTC 负温度系数的热敏电阻来实现的，即图 5-19 中的 R2。当电池温度超出某一可接受的范围时，充电将被暂时停止，直到电池温度恢复到正常范围内，充电重新开始。NTC 热敏电阻 R2 连接在 CN3717 的 TEMP 管脚和地之间。在芯片内部，TEMP 管脚连接到两个比较器的输入端，TEMP 端的低电压阈值为 175 mV，对应允许充电的电池温度上限值，TEMP 端的高电压阈值为 1.6 V，对应允许充电的电池温度的下限值。TEMP 管脚的上拉电流恒定为 50 µA，当电池温度上升，NTC 热敏电阻阻值下降，TEMP 端的电压跟随下降，当电压值下降至 175 mV 时，CN3717 判定电池温度过高，而停止充电。此时的 NTC 热敏电阻的阻值为

$$175 \text{ mV} \div 50 \text{ µA} = 3.5 \text{ k}\Omega \tag{5-5}$$

当电池温度下降时，NTC 热敏电阻的阻值上升，TEMP 端的电压值增大，当电压增大至 1.6 V 时，CN3717 判断温度过低，也将停止充电。此时 NTC 热敏电阻的阻值为

$$1.6 \text{ V} \div 50 \text{ µA} = 32 \text{ k}\Omega \tag{5-6}$$

基于以上计算，NTC 热敏电阻 R2 选用了阻值为 10 kΩ(25℃)的 MF52-103(3359)。该热敏电阻的电阻温度特性曲线如图 5-20 所示。在温度 25℃时，电阻阻值为 10 kΩ；温度为 0℃时，电阻阻值为 32.94 kΩ；当温度为 50℃时，电阻阻值为 3.574 kΩ。因此控制服务器中允许的电池充电温度被控制在 0～50℃内。

另外，图 5-19 的充电管理电路中还利用 CN3717 的 CHRG 端口和 DONE 端口设置了 2 个指示充电状态的指示灯。CHRG 端口是一个漏极开路输出端，在涓流充电，恒流充电和过充电状态下，内部晶体管将此管脚拉到低电平，此时发光二极管 D4 发光，指示充电进行中。在浮充充电等其他状态下，CHRG 端口为高阻状态，发光二极管 D4 熄灭。CN3717 的 DONE 端口也是一个漏极开路的输出端。与 CHRG 端口相反，该端口在涓流充电，恒流充电和过充电状态下呈高阻状态，发光二极管 D3 熄灭，在浮充电状态下，内部晶体管将此管脚拉到低电平。发光二极管 D3 发光，指示充电结束。CN3717 的 DONE 端口的低电平也被作为单片机判断充电是否结束的输入信号。当该端口为低电平时，如果实验计算机、可程控逻辑验证平台等实验设备未被使用，则切断充电控制的交流电源；如果实

验设备正在被使用，正在通过交流给实验计算机等实验设备供电，则蓄电池的充电控制继续保持交流供电打开状态，继续对蓄电池进行浮充充电，以满足控制服务器非空闲状态下相对较大的功耗需求。当 CN3717 的 VCC 电压低于低压锁存电压（典型值 6 V）或者 VCC 电压低于 BAT 管脚电压，或者电池温度异常而停止充电时，发光二极管 D3、D4 都将熄灭。

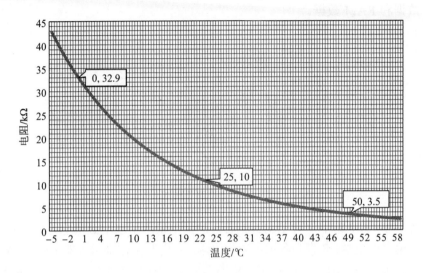

图 5-20　MF52-103（3359）NTC 热敏电阻温度特性曲线

5.2.7　其他模块

在控制服务器中除了以上主要单元模块外，还设置有一些辅助电路模块。这些模块包括实时时钟电路、USB-串口转换电路、RS232 通信电路、RS485 总线通信接口电路、二次电源电路等。

1.　实时时钟电路

控制服务器工作过程中需要对设备使用的时间进行计时，并在适当的时间提醒用户尽快结束对设备的占用，或者超时后强制结束以收回设备的控制权。因此，在控制服务器中需要一个计时电路。虽然计时电路可以采用单片机内部的定时计数器来完成，但由于单片机内部实现实时时钟需要不停地响应定时中断，这对单片机来说是一个比较大的开销，将降低单片机处理其他事务的能力，同时由于中断响应不可避免带来计时误差，故在用 C51 编程实现时，对误差的校正会比较困难。因此，控制服务器中采用了专门的实时时钟芯片来实现计时工作。

控制服务器中实时时钟电路的原理如图 5-21 所示。图中采用了美国 DALLAS 公司推出的一种高性能、低功耗的实时时钟芯片 DS1302。该实时时钟芯片可提供秒、分、时、日、星期、月和年的自动计时，每月的天数可以自动调整，也具有闰年自动补偿功能，年计数可以达到 2100 年，小时计数也可以设置为 12 小时制或 24 小时制，可以设置 AM、PM。该芯片除了时、分、秒、日、月、年等与日历、时间有关的 12 个寄存器外，还额外具有 31 个 8 位静态随机存储器可以用于用户数据的暂存。芯片采用串行外设接口(serial peripheral interface, SPI)与 MCU 进行同步数据通信，可采用突发方式一次传送多个字节的时钟数据和 RAM 数据。

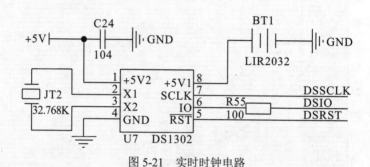

图 5-21　实时时钟电路

图 5-21 的电路中，对 DS1302 芯片的供电采用了双电源供电方式。其中，1 脚为主电源供电端，8 脚为备用电源供电端。主电源由控制服务器中的 3.3 V 电源供电，备用电源采用了 3.6 V 可充电的锂离子电池 LIR2032。当主电源断电时，DS1302 可以通过该电池维持芯片内部正常的计时功能。当主电源供电时，可以通过主电源对备用电源端的 LIR2032 提供涓流充电。DS1302 工作电压较宽，可为 2.5～5.5 V，由于 DS1302 的实际供电是由主电源和副电源中电压较大者供电，且需要大于 0.2 V 以上，因此 DS1302 的芯片供电选择了 5V 供电电压。由于芯片采用了 5 V 供电，而单片机采用了 3.3 V 的 STC12LE5A60S2 芯片，因此需要考虑 I/O 引脚电平兼容性的问题。5 V 供电的 DS1302 输出高电平 $V_{OH} > 2.4\text{ V}$，STC12LE5A60S2 的 I/O 口上能够承受的极限电压为 VCC+0.3 V，为了防止 DS1302 产生大于 3.6 V 以上的过高输出电压而烧毁 STC12LE5A60S2 的 I/O 脚，因此在 DS1302 的第 6 脚加入了 100 Ω 的限流电阻。

2. USB-串口转换电路

控制服务器中的核心控制部件是 STC 单片机，STC 单片机支持在系统可编程 (in system programmable, ISP)，可以通过单片机的串口直接对单片机进行在线编程，无须专用的编程器。为了方便 STC 单片机程序的写入，控制服务器中设计了 USB 转 TTL 串口的转换电路。通过该转换电路，可以直接利用 USB 接口实现对单片机的在线编程，不再要求计算机要有 RS232 接口，也不再要求外接 RS232 到 TTL 的串口电平转换电路，为单片机的编程开发带来了便利。

实现 USB 到 TTL 串口的转换芯片有多种，比较常用的有 FT232、CP2102、

PL2303、CH340 等。在控制服务器中采用 PL2303 来实现 USB 到 TTL 串口的转换，其电路如图 5-22 所示。

PL2303 是中国台湾 Prolific 公司生产的一种高度集成的 串口-USB 接口转换器。PL2303 可提供一个 TTL 电平的 232 全双工异步串行通信装置与 USB 接口连接的解决方案。器件内置 USB 功能控制器、USB 收发器、振荡器、带有全部调制解调器控制信号的通用异步收发器(universal asynchronous receiver/transmitter, UART)，只需外接几只电容就可实现 USB 信号与 UART 串口信号的转换。这种转换是双向的：一方面，PL2302 接收计算机 USB 端口发来的数据，将其转换为通用串口的信息流格式发送给外设；另一方面，PL2303 又从外设的通用串口接收数据，转换为 USB 数据格式传送回主机。所有的这些转换均由芯片自动完成，开发者无须考虑任何固件设计。由于芯片具有庞大的数据缓冲器和自动流量控制，PL2303 能够实现比传统的 UART(通用异步收发器)更高的传输速度，端口波特率可高达 115200 bps。

需要注意的是，图 5-22 中 USB 转 TTL 串口转换电路的 TTL 串口端并没有直接与单片机相连接，而是通过图 5-2 中标识为 SWITCH1 的切换开关与单片机的串口 1 相连接。事实上，单片机的串口 1 是被 USB-串口转换电路和 HLK-RM04 的以太网通信模块所共用。只有对单片机编程下载时才需要切换开关至 USB-串口转换电路，正常工作时，串口 1 始终和以太网模块 RM04 相连接，使用以太网模块与网络通信。

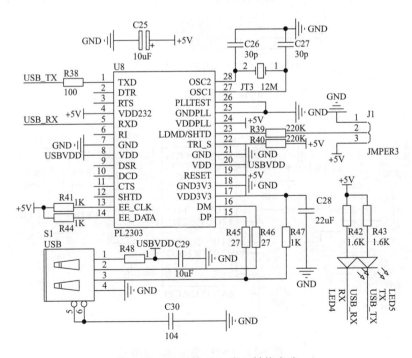

图 5-22　USB 转 TTL 串口转换电路

3. RS485 与 RS232 通信接口电路

由于 STC12LE5A60S2 单片机是双串口单片机，具有两个 UART 串行通信接口：串口 1 通过 RM04 与以太网进行通信，实现与远端客户机、实验服务器之间的通信，同时也作为单片机编程下载的接口；串口 2 通过 SWITCH2 的切换开关与扩展的 RS485 电路以及 RS232 电路相连接。因此，单片机除了通过串口 1 与以太网进行远程通信外，还可以通过串口 2 构建本地近距离 RS232 点对点通信或本地 RS485 的总线通信。RS485 通信电路和切换开关如图 5-23 所示，RS485 的接收与发送控制由单片机的 P2.5 端口来控制。RS232 通信接口电路如图 5-24 所示。

在控制服务器中构建的 RS232 和 RS485 的本地通信网络接口主要是作为备用通信端口，为将来在有必要时，在控制服务器之间直接构建本地通信提供一种可选方案，增强系统组网的灵活性和多样性。

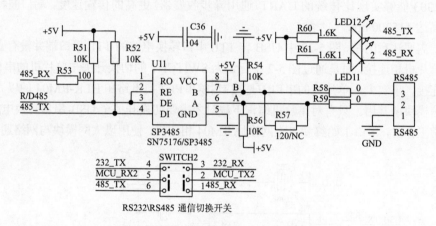

图 5-23　RS485 通信接口电路与切换开关

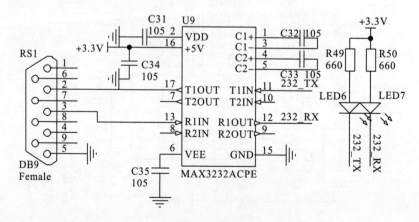

图 5-24　RS232 通信接口电路

4．电源电路

控制服务器系统的电源分为一次电源和二次电源，各电源模块与供电控制模块、充电管理模块等协同工作，实现整个系统的电源管理。控制服务器的电源供电关系和检测控制结构的示意图如图 5-25 所示。图中实线标识的是电源流通通道，虚线标识的是信号流通通道。系统中的一次电源采用了成品开关电源，将 220 V 交流变换为+15 V 直流输出。该直流电压过 CN3717 构成的充电管理电路后，对阀控密封铅酸蓄电池进行充电管理，并经过二次 DC-DC 电源的变换得到控制系统需要的±12 V、+5 V 和+3.3 V 直流。在设备空闲待机时，控制服务器的供电由 12 V/20 AH 的蓄电池经过二次 DC-DC 电源变换后提供。当控制系统检测到蓄电池电压过低时则控制充电供电系统动作，使交流接入。该交流电经过一次电源和充电管理电路后对电池充电，也同时对控制系统供电。当检测到充电完成后则通过充电供电控制，切断充电回路的交流供电，停止充电。当远端客户机有实验请求时，控制系统同时开启负载供电控制和充电供电控制，使实验计算机、视频服务器等实验装置获得供电开始实验，同时由于充电供电控制也启动，因此一次电源获得交流供电而工作，充电管理电路也工作，电池开始充电。控制系统也可以获得更为充足的电能而退出低功耗的空闲等待状态，转为正常工作状态。

当远端客户计算机完成了实验任务后发送关机指令给控制服务器，控制服务器首先向开关机控制继电器电路发送关机信号，然后检测负载电流。当负载电流减小到待机电流水平时再控制负载供电控制模块彻底关闭实验计算机等负载的交流供电。

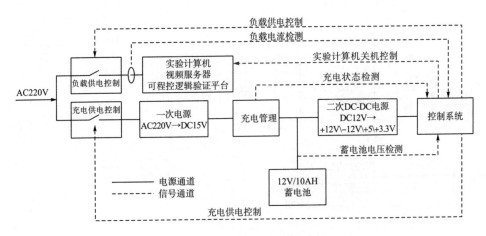

图 5-25　电源与控制结构示意图

图 5-26 是控制服务器中二次电源的 DC-DC 变换电路。图中通过 P1 插口输

入蓄电池的+12 V电压，该电压经过一个3 A保险管后送至由LM2576-5.0构成的降压型开关稳压电路，将+12 V电源变换为+5 V输出。+12 V到+5 V的变换没有采用7805的线性稳压器，是考虑到输入输出电压差较大，采用线性稳压器时，工作中会有很大的耗散功率，即"热损失"，其值为V压降$\times I$负荷，这将导致工作效率极低，一般仅为30%～50%。这在仅用电池供电时，是极不合理的。该电路采用的LM2576是降压型开关稳压器，其开关频率为52 kHz，根据不同的电路结构，其输出时效率为75%～88%。电路外围元件较少，具有非常小的电压调整率和电流调整率，负载驱动能力可以达到3 A，由于开关频率较高，因此可以使用较小尺寸的滤波元件。芯片也具有较为完备的内部过流保护电路和过热保护电路。

图5-26中+12 V到-12 V的变换采用了MC34063构成的反相变换电路来实现。MC34063是包含DC-DC转换器基本功能的单片集成控制电路。该器件的内部包括了带温度补偿的参考电压、比较器、带限流电路的占空比控制振荡器、驱动器、可达1.5 A的大电流输出开关等。MC34063的开关工作振荡频率可以从100 Hz到100 kHz，应用于降压变换、升压变换以及电压极性反转变换等场合。该芯片价格低廉，由其构成的各种电压变换所需要的外部元件都比较少。相对于升压变换电路和降压变换电路，电压反转电路的效率最低，最高只能达到65%，不过在控制服务器中对-12 V的负载需求非常低，仅仅是提供给几个运算放大器和真有效值变换芯片AD737使用，因此虽然该电路效率较低，但负载非常轻，相对于其简洁易用的电路而言，影响也不大。

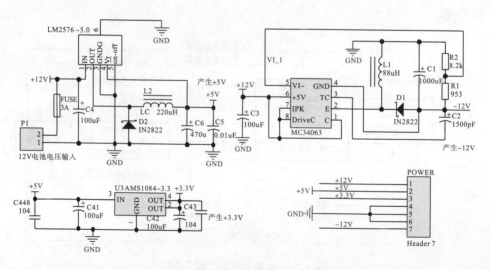

图5-26　二次电源中的DC-DC变换电路

图5-26中+5 V到+3.3 V的DC-DC变换采用了AMS1084-3.3构成的低压差

(Low Dropout Voltage，LDO)线性稳压电路来实现。AMS1084-3.3 是一块非常优秀的正电压输出的高效低压差三端线性稳压器，在 5 A 输出电流下压降为 1.5 V。AMS1084-3.3 具有较好的限流和过热保护功能，输出电压稳定，精度可达 1%，非常适合用于开关电源的后置稳压器。图 5-26 中要将+5 V 变换为+3.3 V，其电压差仅为 1.7 V，普通 78 系列的线性稳压器至少需要 2 V 以上的压差才能正常稳压工作。AMS1084-3.3 在一般情况下仅需要 1.45 V 就可以正常稳压工作，因此选用该芯片比较适合。

图 5-26 中各 DC-DC 变换电路的具体参数计算可以参考相关的芯片数据手册。经过这些 DC-DC 变换，从 12 V 输入中获得了控制服务器中需要的±12 V、+5 V、+3.3 V 等直流电源，为系统的正常工作提供了保障。

5.3　系统配置与软件实现

5.3.1　以太网模块配置

在交互式远程 EDA 实验系统中，实验服务器中有全部控制服务器的当前状态的信息。当远端客户机向实验服务器发起实验设备使用请求时，实验服务器根据各控制服务器的空闲状态为客户机分配其实验使用的设备信息，包括控制服务器、视频服务器、实验计算机的 IP 地址和端口信息。客户机根据分配的 IP 地址和端口首先连接控制服务器，通过控制服务器开启设备交流供电，启动实验计算机。由此可见，控制服务器中的以太网模块应该工作在服务器模式，等待实验服务器和远端客户机的主动连接请求，建立连接后控制服务器就可以接收来自实验服务器和远端客户机的各种命令，控制服务器通过串口发送的反馈信息和状态信息等将同时发送给远端客户机和实验服务器。

为了保证系统的正常通信，需要对控制服务器中的以太网模块进行必要的设置。如前所述，海凌科 RM04 以太网模块具有默认模式、串口转以太网模式、串口转 WIFI CLIENT 模式及串口转 WIFI AP 模式。根据控制服务器的需求，默认模式和串口转以太网模式都可以满足。从图 3-3 的整个系统的网络结构考虑，所有控制服务器、实验计算机、视频服务器等都应该是在一个局域网内，虽然默认模式是功能最强大的模式，可以实现串口数据向所有网络连接的广播发送，也可以实现多个网络连接向串口的数据发送，但在整个网络中并不需要控制服务器作为中心，因此串口-以太网模式应该是最佳选择。

RM04 工作模式的设置有两种方法。一种是通过 RM04 的串口实现配置，另一种是通过 RM04 的网络接口，用 Web 实现工作模式的配置。

1. 通过串口实现模块的配置

通过 RM04 的串行接口实现工作模式的配置就是由微处理器的串口向 RM04 的串口发送 AT 指令来实现参数的配置。RM04 开机时自动进入的是数据透传模式，因此，在用串口 AT 指令配置模块参数之前必须要先让模块进入 AT 指令模式。退出透传模式进入 AT 指令模式有两种方法：

第一种是，使用 ES/RST 引脚进入 AT 指令模式。在模块正常启动后，通过按 Exit/Default1 按键或由处理器控制，让 RM04 模块的 ES/RST 脚低电平的时间大于 100 ms 且小于 6 s，RM04 即进入 AT 指令模式。

第二种是，通过向 RM04 的串口发送特定串口数据的方法退出数据透传进入 AT 指令模式。具体而言发送特定串口数据又有两种方法，分别是发送"特定的串口数据"和发送"特定的串口数据 2"。具体操作可参考 RM04 数据手册。相比较"特定的串口数据 2"更加简单且更容易实现，但是数据特殊性不强，可能会导致误触发。发送"特定的串口数据"相对复杂，特殊性更强，不易出现误触发。

进入 AT 指令模式后，可以通过串口向 RM04 发送配置的 AT 指令，设置模块的工作参数。AT 指令的格式如下：

$$at+[command]=[value]\backslash r$$

AT 指令发送后，根据不同命令，RM04 模块也将返回不同的返回值。以下 AT 指令将 RM04 设置为串口-以太网转换模式，网络工作在 TCP 服务器模式，访问端口为 8080，串口传输速度为 115200，8 位数据位，1 位停止位，无校验位，串口组帧长度 64 字节，每 10 ms 组帧一次。

at+netmode=1	设置 RM04 为串口转以太网模式
at+dhcpd=0	DHCP 服务器使能关闭
at+dhcpc=1	DHCP 客户端使能，动态 IP
at+remotepro=tcp	设置 RM04 的网络协议类型为 TCP
at+mode=server	设置 RM04 为 TCP 服务器模式
at+remoteport=8080	设置访问的端口为 8080
at+timeout=0	设置网络超时时间为永不断开
at+uart=115200, 8, n, 1	设置 RM04 的串口通信格式，115200，8，N，1
at+uartpacklen=64	设置串口组帧长度 64 字节
at+uartpacktimeout=10	设置串口组帧时间 10 ms
at+net_commit=1	提交网络设置
at+reconn=1	重启串口转换服务

通过串口实现模块配置的最大优点是，可以让单片机在工作的过程中动态的改变以太网模块的工作状态，使其在工作中可以更加灵活地变换组网方案，同时由于所有的配置都是由单片机开机初始化时自动完成网络配置，因此在设备的组

装生成过程中不需要逐个设置网络模块再安装到系统中。

2. 用 Web 实现模块的配置

　　在 RM04 模块的默认模式下，可以通过无线或有线的方式，用浏览器登录模块配置页面进行参数配置。如果不知道 RM04 模块的当前工作模式，就可以在给模块通电 40 s 后，通过长按按键开关等方式给 RM04 模块的 ES/RST 引脚一个持续时间大于 6 s 的低电平，即可自动恢复为默认模式。

　　默认模式下 RM04 本身也是一个微型路由器，其局域网端的 DHCP 服务是启动的，无论通过有线还是无线方式连接 RM04，RM04 都可以为计算机自动分配 IP 地址，因此，计算机在连接 RM04 前需要确保计算机的 TCP/IP 协议设置中的 IP 地址获取方式为"自动获得 IP 地址"和"自动获得 DNS 地址"。

　　采用有线方式进行配置时，需要用网线连接计算机网口和 RM04 模块的 LAN 接口。当 RM04 模块上电后，可以自动为计算机分配 IP 地址以实现连接。采用无线方式时需要先将 RM04 模块通电，大于 40 s 后，可以在计算机的无线网络连接中看到一个无线 SSID 名称为"HI-LINK-****"的无线网络。不同的 RM04 模块默认的 SSID 名称的最后 4 位是不一样的，其默认的 Wi-Fi 密码是均为"12345678"。将计算机连接到"HI-LINK-****"无线网络，连接成功后即可进行网络模块的参数设置。

　　打开浏览器，在地址栏中输入 RM04 模块的默认 IP 地址：192.168.16.254，然后再按回车键确定。浏览器会弹出一个登录窗口，如图 5-27 所示。路由器默认的管理员用户名和密码均为小写的"admin"，将其输入后，点击"确定"按钮即可成功登录 Web 管理页面。

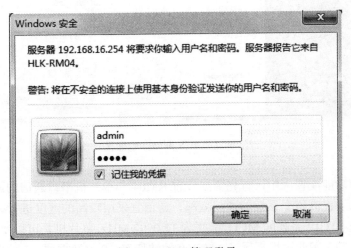

图 5-27　Web 管理登录

　　成功登录 Web 管理页面后，首先默认出现的是串口-网络参数配置界面，如图 5-28 所示。该页面从上到下被分成了 4 个区域：标题区、网络配置区、串口功能配置区和配置提交区。

网络配置区中主要设置 RM04 模块的网络工作模式，即默认模式、串口-以太网模式、串口-无线（Wi-Fi Client）模式、串口-无线（Wi-Fi AP）模式。选择不同的网络工作模式，网络模式设置栏下方区域的参数设置选项将会随之发生变化，需要根据情况进行进一步的设置。根据前面对控制服务器的需求分析，这里选择串口-以太网模式。

由于控制服务器是在局域网内部，外围用户访问时需要通过路由器中的端口映射方式实现转换，因此，控制服务器需要设置为静态 IP 模式，也就需要随之设置 IP 地址、子网掩码等。

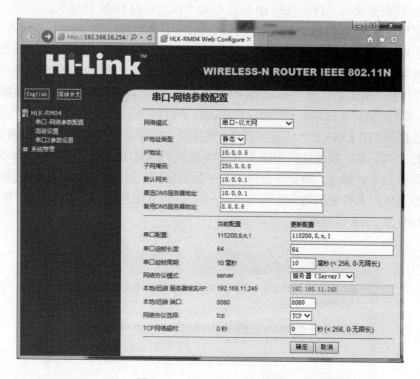

图 5-28　串口-网络参数配置

在串口功能配置区中，首先需要设置 RM04 和单片机串口通信的波特率和数据格式。为了提高整个系统的通信效率，通信宜采用较高的速度进行。由于单片机采用的是 STC12 系列的 MCU，晶振为 11.0592 MHz，单片机是可以实现 115 200 的高速通信的，因此这里采用了 115 200 的波特率，8 位数据位，1 位停止位，无校验位的通信格式。串口组帧长度和串口组帧时间采用了模块的默认值。由于控制服务器需要外网客户端通过实验服务器获得其 IP 地址后主动发起设备使用请求，因此控制服务器的网络协议模式就只能设置为服务器（Server）模式，本地端口分配为 8080，从可靠性传输角度考虑网络协议采用了面向连接的 TCP/IP 协议，TCP 网络超时设置为 0，即服务器端不主动断开连接。

参数设置完成后点击确定按钮即提交当前页面的配置，此后模块按照修改后的模式进行工作。用 Web 实现模块的配置的方法最大优点在于操作方便、直观、简洁。

5.3.2 软件实现

1. 系统主流程

图 5-29 给出了控制服务器中软件的主流程图。系统上电后首先进行的初始化操作，主要对单片机进行相关的初始化设置，包括中断初始、串口初始化、看门狗初始化等各种特殊功能寄存器的初始化，也包括对液晶显示器、RM04 串口-以太网通信模块进行的初始化工作。此后，单片机进行循环管理工作，包括供电与开关机管理、充放电管理、看门狗喂狗管理等。

为了方便实现实验设备的供电控制管理和蓄电池充放电管理，程序中需要首先设置两个状态变量，分别寄存负载交流供电控制的状态和充放电控制的状态。程序的工作主要是依据各种状态进行分别控制，并依据检测的信号控制状态的变换。

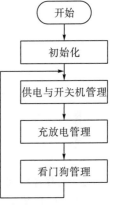

图 5-29 主流程

负载交流供电控制有三个状态，分别是负载供电且开机工作的状态、负载供电但正在关机中以及负载断电（关机）状态。负载断电关机状态是实验设备没有被使用时的空闲状态；负载供电且开机的状态是实验设备正在被使用的主要状态；负载供电但正在关机中的状态是已经给计算机发送了关机信号，正在等待计算机安全关机的过渡状态，这些状态转换条件如图 5-30 所示。当收到远端客户端发来的开机命令时，系统控制交流供电开启，同时发送开机脉冲然后进入供电开机的状态。当实验结束，收到远端客户计算机发来的关机指令时向实验计算机发送关机脉冲，然后进入供电并关机中的过渡状态。当负载交流供电的电流小于阈值或关机时间超时都将自动关闭交流供电，进入断电关机状态。

图 5-30 负载交流供电控制状态转换图

充放电控制的状态转换图如图 5-31 所示，只有充电和放电两个状态。当收到远端客户端开机命令时，实验设备的交流供电控制和控制服务器自身的交流供电同时打开，进入充电状态。当设备待机空闲时，如果检测到电池电压过低也将自动启动控制服务器自身的交流供电，进入充电状态(此时实验设备的交流供电是不开启的)。在充电过程中，如果检测到 CN3717 发送至 P3.2 口的低电平中断信号，则表明电池充电已经完成，如果此时负载是断电的，即实验设备没有工作，则立即关闭控制服务器自身的交流供电，而进入放电状态。如果 P3.2 口的充电结束的低电平信号到来时，负载供电处于打开状态时，即有客户端正在使用实验设备，此时不关闭控制服务器交流供电，而是在收到关机命令时一起关闭负载供电和控制服务器自身的充电供电，进而转入放电状态。

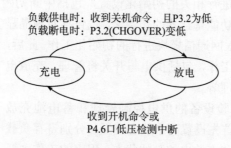

图 5-31   充放电控制状态转换图

2. 主程序中供电与开关机管理

供电与开关机管理主要系统中的负载交流供电控制的状态来进行供电控制和开关机的控制，其管理的详细操作流程如图 5-32 所示。

单片机首先连续多次采集 P1.1 口上由图 5-6 的交流供电电流检测电路送来的模拟电压，经数字滤波后，该电压再由 P1.0 口的基准电压进行数值校准，最后计算出当前实际交流供电的电流值，完成交流电流的采样。

接下来单片机根据当前所处的控制状态分别进行判别和处理。如果当前是负载断电的状态，即实验设备没有被使用，则根据判别电池所处的状态来分别作出不同的处理。当电池处于放电状态时，则直接进入低功耗空闲模式，然后等待串口中断收到命令或者等待 P4.6 口上电池电压低压检测中断，重新启动充电后再继续工作。当电池处于充电状态时，如果充电未完成则退出，继续等待充电完成。如果充电完成，则关闭充电系统的交流供电，然后转入低功耗休眠状态，等待串口或低压检测中断后继续执行。

如果当前不是负载断电的状态，判断当前是否为供电并开机的状态。如果是供电且开机的状态，则首先判断采样的交流电流是否小于阈值。正常情况下交流电流是大于阈值的，如果该电流小于阈值则说明实验系统中的实验计算机已经处于异常关机的状态。因此，接下来的操作是切断实验负载的交流供电，更新状态和本地显示，同时发送异常关机的错误报警信号至实验服务器，以方便系统管理员了解该设备故障情况。由于串口-以太网模块是将串口信号广播至所有的连接上，因此，远端客户计算机也可以获得该异常关机的报警信号，此时客户端只需要重新访问实验服务器，获取其他工作状态正常的实验设备信息，重新开始实验。

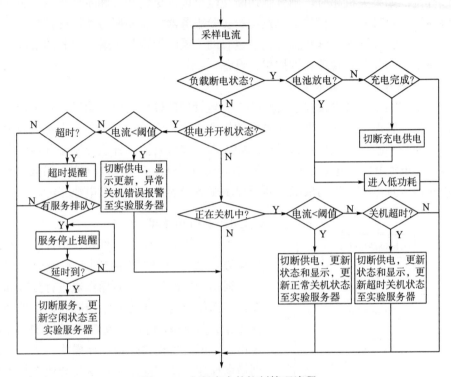

图 5-32　主程序中的控制管理流程

如果在供电开机状态下电流也正常，则读取 DS1302 中的实时时钟，判断客户端使用实验设备的时间是否超时，如果超时则给客户端发送超时提醒，因为串口模块是广播方式，因此，实验服务器也可以收到该超时提醒。实验服务器收到超时提醒后将根据需要服务的队列情况反馈是否有正在排队等待服务的信息。控制服务器根据实验服务器中的排队情况分别做出处理。当无排队等待服务的客户端请求，则允许当前用户继续使用实验设备，否则给客户端发送即将停止服务的提醒通知，并在延时一段时间后向服务器发送空闲状态并停止当前用户的服务。

如果当前状态是正在关机中，则判断电流是否小于设定的电流阈值。如果电流小于阈值，这表明实验计算机正常关机完成，因此切断对负载的交流供电，更新状态和本地显示，并将正常关机的信息从串口发向网络端，客户机和实验服务器都可以收到该信息。客户机利用该信息获得成功关机的反馈信息。实验服务器则利用该信息更新该设备对应的状态数据库，使其他用户需要使用设备时可以分配该设备的使用权。

如果正在关机状态中检测到电流还不小于设定的阈值，则说明关机工作还在进行，需要进一步等待。为了防止出现关机失败而使系统工作不正常的情况，程序还设置了关机超时的条件判断，设置关机的最长时间。如果关机没有超时，则继续等待；如果关机超时，则强制切断交流供电，更新状态和本地显示，也将该实验计算机超时强制关机的信息发送给实验服务器，实验服务器同样记载该异常信息，并更新数据库。这些异常记录也有助于系统管理员了解各设备的实际工作的健康状态，并及时管理和维护相关设备。

3. 主程序中的充放电管理

由于控制服务器中设置了 CN3717 充电管理的硬件电路，自动对蓄电池的充电过程进行管理，因此软件中对电池的管理就比较简单。在主程序中对充放电的管理主要是判断电池电压是否过低，如果电压过低就控制开启控制服务器的交流供电，使电池开始充电，如图 5-33 所示。充电的结束在 CN3717 产生的低电平中断中实现，且电池充满的情况下断开控制服务器的供电，结束电池充电。

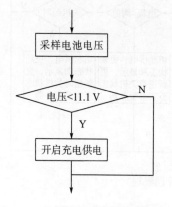

图 5-33   主程序中的充电管理流程

4. 看门狗管理

由单片机的工作原理可知，单片机在运行时需要在程序计数器的控制下不停地读取指令，根据操作码和相关的操作数进行处理和运算。当系统受到干扰等异常情况时，可能会使程序计数器出错，这将导致 CPU 读取的指令发生错误，或者误把操作数当作操作码进行一系列错误操作，即程序跑飞，这将导致系统工作异常，甚至瘫痪死机。在这种情况下，就迫切地需要一个能自动将系统复位重启的电路，这就是看门狗电路。

看门狗是数字化电子产品中的一个重要的功能部件，它可以在系统死机等异常的情况下产生复位信号而使系统复位重新工作。看门狗本质上是一种定时电路，当定时时间到达时能产生复位而信号使处理器复位重新工作。在处理器正常工作时会在定时时间到达之前复位定时器，即进行喂狗操作，使定时器永远达不到定时的终止时间。当处理器出现死机等异常现象时，无法周期性的复位定时器，当定时器定时时间到时而产生复位信号去重启系统，实现系统的自动重启。

常用的看门狗主要有两种类型：一种是 CPU 内部自带的看门狗，另一种是专用看门狗芯片。CPU 内部自带的看门狗一般是采用定时计数器来实现。通过程序的初始化，写入初值，设定溢出时间，并启动定时器，程序按时对定时器赋初值（或复位），以免发生计数器溢出而使系统重新复位。专用看门狗芯片一般是一种可重复触发的单稳态电路。芯片有一个用于喂狗的引脚，即触发器的触发端，一般与CPU 的 GPIO 相连。芯片还有一个复位引脚，该引脚与处理器的复位引脚相连。如果没有在一定时间内改变喂狗引脚的电平，复位引脚就会产生复位脉冲使系统复位重启，因此正常工作中必须周期性地进行喂狗操作，即改变喂狗引脚的高低电平。看门狗芯片有很多，常用的有 MAX813、CAT705、CAT706、CAT1161、CAT1162、IMP706、X5045 等。

CPU 自带看门狗可以通过程序改变溢出时间，也可以随时禁用。看门狗在使用上需要进行初始化操作，如果程序在初始化并启动完成前跑飞或在禁用后跑飞，看门狗就无法复位系统，因此相对而言，系统恢复能力不如专用看门狗芯片。专用看门狗芯片独立工作无须任何配置，上电即工作，也无法禁用，系统可靠性更高，但系统无法灵活配置定时时间，必须在定时时间之前按时喂狗，否则会产生意外复位，灵活性较低。

看门狗电路在各类高可靠性数字系统中，尤其是需要长时间无人值守的各类工业应用中几乎是必不可少的电路模块。控制服务器需要在无人值守的情况下长期稳定工作，因此看门狗电路必不可少。控制服务器所使用的 STC 单片机具有内部看门狗电路，为了提高控制服务器的可靠性，在程序中就必须启动看门狗，并对看门狗进行管理。

STC12LE5A60S2 单片机中有专门的看门狗控制寄存器 WDT_CONTR，如表5-2 所示。该控制寄存器可以管理看门狗相关的各种设置，包括看门狗溢出标志位WDT_FLAG、看门狗允许位 EN_WDT、看门狗清零位 CLR_WDT、看门狗"IDLE"模式位 IDLE_WDT、看门狗定时器预分频值设置位 PS2、PS1、PS0 等。

表 5-2　　看门狗控制寄存器 WDT_CONTR

SFR 名称	地址	位	B7	B6	B5	B4	B3	B2	B1	B0
WDT_CONTR	0C1H	名称	WDT_FLAG		EN_WDT	CLR_WDT	IDLE_WDT	PS2	PS1	PS0

看门狗溢出的时间由预分频值和系统晶振共同确定，溢出时间的计算公式为

$$T = \frac{12 \times 预分频值 \times 32768}{晶振频率} \tag{5-7}$$

在控制服务器的初始化程序中，对看门狗作初始化，使能看门狗、设置看门狗在"IDLE"空闲模式下停止计数，设置看门狗定制器预分频值为 64。由于单片机晶振为 11.0592 MHz，因此设置的看门狗溢出时间为 2.2755 s。

除了基本的看门狗初始化设置外，在主程序中还需要周期性地对看门狗进行"喂狗"操作，以防止看门狗溢出而发生意外重启。因此主程序中的看门狗管理就只做一件事：对 WDT_CONTR 赋值 0x35，即清除看门狗标志位、使能看门狗、看门狗重新计数、空闲模式不计数、预分频值 64。

5. 串行通信中断处理

在串行通信中断处理中，中断处理程序只负责接收数据的中断处理，对于数据的发送，由于发送时机由单片机控制，持续时间也较短，因此采用了查询发送结束标志的方式连续发送。串行通信接收中断采用了与第 4 章图 4-41 相同的接收中断处理流程，只是在图 4-41 的数据处理的具体操作上存在不同。

控制服务器接收到命令后的具体处理流程如图 5-34 所示。数据处理主要是对接收到的命令进行响应。

当收到来自远程客户端发送的开机命令时，首先控制对实验计算机等负载提供交流供电的继电器模块开机供电，然后通过开关机控制继电器模块向实验计算机发送开机脉冲，启动计算机，最后生成应答数据和状态数据后调用客户端应答程序、更新本地状态和显示信息、更新实验服务器中设备的状态信息并退出中断。

当接收到的命令是来自远程客户端的关机命令时，首先通过开关机控制继电器模块向实验计算机发送关机脉冲，开始关闭计算机；然后生成应答数据和状态更新数据；最后调用客户端应答程序并更新本地状态和显示信息，更新实验服务器中设备的状态信息，退出中断。关机结束后交流供电的彻底切断是由主程序来实现，如图 5-32 所示。主程序中检测到当前状态处于正在关机中，则通过判断负载的交流供电电流值以及是否超时的流程来决定继续等待还是关闭交流供电。

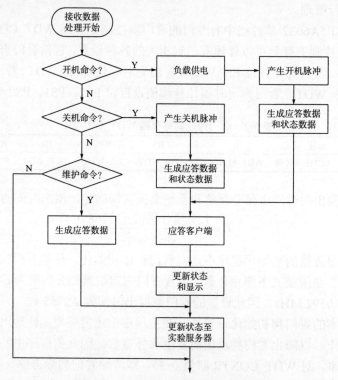

图 5-34　串行通信中的数据处理命令

最后一个命令是来自实验服务器的维护命令，该命令主要用于重新获取控制服务器的相关状态信息，用于实验服务器中设备状态数据库的更新维护和检查。在串行中断中，当接收到的命令时，则生成相关应答数据，并调用相关函数将应答数据反馈给远程实验服务器。

6．本地手动开关机中断处理

为了方便实验设备在本地直接使用，控制服务器上设置了本地手动开关机按钮，可以通过本地开关机按钮直接启动或关闭由控制服务器控制的实验系统。本地开关机按钮连接在单片机的 P3.3 口，即外部中断 1。对本地手动开关机的处理采用了中断方式，其中断处理流程如图 5-35 所示。

当本地手动开关机中断发生时，首先进行防抖动处理，当检测到该按键为可靠按键操作时才进行相关处理，否则直接退出。

按键发生时，如果控制服务器正处于关机状态，则控制给实验设备等交流负载提供供电控制的继电器产生动作，开启交流供电，然后产生开机脉冲启动实验计算机，最后生成状态数据更新本机状态和显示。为了防止本地开机使用设备时，远程用户再连接该设备可产生使用冲突，因此，还必须将当前控制服务器最新的使用状态更新至实验服务器上。当远端客户机向实验服务器请求设备使用时，实验服务器能查询到该设备正处于使用中，从而分配其他空闲设备给远端客户机，以避免设备使用冲突。

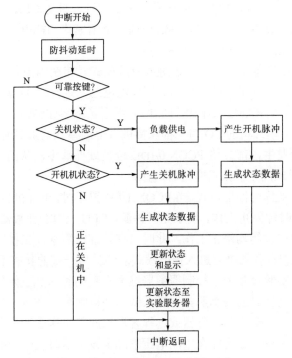

图 5-35　本地手动开关机中断流程

按键时，如果控制服务器处于开机状态，则产生关机脉冲，开始关闭实验计算机，同时切换状态为关机中，并更新状态至实验服务器。与收到关机命令的处理一样，实验系统的彻底关闭是在主程序中通过检测交流电流和超时间来最终完成。

如果按键时，控制服务器正处于关机过程中，则忽略该按键操作，继续等待关机完成。

5.3.3　单片机低功耗实现

由于控制服务器在待机过程中需要采用蓄电池供电，因此，在控制服务器中各模块的设计上适当考虑了系统的低功耗问题。对于交流供电控制继电器和开关机控制继电器都采用了默认为断开的方式，使继电器主要在交流供电的情况下才发生吸合动作。虽然整个控制服务器中最主要的耗电大户是 HLK-RM04 串口-以太网模块，但在单片机的设计中，仍然采取了一些低功耗的措施，以进一步降低系统功耗。

STC12LE5A60S2 单片机具有正常模式和省电模式两种工作模式。其中，省电模式又分三种，分别是空闲模式、低速模式和掉电/停机模式。单片机在正常工作模式下的功耗在 $2 \sim 7$ mA，在掉电模式下的典型功耗小于 0.1 μA，空闲模式下典型功耗小于 1.3 mA。该单片机的低速模式是由时钟分频器 CLK_DIV 对系统时钟进行分频，降低工作时钟的频率来降低功耗。空闲模式和掉电模式是由电源控制寄存器 PCON 的相应位来控制实现。

当 PCON.0/IDL 置 1 时，单片机进入空闲模式。在空闲模式下，CPU 因时钟停止而停止工作，但外部中断、外部低压检测电路、定时/计数器、A/D 转换、串口等仍然正常运行，RAM、堆栈指针(SP)、程序状态字(PSW)、累加器等寄存器都保持原有数据。单片机的 I/O 口也都保持进入空闲模式前最后时刻的逻辑状态。当任何一个中断发生，都会使 PCON.0/IDL 位被硬件清零，从而退出空闲模式，CPU 进入空闲模式的下一条指令接着运行。

掉电模式也被称为停机模式，当 PCON.1/PD 置 1 时，单片机将进入掉电模式。当掉电后，内部时钟停止工作，由于无时钟源，CPU、定时/计数器、看门狗、A/D转换器、串行通信口等均停止工作，此时只有外部中断继续工作。进入掉电模式后，所有 I/O 口和寄存器维持进入掉电模式前的最后一刻的状态不变。

除正在使用实验设备外，控制服务器绝大多数的时间是空闲的，可以进入低功耗状态以减少功耗。当控制服务器进入低功耗休眠后，在以下三种情况下能被唤醒并继续工作：一是实验服务器或远程客户端向其发送了通信数据时能被唤醒并及时处理通信命令；二是能在电池电压下降至设定值时及时唤醒开启控制服务器的交流供电给蓄电池充电；三是能在本机开关机按钮的控制下唤醒控制实验设备进行工作。

　　控制服务器在硬件设计时考虑了低功耗休眠的问题，使用 P4.6 口作为蓄电池的低压检测、本地开关机按钮使用了外部中断口 INT1，在软件中开启了串口中断、外部按键中断、低压检测中断等，可以通过这些中断来唤醒 CPU。由于在掉电模式中串行通信口也会停止工作，不能通过串口将单片机从掉电模式中唤醒，因此，在控制服务器中的单片机的低功耗实现上只能采用空闲模式来实现低功耗休眠。

第6章 视频服务器

在早期的远程实验系统中，远程实验用户一般不能直观地观察到真实的实验现象。远程实验系统解决实验现象的远程呈现问题时，一般采用数据采集卡等部件获取各种原始实验数据，然后利用计算机根据采集的数据模拟一个虚拟的实验现象并呈现给实验者。这种方式简单易行，但也存在实验临场感差、数据可信度低、实验现象不直观等比较明显的缺点。随着各种视频采集、处理以及传输技术的发展，尤其是网络宽带化的发展，在远程实验系统中采用视频服务器提供直观的实验现场视频和第一手的真实实验现象已成为一种趋势。

在交互式远程 EDA 实验系统中，设置了视频服务器，并由视频服务器和摄像机完成视频采集、编码、压缩与传输。在整个实验系统中，视频服务器是相对独立的部件，与可程控逻辑验证平台、实验计算机等无直接关系。视频服务器只需要在控制服务器控制供电后自动开机运行。当远端客户机从实验服务器中获取视频服务器的访问地址，并访问该视频服务器时，即可获取该视频服务器提供的视频流。在交互式远程 EDA 实验系统中，视频服务器的实现方案上作了多种实践，先后采用了嵌入式平台、计算机平台和第三方独立网络视频服务器平台等多种方案。下面重点探讨基于嵌入式平台的视频服务器的实践，其中，主要采用 Video 4 Linux 2(V4L2)驱动框架控制符合 UVC 规范的摄像头进行视频图像的采集，利用 TCP/IP 的 Socket 编程方式，实现视频的实时采集和传输，可在远端客户机浏览器上进行视频观看。

6.1 嵌入式硬件平台

采用嵌入式系统来实现视频服务器，首先需要对嵌入式系统的硬件平台进行选型。嵌入式系统是一种以应用为中心、软件硬件可裁剪、适应应用系统对功能、可靠性、成本、体积和功耗等严格要求的专用计算机系统。嵌入式系统包括硬件和软件两大部分，硬件一般由嵌入式微处理器和存储器等外围资源构成；软件一般由嵌入式操作系统、相关驱动软件和应用软件组成。嵌入式系统中处理器的选择至关重要，处理器的性能往往会限制操作系统的选择，而操作系统的选择又会限制开发工具的选择。

　　嵌入式模块是视频服务器中的核心部件,其选型直接影响视频服务器的性能。在嵌入式处理器的选择上需要综合考虑嵌入式处理器的性能、处理器的功耗、处理器的实现、处理器擅长的算法等。嵌入式系统的外设也要根据需要进行选择,通常串行接口、USB 接口、以太网接口、摄像头接口等是视频服务器所必需的。

　　视频服务器的核心硬件平台选用了 JZ2440 核心系统板,该模块具有丰富的资源,其资源结构如图 6-1 所示。其核心处理器采用了三星公司 ARM9 系列的 S3C2440。该处理器支持内存管理单元(memory management unit, MMU),使得其可移植 WinCE、Linux 等嵌入式操作系统,主频达 400 MHz,处理功能比较强大。该系统板上也集成了多种丰富的外围资源,具有 UART 串行接口、RJ45 以太网接口、USB HOST 接口、USB Device 接口、SPI、I²C、IIS 总线音频编码器接口、摄像头接口、液晶显示器接口等,也具有 Nor Flash、NAND Flash、SDRAM 等存储器。该嵌入式系统板集成了嵌入式开发中大多数常用的模块,支持裸机程序 JTAG 接口的在线仿真调试、多余的 GPIO 接口也通过接插件扩展出来供用户选择使用。

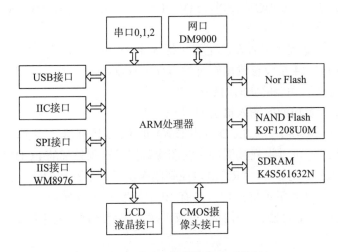

图 6-1　嵌入式处理模块核心系统板

6.1.1　嵌入式处理器资源

　　S3C2440A 是三星公司推出的 16/32 位精简指令集(reduced instruction set computer, RISC)微型处理器芯片。其内核采用 ARM 公司设计的基于 ARM 9 的 16/32 位 ARM920T 的 RISC 处理器。该处理器最大的特点是采用 ARM920T 实现内存管理单元 MMU,先进的微控制总线构架(advanced microcontroller bus architecture, AMBA)总线和哈佛结构高速缓冲体系结构。这一结构具有独立的 16 kB 指令高速缓存和 16 kB 数据高速缓存。S3C2440 具有低功耗、高性能、低成本等优势,已被广泛应用于各类嵌入式应用中。

S3C2440 集成的片上功能主要有：

(1) Cache 高速缓存。包括 16 kB 指令高速缓存(I-CACHE)和 16 kB 数据高速缓存(D-Cache)，每一行都是 8 字长度。

(2) 时钟。具有两个锁相环(phase locked loop, PLL)：MPLL 和 UPLL。MPLL 主要是用于 CPU 及其他外围器件，而 UPLL 则是用于 USB。利用锁相环可以产生稳定的时钟信号，这两个锁相环主要用来产生 FCLK、HCLK 和 PCLK 三种频率。FCLK 为 CPU 提供时钟信号；HCLK 为 AHB 总线(advanced high-performance bus)提供时钟信号，用于高速外设，如内存控制器、中断控制器、LCD 控制器等；PCLK 为外设总线(advanced peripheral bus, APB)提供时钟信号，如看门狗、UART 控制器、IIS、I2C 等低速外设。设置 MPLL 和 UPLL 可以设置 CPU 的工作频率。

(3) 中断控制器。S3C2440 有 60 个中断源，主要包括 1 个看门狗定时器中断、5 个定时器中断、9 个 UART 中断、24 个外部中断、4 个直接内存存取(direct memory access, DMA)中断以及实时时钟(real-time clock, RTC)、集成电路总线(inter-integrated circuit, IIC)、SPI、SDI、USB、LCD、电池故障、NAND Flash、CAMERA、AC97 的中断等。

(4) 脉冲带宽调制定时器。主要包括 5 个 16 位的定时器，0、1、2、3 具有脉宽可调的功能，4 是没有输出管脚的内部定时器。

(5) 具有日历功能的实时时钟(RTC)。

(6) 130 个多功能的输入输出通用 I/O 口。

(7) LCD 控制器。集成 LCD 专用 DMA 的 LCD 控制器，支持最大 4K 色 STN 和 256K 色 TFT，可以将视频缓冲中的图像数据发送到外部的 LCD 中。

(8) UART 控制器。UART 串口控制器提供了三个独立的输入输出端口。

(9) A/D 转换和触摸屏接口。具有 10 位精度的 A/D 转换。

(10) 看门狗定时器。当外部噪声或干扰造成程序跑飞或系统错误时，用以恢复系统工作。

(11) I^{2}C 总线接口。支持多主节点通信。

(12) AC97 音频解码器接口。IIS 音频编解码器接口 AC`97 编解码器接口。

(13) USB 设备控制器。支持 2 路 USB HOST 控制和 1 路 USB Device 控制。

(14) SD 接口。支持 1.0 版 SD 主接口，兼容 2.11 版 MMC 接口。

(15) SPI 接口。支持 2 路 SPI。

(16) 摄像头接口。支持最大 4096×4096 的输入，2048×2048 缩放输入。

(17) 电源管理。1.2 V 内核供电，1.8 V/2.5 V/3.3 V 储存器供电，3.3 V 扩展 I/O 供电，具有正常、慢速、空闲、睡眠等模式的电源控制。

S3C2440 支持两种启动模式：Nor Flash 启动和 NAND Flash 启动。Nor Flash 启动方式时，CPU 直接从 Nor Flash(映射地址为 0X00000000)读取程序并运行。而 NAND Flash 启动时，CPU 会将 NAND Flash 前面 4K 的代码自动拷贝到片内内存 SRAM（steppingstone，映射地址为 0X00000000），这 4K 的程序的工作是把 NAND Flash 后面更多的程序复制到 SDRAM 里面去继续运行。当考虑到成本问题时，多选用 NAND Flash 启动方式。

6.1.2　板载外设资源

JZ2440 嵌入式开发板上除了核心的 S3C2440 嵌入式处理器外，还设计有丰富的外设资源，包含嵌入式开发中常用的各种外设，主要外设资源见表 6-1。

表 6-1　JZ2440　外设资源

资源	描述
存储器	256 MB NAND FLASH，8 bit 宽度，芯片型号：SAMSUNG K9F4G08U0D 2 MB NOR Flash，芯片型号：MX 29LV1600 64 MB SDRAM，133 MHz，32 bit 宽度，两片组成、芯片型号：M63A165T
液晶显示器	Hitachi 4.3 寸触摸屏
电源	LT1765DC-DC 降压，允许 5～12 V 宽电压输入
网络模块	100 Mbps 低功耗嵌入式专用以太网网络芯片 DM9000C，接口为标准 RJ45 插座，带网络隔离变压器
IRDA 模块	红外收发与串口 COM3 公用
串口	三路串口，两路带握手信号，可接调制解调器或 GPRS 模块 COM3 位 3 线制和 IRDA 共用 CPU 的 UART2 信号，COM3 和 IRDA 只能同时使用其中一个，还有一个 USB 转串口
摄像头接口	预留 20 脚插座，可以直接连接数字摄像头
音频接口	WM8976 芯片，3.5 寸 MIC 和耳机接口
USB HOST 接口	1 个 USB HOST 接口，USB FULL SPEED，可外接 HUB 扩展
USB DEVICE 接口	1 路 USB DEVICE 接口，USB FULL SPEED
MICROSD 卡接口	支持 MICROSD/TF 存储卡，最高可达 32 G
总线扩展	通过 96 针高可靠欧式插座提供外部扩展，32*3 排列，集成总线和其他可能用到的信号

6.2　嵌入式 Linux 系统开发环境

在 JZ2440 中构建完整的视频服务器需要在 JZ2440 上移植三个关键系统：Bootloarder、嵌入式 Linux 内核和根文件系统。开发方式则选择主机与目标板结合的交叉开发模式，即编译、调试等操作在 PC 宿主机上安装的 Linux 系统上完成，然后将编译成功的可执行文件下载到目标板上运行、在线调试、验证程序。

开发的一般步骤主要如下：

（1）在宿主机上编译 Bootloarder，然后使用 JTAG 工具将编译的 Bootloarder 烧入开发板。

（2）在宿主计算机上进行编译经过裁剪之后的嵌入式 Linux 内核，然后通过 Bootloarder 自带的烧写功能将内核镜像文件导入开发板进行启动。

（3）成功启动内核并挂接了文件系统之后，再进行应用程序的开发，通过 NFS 网络文件系统来运行应用程序并验证结果。

典型的交叉编译开发模式如图 6-2 所示。宿主计算机与嵌入式系统板之间进行数据通信或在线调试的连线方式一般有 JTAG、串口和网络三种方式。当烧写完 Bootloarder 并成功启动后，可以利用 Bootloarder 具备的各种功能命令来烧写、下载、运行程序，例如，可以烧写嵌入式 Linux 内核和根文件系统，这使得嵌入式的开发更加方便。

图 6-2　交叉编译开发模型

6.2.1　Bootloarder 移植

系统的 Bootloarder 采用了 U-boot。U-boot 功能强大，可以支持多种类型的开发板，能够同时支持下载模式与启动加载模式。启动加载模式的功能是将用户已经烧录到系统板固态存储设备（如 NAND Flash）上的 Linux 内核、文件系统等读取加载到内存 RAM 中运行。下载模式的功能则将用户编译成功的 Linux 内核、文件系统等，通过串口或者网口烧入固态存储设备，或者导入内存中直接运行。

在实际开发的过程中，用户可以根据需求选择使用加载模式或下载模式，这为嵌入式开发提供了方便。

U-boot 移植的过程分为配置、编译和连接三个部分。配置的作用是使 U-boot 能够支持特定的开发板，且会生成相应的配置文件。Makefile 文件将会决定 U-boot 中哪些文件要编译到最终的可执行文件。编译则是根据之前配置生成的 Makefile 文件生成各种程序段。最后会将编译生成的各种程序段连接成在开发板上运行的可执行文件。

在移植 U-boot 中需要注意有以下几点：

(1) 修改 SDRAM 的配置使 U-boot 能够支持 SDRAM 的功能，根据 SDRAM 的手册修改其刷新的参数、工作时钟、CPU 寄存器参数设置等。

(2) 增加对 S3C2440 芯片的支持，主要包括修改设置系统的工作时钟、机器 ID 等。

(3) 修改关于 NOR Flash 编译的源文件，添加支持 NOR Flash 的型号。

(4) 修改关于 NAND Flash 编译的源文件，添加支持 NAND Flash 的型号。

(5) 修改关于配置烧写文件系统类型相关源文件，添加支持 yaffs 类型。

以上仅给出了在 U-boot 移植过程中需要注意的几个关键点，在实际移植过程中是相当烦琐复杂的。

6.2.2　嵌入式 Linux 内核移植

嵌入式 Linux 的内核中大部分内容是各种设备的驱动程序。这些驱动程序需要对各种硬件设备进行初始化和释放，把数据从内核传送到硬件和从硬件读取数据到内核，读取应用程序传送给设备文件的数据，回送应用程序请求的数据、检测和处理设备出现的错误等。因此，在嵌入式 Linux 的内核移植中驱动程序的移植至关重要。

与 U-boot 移植类似，嵌入式 Linux 的内核也需要经历配置、编译、连接三个过程。内核配置与 U-boot 配置有所不同，内核配置时可进入图形化界面根据用户需求进行适当裁剪，例如可以选择合适的平台使其能支持实际使用的开发板，为各种设备配置合适驱动程序等。配置将会产生相应配置文件，然后 Makefile 会根据其选择将哪些文件应该编译进内核、哪些应该编译成模块，最终编译进内核的文件将会连接成烧入到开发板上的可执行文件，而被编译成模块的文件将会在各自目录下生成后缀名为".ko"的可加载模块文件。

在内核移植时需注意有以下几点：

(1) 修改内核初始化时钟频率，将时钟频率修改成 S3C2440 芯片所支持的工作时钟，如果不修改时钟频率，则在内核启动时可能会出现串口打印时输出乱码的情况。

(2) 修改 MTD 分区，使 NAND FLASH 重新划分分区以便内核启动时可以识别 NAND FLASH。

（3）增加对 YAFFS 文件系统类型的支持，使内核启动后能挂接它，需要将相关源码添加到内核中，并且定制其相关配置与 Makefile 文件。

以上给出了在内核移植过程中需要注意的关键点，在内核移植的实际操作过程中，开发者需要根据实际情况进行相应设置。

6.2.3　根文件系统构建

内核的主要内容是各种设备驱动程序与底层紧密相连，而根文件系统则是存放在一个固定存储空间中支持应用程序的必要支撑系统。它可以存储包括用户开发所用到的源程序、编译成功后可执行文件等各种类型文件。

在构建根文件系统的时候一般选用开源项目 Busybox 工具集。类似于内核的移植，移植 Busybox 的步骤也包括有配置、编译和安装。在配置的时候也进入图形化界面，用户根据实际需求选取所需的功能，也可选择默认的配置。配置完成后再进行编译安装即可生成最小根文件系统的目录以及文件。根文件系统构建完成后，还需要利用 mkyaffsimage 工具，将其定制成可直接烧入开发板 NAND Flash 上的文件格式。

6.3　V4L2 驱动

V4L2（Video4Linux 2）是 Linux 下视频采集相关设备的驱动框架，为驱动和应用程序提供了一套统一的接口规范[128]。V4L2 支持的设备十分广泛，不仅支持真正的视频设备还支持大量视频相关的其他设备。主要有：

（1）视频采集设备（video capture device），该设备可以是高频头或者摄像头等，从视频采集设备上获取视频数据。视频采集也是 V4L2 的最基本的应用。设备名称为/dev/video，主设备号 81，子设备号 0～63。

（2）视频输出设备（video output device），是驱动外围视频图像的设备，可以将视频数据编码为模拟信号输出。

（3）视频叠加设备（video output device），将同步 video 到显示输出，或者直接存储捕获的 images 到 framebuffer 的内存中。

（4）视频输出覆盖设备（video output device），也被称为 OSD（on-screen display）。

（5）垂直消隐间隔控制设备（VBI device），提供对垂直消隐间隔（vertical blanking interval, VBI）数据的控制，发送 VBI 数据或抓取 VBI 数据。设备名/dev/vbi0～vbi31，主设备号 81，子设备号 224～255。

（6）收音机设备（radio device），即 FM/AM 发送和接收设备。处理从 AM 或

FM 设备接收来的音频流。设备名/dev/radio0 ～ radio63，主设备号 81，子设备号 64 ～ 127。

　　V4L2 驱动的主要功能是使程序有发现设备和操作设备的能力，为应用层访问底层的视频设备提供统一标准的接口。它主要是用一系列的回调函数来实现这些功能，如设置高频头的频率、帧频、视频压缩格式、图像参数等。应用程序要控制底层的视频设备，必须按照这套标准的驱动调用流程进行。基于嵌入式平台的视频服务器采用 V4L2 驱动框架可以极大地提高视频的采集处理开发效率。

6.3.1　V4L2 驱动框架

　　V4L2 驱动框架分为应用层、内核驱动层（核心和硬件相关层）、具体硬件层等几个主要层次，如图 6-3 所示。应用层属于用户态，内核驱动层属于内核态，硬件层则是具体的设备，在视频服务器中主要是视频设备。V4L2 驱动框架是分层设计的，其中核心层文件 V4L2-dev.c 向上为应用层提供了统一访问接口，向下为具体的硬件驱动进行注册，根据 app 传入的参数和命令调用具体的硬件驱动去控制相应的视频设备。硬件相关层（uvc_driver.c）为控制视频设备的硬件属性提供相应的操作，如控制摄像头采集图像、控制摄像头亮度、帧率等。嵌入式 Linux 内核中大型复杂设备的驱动程序均是分层设计的，这样便于管理驱动程序与具体硬件设备，即核心层向上提供统一的访问接口，并向下提供统一的驱动注册方法，根据 app 传入的参数（通过 open、read 等系统调用）调用与具体硬件对应的驱动去控制硬件设备。

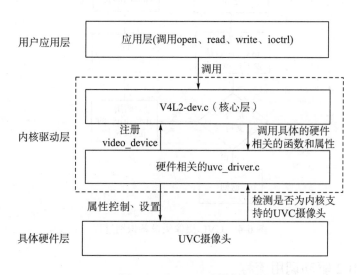

图 6-3　V4L2 驱动框架

　　使用 V4L2 驱动框架设计视频服务器时，视频图像的采集需要使用符合 UVC

规范的摄像头，与硬件相关的驱动采用 USB+VIDEO 框架进行设计。嵌入式 Linux
内核支持"热插拔"，即支持即插即用。USB 设备属于热插拔设备，只要内核驱
动里面有支持 UVC 规范摄像头的驱动，那么当 UVC 摄像头插入到开发板上时，
Linux 内核便可以识别出该摄像头，并在/dev 目录下自动生成/dev/videox 的设备节
点，之后应用层便可以根据这个设备节点调用其对应相关驱动，从而访问插入到
系统中 UVC 摄像头。

    图 6-4 表示一个完整 UVC 摄像头设备识别流程。当在开发板上接上 UVC 摄
像头时，Linux 内核驱动(USB 总线驱动)会读取 USB 设备的描述符，这些描述符
是一些格式化的数据，内核正是靠着这些格式化数据识别是哪种 USB 类型设备。
然后会将这个插入到系统中的 USB 设备添加进其管理列表，调用 USB 总线的
match 函数匹配 uvc_driver 是否支持该设备，如果支持，则将会去查看 uvc_driver
的 id_table 是否与这个 UVC 设备吻合，若吻合，则直接调用 uvc_driver 中已经设
计实现的 probe 函数去完成 UVC 驱动程序里面最核心的步骤，即分配、设置、注
册 video_device 这个结构体，到此 UVC 摄像头设备识别完成，应用程序可以通过
调用 V4L2 驱动框架去访问设备。

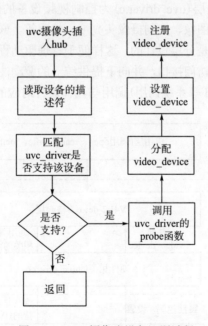

图 6-4　UVC 摄像头设备识别过程

6.3.2　V4L2 驱动调用流程

    通过分析 UVC 摄像头驱动程序可知，使应用程序能正确地访问到 UVC 摄像

头设备，必须要遵循 V4L2 驱动调用流程。通过这套调用标准才能正确控制 UVC 摄像头采集视频数据、传输视频数据，整个过程包括获取、设置 UVC 摄像头数据格式，采集视频数据、传输视频数据等。该驱动框架中提供了 11 个必须使用的标准 ioctl 功能函数来访问、控制、设置摄像头数据格式、工作模式等。这 11 个 ioctl 函数在 UVC 摄像头控制中必须使用，且是摄像头正常工作的必要条件。

驱动框架里面的 ioctl 函数通过控制 UVC 中硬件里面各种功能模块来实现，如图 6-5 所示。一个符合 UVC 规范的摄像头，其硬件结构框架一般包括：视频控制接口(video control interface, VC)和视频流接口(video streaming interface, VS)。

视频控制接口主要功能是控制摄像头的亮度、饱和度、白平衡等属性。在其内部抽象出单元(Unit)和终端(Terminals)两个概念。单元包括选择单元(selector unit, SU)和处理单元(processing unit, PU)；终端包括摄像机终端(camera terminal, CT)、输入终端(input terminal, IT)以及输出终端(output terminal, OT)。视频功能通过视频接口实现，一个视频功能通常会有一个 VC 接口，一个或者多个 VS 接口。单元是基本的模块，为摄像头提供大部分功能。终端则用于"内""外"的连接。从图 6-5 中可以看到，UVC 摄像头内部硬件有 CT 和 IT 两路输入。一般情况下不使用 CT 这路输入。IT 则是作为连接内外之间的功能模块，选择单元 SU 可以选择使用哪一路输入，CT 或 IT。PU 用于控制摄像头的亮度、饱和度、白平衡等属性设置。OT 是用于连接 VC 与 VS 的功能模块。

视频流接口 VS 用于传输数据，当要读取视频数据时通过此接口来实现，传输数据的功能模块则是 USB 端点(USB in endpoint)。

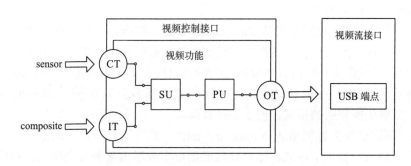

图 6-5　UVC 摄像头内部硬件结构框架

通过分析源代码，可以得到如图 6-6 所示的一套 V4L2 驱动调用标准流程。下面对该流程中用到的 V4L2 驱动框架中 ioctl 函数做详细解析。

(1)打开设备(open)：该操作是 Linux 中访问设备文件的开始，即打开一个 video 设备，将返回一个文件句柄，其驱动程序会做一些关于设置 video 设备状态相关操作。

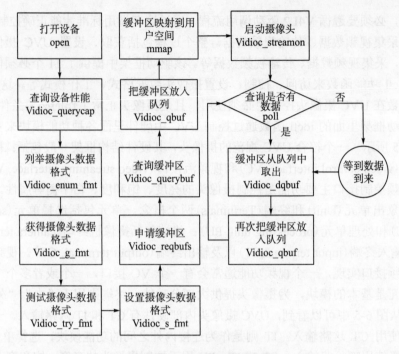

图 6-6 V4L2 驱动调用流程

(2) 查询设备性能(Vidioc_querycap):它是进一步查询设备性能并判断打开的视频设备是不是一个摄像头,V4L2 驱动框架根据用户传入的参数将设备性能设置成视频捕获、视频流等。

(3) 列举摄像头数据格式(Vidioc_enum_fmt):根据用户传入的参数列举出该摄像头所支持的数据格式,这些数据格式将在视频流接口中被枚举出来。

(4) 获得摄像头数据格式(Vidioc_g_fmt):UVC 摄像头可能会支持多种格式,每种格式会有多种 frame(如分辨率、每个像素占据多少字节等),该 ioctl 用于获取当前摄像头所使用的格式,便于 app 查询。

(5) 测试摄像头数据格式(Vidioc_try_fmt):根据用户所提供的格式,检查硬件是否支持用户要求的格式,比对视频流接口中枚举出来的数据格式,然后查询与用户要求最接近的数据格式。

(6) 设置摄像头数据格式(Vidioc_s_fmt):首先测试该种用户提供的格式是否支持,然后保存该种所支持的数据格式 format、frame(分辨率等),这里只是把格式参数保存起来,并没有发给(UVC)摄像头。

(7) 申请缓冲区(Vidioc_reqbufs):驱动程序根据应用程序传入的参数(如分配多少个缓冲区,每个缓冲区的大小等)分配相应的缓冲区,分配完成之后还会做一些设置,app 可从这些缓冲区中读取数据。

(8) 查询缓冲区 (Vidioc_querybuf)：查询缓冲区的状态、地址信息等，根据应用程序传入的参数查询指定的缓冲区，设置标志位。

(9) 把缓冲区放入队列 (Vidioc_qbuf)：准备读写视频数据之前，需要将之前分配的缓冲区放入到工作队列中。那么当驱动程序读到视频数据时，再把缓冲区从工作队列里面取出来。

(10) 缓冲区映射到用户空间 (mmap)：把之前分配的缓冲区映射到应用程序能够访问到的用户空间，映射完成之后，应用程序就可以直接操作这一块缓冲区。

(11) 启动摄像头 (Vidioc_streamon)：当以上操作均完成之后，就可以启动摄像头开始传输数据。驱动程序会把之前所设置的参数发给硬件设备，然后启动摄像头。在 ioctl 函数里面，驱动程序会做以下烦琐的操作：向 USB 摄像头设置参数，如使用哪个 format、使用这个 format 下的哪个 frame (分辨率)、设置数据包、发出数据包、测试参数、取出参数、设置参数、分配设置 URB (USB Request Block)，提交 URB 以接收数据等。

(12) 查询是否有数据 (poll)：应用程序调用 poll 函数来查询是否有数据产生，当驱动程序有数据产生时，则读取数据，反之则进入休眠状态等待数据产生。

(13) 将缓冲区从队列中取出 (Vidioc_dqbuf)：当 poll 函数调用返回，表示有数据产生，此时把缓冲区从队列里面取出来，然后读取视频数据，读取完成之后需要再次把缓冲区放入队列中。

6.4 视频的采集与传输

通过以上嵌入式 Linux 系统中 V4L2 驱动框架分析，在视频服务器的设计中采用了图 6-7 所示的视频采集与传输的程序流程。由于该程序中涉及采集与传输这两个子任务，为了使这两个任务相互协调工作，所以整个过程采用 Linux 多线程机制来设计。在 Linux 系统中涉及多任务处理时一般采用多线程机制，这样使得编程更加灵活方便、CPU 的占用率低、代码执行效率更高。

整个视频数据的采集与传输流程分为两部分：一路是输入通道，另一路是输出通道。输入通道负责对视频数据的采集、处理、存储，输出通道负责对视频数据的传输。输入通道的程序设计依赖于 V4L2 视频驱动框架的调用流程，包括视频设备初始化 (init_videoIn)、获取视频数据 (uvcGrab) 等步骤，其中视频设备初始化工作包括调用之前所分析的 11 个必需的 ioctl 函数，获取视频数据则是从队列里取出缓冲区，然后从缓冲区里面取出视频数据，再将缓冲区放入到队列中；输出通道则是采用 Socket 网络编程，将视频数据通过网络传输到 Web 浏览器上观看。输入通道和输出通道之间的联系采用线程间通信机制，当输入通道采集到了一帧视频数据后，向输出通道发出数据更新信号（pthread_cond_broadcast），输出通道收到输入通道发出的数据更新信号后（pthread_cond_wait），将这一帧采集到的视频数据通过 Web 网络发送到客户端，然后客户端通过 Web 网页即可实时观看到视频。

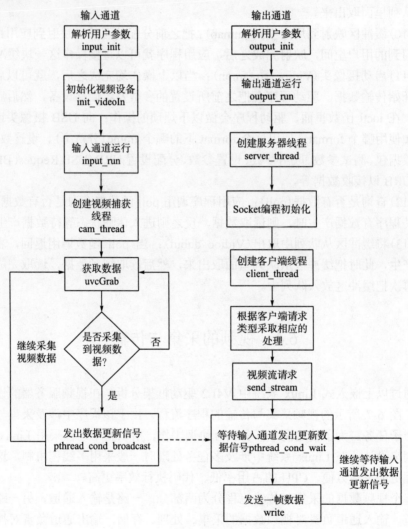

图 6-7　V4L2 视频采集与传输流程

　　总之，视频采集与传输的整个程序设计就好像设计一个"码头"，这个"码头"包括"仓库""输入通道"和"输出通道"。"仓库"是存储视频数据的地方，也是"输入通道"和"输出通道"共享的数据存取的地方。当"输入通道"采集到视频数据后就将数据存放到"仓库"中，然后通知"输出通道"取出视频数据并传输出去。

6.4.1 视频采集

视频服务器实现中必须按照 **V4L2** 视频采集与传输流程进行操作，首先需要完成视频的采集，即输入通道的设计工作，接下来对视频采集设计程序中关键代码进行简要分析。

1．全局数据结构 struct _globals globals

由于输入通道与输出通道需要数据共享和线程间进行通信，因此设计出一个全局的数据结构 struct _globals globals，这一个全局变量会穿插在输入通道与输出通道之间，代码如下：

```
typedef struct _globals globals；//定义全局数据结构变量
struct _globals {
  int stop；//停止数据采集与传输标志信号
  pthread_mutex_t db；//线程访问原子操作变量
  pthread_cond_t  db_update；//线程间进行通信的数据更新信号
  unsigned char *buf；//仓库，缓存，存放输入通道采集的数据
  int size；//一帧视频数据的大小
  input in；//输入通道
  output out[MAX_OUTPUT_PLUGINS]；//输出通道
  int outcnt；//表示当前输出通道中有几种方式
};
```

2．init_videoIn 函数

设计 init_videoIn 函数对视频设备进行初始化，在该函数中会设计使用结构体变量 struct vdIn *videoIn，为初始化时访问设备文件节点、调用 ioctl 等函数设置硬件属性、申请缓存等操作提供方便，其中关键的结构体成员如下：

```
struct vdIn {
    int fd；//打开视频设备返回的文件句柄
    char *videodevice；//访问视频设备的文件节点，如/dev/video0，1
    struct v4l2_capability cap；      //查询设备性能用的结构体，调用
                                      VIDIOC_QUERYCAP 的 ioctl 函数时使用
    struct v4l2_format fmt；          //设置摄像头输出的数据格式
    struct v4l2_buffer buf；          //获得内核空间视频缓冲区信息
    struct v4l2_requestbuffers rb；   //申请缓冲区内存空间
    void *mem[NB_BUFFER]；            //将申请的缓冲区映射到用户空间
    unsigned char *tmpbuffer；        //存放 MJPEG 格式的视频数据
    unsigned char *framebuffer；      //存放 YUYV 格式的视频数据
```

```
    int isstreaming;                    //视频流数据
    int grabmethod;                     //捕获视频数据的方法
    int width;                          //一帧数据宽度
    int height;                         //一帧数据的高度
    int fps;                            //帧率
    int formatIn; //采集到的视频数据格式，是 MJPEG 还是 YUYV
    int framesizeIn; }//一帧视频数据的大小
```

在执行 init_videoIn 函数对视频设备开展初始化工作之前，首先需要分配一个
videoIn，如下所示：

```
......
pglobal = param->global; //从 param 中取出 global 全局变量
   videoIn = malloc(sizeof(struct vdIn)); //分配一个 vdIn 结构体
......
   memset(videoIn, 0, sizeof(struct vdIn)); // 将该结构体 videoIn 清为 0
......
if (init_videoIn(videoIn, dev, width, height, fps, format, 1)< 0)//初
```
始化视频设备，传入用户提供的设置参数，如分辨率、帧率、格式等

```
......
```

根据 V4L2 驱动框架，在 init_videoIn 函数里面调用 init_v4l2 函数，使用一系
列 ioctl 函数来控制摄像头的属性，具体流程如图 6-8 所示，关键代码如下：

```
int init_videoIn(struct vdIn *vd, char *device, int width, int height,
int fps, int format, int grabmethod)
{/* 对用户传入的一些参数进行判断 */
    if (vd == NULL || device == NULL)//判断设备节点是否存在
    .......
    if (width == 0 || height == 0)//判断一帧视频数据的分辨率是否存在
    .......
if (grabmethod < 0 || grabmethod > 1)//判断获取一帧数据的方法
 grabmethod = 1;
 /* 设置 vdIn 结构体 */
    .......
vd->width = width; //设置一帧数据的宽度
vd->height = height; //设置一帧数据的高度
vd->fps = fps; //设置帧率
vd->formatIn = format; //设置摄像头采集输出的摄像头格式
if (init_v4l2 (vd)< 0)//V4L2 驱动初始化
```

......
　　/* 分配一个临时缓冲区，用于接收摄像头数据 */
　　vd->framesizeIn = (vd->width * vd->height << 1); //计算一帧数据的大小
　　switch (vd->formatIn)//根据摄像头采集的数据格式分别存放 MJPEG 格式和 YUYV
格式
　　{case V4L2_PIX_FMT_MJPEG:
　　vd->tmpbuffer= unsigned char *) calloc(1, (size_t) vd->framesizeIn);
　　//如果是 MJPEG 格式，则为其分配临时缓存 tmpbuffer
......
　　vd->framebuffer =(unsigned char *) calloc(1, (size_t) vd->width *
(vd->height + 8) * 2); break;
　　　case V4L2_PIX_FMT_YUYV: //YUYV 格式，为其另外分配临时缓 framebuffer
　　vd->framebuffer =(unsigned char *) calloc(1 , (size_t)
vd->framesizeIn);
　　......}

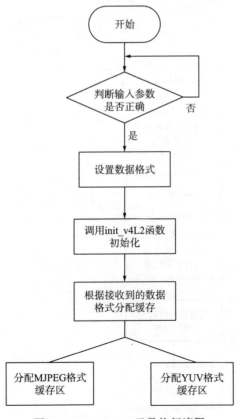

图 6-8　init_videoIn 函数执行流程

init_videoIn 函数对用户传入的各项参数进行判断并作出相应的处理，然后设置摄像头采集的数据格式，并为存放 MJPEG 格式和 YUV 格式的视频数据分别分配缓冲区。

3．init_v4l2 函数

在 init_videoIn 函数中调用 init_v4l2 函数对 V4L2 驱动框架进行初始化。init_v4l2 函数则是完全依赖 V4L2 驱动框架设计，在该函数中调用一系列 V4L2 驱动框架的 ioctl 函数来初始化摄像头、设置摄像头的属性、分配缓冲区等，其实现流程如图 6-9 所示。

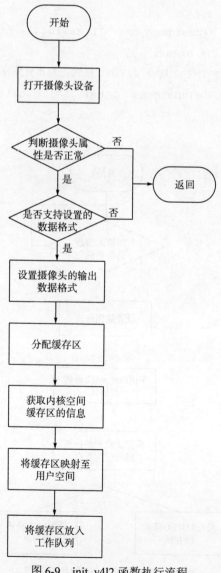

图 6-9   init_v4l2 函数执行流程

　　该流程依赖图 6-6 的 V4L2 驱动调用流程设计，根据传入的参数判断摄像头的各项参数性能，判断摄像头是否支持该种数据方式的传输(视频流或 I/O 读写)，依次设置摄像头采集的输出数据格式(帧率、分辨率等)，分配存放数据的缓存区，获取分配成功缓存区的内核信息(分配的大小、内存地址等)，根据该信息将缓存区映射至用户空间，最后将缓存区放入到工作队列中。

　　根据图 6-9 中 init_v4l2 函数执行流程的规划，函数的具体核心代码如下：

```
static int init_v4l2(struct vdIn *vd)
  {int i;
   int ret = 0;
   /* 打开摄像头的设备节点(/dev/video0) */
  if ((vd->fd = open(vd->videodevice, O_RDWR)) == -1)
  ......
   /* 查看所打开的设备是否是视频捕获设备 */
  memset(&vd->cap, 0, sizeof(struct v4l2_capability));
  //先将 vd->cap 清零
   ret = ioctl(vd->fd,VIDIOC_QUERYCAP,&vd->cap);//调用 VIDIOC_QUERYCAP
获取摄像头设备的性能，并将获取的参数保存到 vd->cap 变量中
   ......
   /* 判断是否是视频捕获设备 */
   if ((vd->cap.capabilities & V4L2_CAP_VIDEO_CAPTURE) == 0)
   ......
   /* 判断是否支持该种数据传输方式 */
   if (vd->grabmethod)
   {if (!(vd->cap.capabilities & V4L2_CAP_STREAMING))//视频流传输方式
   ......
  //读写方式传输
   else {if (!(vd->cap.capabilities & V4L2_CAP_READWRITE))
   ......
  /*设置摄像头的输出格式(分辨率、输出格式(MJPEG/YUV))*/
  memset(&vd->fmt, 0, sizeof(struct v4l2_format));
   //将 vd->fmt 格式变量清零
  vd->fmt.type = V4L2_BUF_TYPE_VIDEO_CAPTURE;
   //设置摄像头缓存类型为视频捕获类型
  vd->fmt.fmt.pix.width = vd->width; //设置一帧数据的宽度
  vd->fmt.fmt.pix.height = vd->height; //设置一帧数据的高度
  vd->fmt.fmt.pix.pixelformat = vd->formatIn; //设置摄像头输出数据格式
```

```
vd->fmt.fmt.pix.field = V4L2_FIELD_ANY;
ret = ioctl(vd->fd, VIDIOC_S_FMT, &vd->fmt);
//调用 VIDIOC_S_FMT ioctl 函数去设置摄像头的输出数据格式
if (ret < 0)
......
```

/*如果获取的摄像头的分辨率不能满足用户要求的, 则采用获取的摄像头的分辨率*/

```
if ((vd->fmt.fmt.pix.width !=vd->width)||(vd->fmt.fmt.pix.height !=
vd->height)) {
        ......
vd->width = vd->fmt.fmt.pix.width;
vd->height = vd->fmt.fmt.pix.height; }
```

/*设置摄像头参数, 比如输出帧率*/

```
struct v4l2_streamparm *setfps;
setfps=(struct  v4l2_streamparm  *)  calloc(1 ,  sizeof(struct
v4l2_streamparm)); //为 setfps 设置帧率的指针变量分配内存空间
memset(setfps, 0, sizeof(struct v4l2_streamparm)); //将 setfps 清零
setfps->type = V4L2_BUF_TYPE_VIDEO_CAPTURE;
//设置摄像头缓存类型为视频捕获类型
setfps->parm.capture.timeperframe.denominator = vd->fps; //设置帧率
ret = ioctl(vd->fd, VIDIOC_S_PARM, setfps);
//调用 VIDIOC_S_PARM  ioctl 函数来设置摄像头的参数
```

/*申请缓存*/

```
memset(&vd->rb, 0, sizeof(struct v4l2_requestbuffers));
//将要申请的缓存先清零
vd->rb.count = NB_BUFFER; //要申请的缓存个数
vd->rb.type = V4L2_BUF_TYPE_VIDEO_CAPTURE;
//设置申请的缓存类型为视频捕获类型
vd->rb.memory = V4L2_MEMORY_MMAP; //设置申请的缓存可以映射
ret = ioctl(vd->fd, VIDIOC_REQBUFS, &vd->rb);
//调用 VIDIOC_REQBUFS 申请缓存
......
```

/* 将上述申请的缓存映射到用户空间 */

```
 for (i = 0; i < NB_BUFFER; i++)
{   /* 获取内核空间的视频缓冲区的信息 */
memset(&vd->buf, 0, sizeof(struct v4l2_buffer));
//将 vd->buf 缓存变量清零
```

```
vd->buf.index = i; //要查询哪一个缓存
vd->buf.type = V4L2_BUF_TYPE_VIDEO_CAPTURE; //缓存类型为视频捕获类型
vd->buf.memory = V4L2_MEMORY_MMAP; //缓存可映射
ret = ioctl(vd->fd, VIDIOC_QUERYBUF, &vd->buf);
//调用 VIDIOC_QUERYBUF ioctl 函数获取申请缓存的信息，并将这些信息保存在
vd->buf
......
/* 做映射操作 */
vd->mem[i] = mmap(0 /* start anywhere */,
vd->buf.length, PROT_READ, MAP_SHARED, vd->fd,
vd->buf.m.offset); //依次对每一个申请的缓存做映射，映射的长度为
vd->buf.length, 偏移值为 vd->buf.m.offset, 最后返回映射的地址给 vd->mem[i],
以后应用程序就可以通过 vd->mem[i]变量来访问内核空间，进而读取采集的视频数据
......
/*依次将之前申请的视频缓冲区放到视频缓冲区队列中*/
for (i = 0; i < NB_BUFFER; ++i)
{memset(&vd->buf, 0, sizeof(struct v4l2_buffer)); //将 vd->buf 清零
  vd->buf.index = i;
  vd->buf.type = V4L2_BUF_TYPE_VIDEO_CAPTURE; //缓存类型为视频捕获类型
  vd->buf.memory = V4L2_MEMORY_MMAP; //缓存可映射
  ret = ioctl(vd->fd, VIDIOC_QBUF, &vd->buf);
  //调用 VIDIOC_QBUF ioctl 将缓存放入到队列中
......}
```

4. input_run 函数

上述输入通道的初始化准备工作完成后，将调用输入通道运行函数 input_run 创建视频数据捕获线程采集摄像头数据，其核心代码如下：

```
int input_run(void)
{/* 给仓库分配一段内存空间*/
pglobal->buf = malloc(videoIn->framesizeIn); //之前分析的穿插于输入通
道和输出通道之间的全局变量，输入通道将采集的视频数据存放到该变量中，等待输出通道取
出并传输
......
 /*创建一个视频捕获线程*/
pthread_create(&cam, 0, cam_thread, NULL); //创建视频捕获线程 cam_thread
pthread_detach(cam); // 等待线程执行完，然后回收它的资源
......}
```

5. 视频数据捕获线程 cam_thread

在 input_run 函数中创建了视频数据捕获线程 cam_thread，该线程的主要作用是捕获摄像头的视频数据，然后向输出通道发出数据更新信号，通知输出通道读取全局变量 pglobal->buf 里的视频数据，具体核心代码如下：

```
void *cam_thread( void *arg )
{/* 当线程执行完后，会调用 cam_cleanup 来做些清理工作 */
    pthread_cleanup_push(cam_cleanup, NULL);
    while( !pglobal->stop )
{       /* 获得一帧数据：
    MJPEG：则将一帧视频数据存放到 videoIn->tempbuffer 中
    YUV：则将一帧数据存放到 videoIn->framebuffer 中*/
  if( uvcGrab(videoIn)< 0 )
......
  if ( videoIn->buf.bytesused < minimum_size )
   //如果这一帧数据太小，则认为无效数据
   /* 进行原子操作 */
   pthread_mutex_lock(&pglobal->db );
   if (videoIn->formatIn == V4L2_PIX_FMT_YUYV)
{/* 如果摄像头输出的视频数据为 YUYV 格式，则执行该分支 */
  /* 最终的 MJPEG 数据存放到 pglobal->buf 中 */
  pglobal->size = compress_yuyv_to_jpeg(videoIn , pglobal->buf ,
videoIn->framesizeIn, gquality); }//将 YUYV 格式的数据压缩成 MJPEG 格式
   else
   {/*如果摄像头输出的数据为 MJPEG 格式，则直接将它拷贝到 pglobal->buf 中*/
......
   pglobal->size = memcpy_picture(pglobal->buf,videoIn->tmpbuffer,
videoIn->buf.bytesused); }
    //发出一个数据更新的信号，通知发送通道来取数据
    pthread_cond_broadcast(&pglobal->db_update)                        ;
pthread_mutex_unlock(&pglobal->db ); // 原子操作结束
    ......
   if ( videoIn->fps < 5 )// 如果帧率小于 5，则要做一个小的延时操作
   {usleep(1000*1000/videoIn->fps); }}
......
    pthread_cleanup_pop(1);
    ......}
```

6. uvcGrab 函数

在视频捕获线程函数中调用了 uvcGrab 函数对视频数据进行采集，且该函数依赖 V4L2 驱动框架来设计，其核心代码实现如下：

```
int uvcGrab(struct vdIn *vd)
{ #define HEADERFRAME1 0xaf//定义一帧有效数据的最小值
    int ret;
    if (!vd->isstreaming)
    if (video_enable(vd))
    // 使能视频捕获设备，通过调用 VIDIOC_STREAMON ioctl 来实现
    ......
    /* 从视频缓冲队列中取出一个已经存有一帧数据的视频缓冲区 */
    memset(&vd->buf, 0, sizeof(struct v4l2_buffer));
    vd->buf.type = V4L2_BUF_TYPE_VIDEO_CAPTURE;
    vd->buf.memory = V4L2_MEMORY_MMAP;
     ret = ioctl(vd->fd, VIDIOC_DQBUF, &vd->buf);
......
    {case V4L2_PIX_FMT_MJPEG:
    if (vd->buf.bytesused <= HEADERFRAME1)
    //根据视频数据的大小，判断该帧数据是否有效
......
memcpy(vd->tmpbuffer, vd->mem[vd->buf.index], vd->buf.bytesused)
// 将视频数据拷贝到 vd->tmpbuffer 中
            break;
        case V4L2_PIX_FMT_YUYV:
    /* 将一帧视频数据拷贝到 vd->framebuffer */
      if (vd->buf.bytesused > vd->framesizeIn)
memcpy (vd->framebuffer, vd->mem[vd->buf.index], (size_t) vd->framesizeIn);
    else
memcpy (vd->framebuffer,vd->mem[vd->buf.index],(size_t) vd->buf.bytesused);
    ..... }
/* 将空的视频缓冲放入到视频缓冲区队列中 */
 ret = ioctl(vd->fd, VIDIOC_QBUF, &vd->buf);
......}
```

6.4.2 视频传输

视频服务器的视频传输采用了 Socket 网络编程方式，首先将输入通道采集的
视频数据取出，然后通过网络方式传输给客户端。视频传输的主要过程包括：解
析用户参数、创建服务器线程 server_thread、Socket 编程初始化、创建客户端
client_thread、根据客户端请求类型采取相应的处理、视频流请求 send_stream、等
待输入通道发出更新数据信号 pthread_cond_wait、发送一帧数据 write 等。

1. 服务器线程 server_thread

在输出通道初始化过程中，首先解析用户传递进来的参数，然后在输出通道
运行函数 output_run 中创建服务器线程 server_thread，具体实现如下所示：

```
int output_run(int id)
{pthread_create(&(servers[id].threadID) ,  NULL ,  server_thread ,
&(servers[id])); //创建服务器线程 server_thread,将用户传递的参数 servers[id]
传递给 server_thread
    pthread_detach(servers[id].threadID); //等待线程结束,以便回收它的资源
    return 0; }
```

服务器线程 server_thread 主要是采用 Socket 编程方式实现，其过程包括打开
Socket、设置套接字 setsockopt、绑定端口和 IP 地址 bind、启动监测数据 listen、
等待客户端的连接 accept、创建客户端线程，具体流程如图 6-10 所示，核心代码
如下：

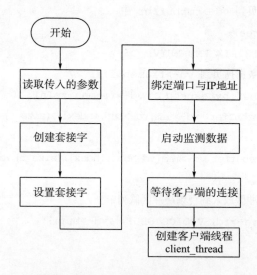

图 6-10 server_thread 线程执行流程

```
void *server_thread( void *arg )
{  struct sockaddr_in addr, client_addr; //服务器、客户端 IP 地址
 int on;
 pthread_t client;
 socklen_t addr_len = sizeof(struct sockaddr_in); //IP 地址长度
 context *pcontext = arg; //取出传入进来的参数
 //取出 globals 结构体变量，输入、输出通道共享的变量
 pglobal = pcontext->pglobal;
  /* 当线程结束的时候，会调用 server_cleanup 来做些清理工作 */
  pthread_cleanup_push(server_cleanup, pcontext);
  pcontext->sd = socket(PF_INET, SOCK_STREAM, 0);
   //创建套接字，返回 socket 描述符
......
 on = 1;
   if (setsockopt(pcontext->sd, SOL_SOCKET, SO_REUSEADDR, &on,
sizeof(on))< 0)//设置套接字，SO_REUSEADDR 表示可以重复使用同一个 IP 和端口号
   ......
   memset(&addr, 0, sizeof(addr)); //将 addr 清零
 addr.sin_family = AF_INET; // IPv4 网络协议的套接字类型
 addr.sin_port = pcontext->conf.port; //端口号
 addr.sin_addr.s_addr = htonl(INADDR_ANY); //可以监听本地的所有的 ip
   if ( bind(pcontext->sd, (struct sockaddr*)&addr, sizeof(addr)) !=
0 )//绑定端口和 IP
     .....
  /* 启动监测数据，最多可以同时连接 10 个客服端 */
  if ( listen(pcontext->sd, 10) != 0 )
   ......
 while ( !pglobal->stop )
{cfd *pcfd = malloc(sizeof(cfd)); //分配一个 cfd 结构体，表示客户端
     ......
  /* 等待客服端的链接，如果有链接，则建立链接 */
  pcfd->fd = accept(pcontext->sd, (struct sockaddr *)&client_addr,
&addr_len); pcfd->pc = pcontext;
  ......
  /* 创建客户端线程 */
  if( pthread_create(&client, NULL, &client_thread, pcfd) != 0 )
```

```
.......
pthread_detach(client); // 等待线程结束，回收资源}
......}
```

2. 客户端线程 client_thread

客户端线程 client_thread 具体流程如图 6-11 所示，主要作用是根据服务器线程中传入的关于客户端参数去读取客户端发出的请求内容，然后根据接收的请求内容作出相关处理。客户端线程的核心作用是接收客户端发来的请求，并根据请求的内容进行对应的处理，如发送一帧图片、视频流数据等。

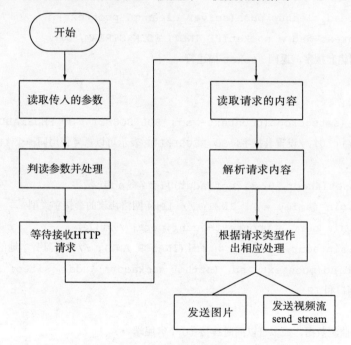

图 6-11　client_thread 线程执行流程

```
void *client_thread( void *arg )
{ int cnt;
    char buffer[BUFFER_SIZE]={0}, *pb=buffer; //存放客户端发出数据的缓存
    iobuffer iobuf; //读取客户端发出数据的缓存
    request req; //客户端请求
  cfd lcfd; //客户端结构体变量
  if (arg != NULL)
  //如果传入的参数不为空，则将参数的内容拷贝到 lcfd 中(参数为 pcfd ，不为空)
  {memcpy(&lcfd, arg, sizeof(cfd));
```

```
free(arg); }
   ......
/* 初始化 iobuf、req 这两个变量 */
init_iobuffer(&iobuf); // 把 iobuf 清为 0
init_request(&req);
// http 协议，需要客户端给服务器发送一个请求，而 request 就是这个请求
/* 从客户端接收一些数据，用来表示客户端发来的请求，才知道给客户端发什么数据 */
memset(buffer, 0, sizeof(buffer));
/* _readline: 从客户端中读取一行的数据，以换行符结束 */
if ((cnt = _readline(lcfd.fd, &iobuf, buffer, sizeof(buffer)-1, 5))
== -1 )
   ......
/* 解析 buf 中的字符串 */
if ( strstr(buffer, "GET /?action=snapshot") != NULL )
{req.type = A_SNAPSHOT;
//如果请求字符串中含有"GET /?action=snapshot"，则请求类型为 A_SNAPSHOT，
该类型为发送图片}
else if ( strstr(buffer, "GET /?action=stream") != NULL )
{req.type = A_STREAM; // 如果请求字符串中含有"GET /?action=stream"，则
请求类型为 A_STREAM}
//请求的类型为命令
else if ( strstr(buffer, "GET /?action=command") != NULL )
   ......}
do{memset(buffer, 0, sizeof(buffer)); //将 buffer 清 0
   /*从客户端读取一行数据，客户端需要再发送一次字符串*/
if ((cnt = _readline(lcfd.fd, &iobuf, buffer, sizeof(buffer)-1, 5))
== -1 )
   ......
/* 根据请求的类型，采取相应的行动 */
switch ( req.type )
{  case A_SNAPSHOT: //发送图片请求
    send_snapshot(lcfd.fd);
     break;
    case A_STREAM: //视频流请求
  send_stream(lcfd.fd);
  break;
```

```
case A_COMMAND：//命令请求
if ( lcfd.pc->conf.nocommands ) {
  ......
}
```

3. 视频流处理函数 send_stream

客户端线程主要作用是发送视频流，将调用视频流处理函数 send_stream，该函数的主要作用是接收到输入通道发出的数据更新信号，从全局变量的缓存 pglobal->buf 中取出视频数据，实时发送给客户端。发送一帧视频数据时，首先是发送一帧数据报文，然后是一帧视频数据，最后是一帧数据的边界值，之后再重复同样的发送方式，这样就能形成视频流数据，客户端就可通过浏览器看到实时动态采集的视频，send_stream 函数具体流程如图 6-12 所示，具体代码如下。

```
void send_stream(int fd)
{  unsigned char *frame=NULL，*tmp=NULL；//一帧视频数据的缓存
   int frame_size=0，max_frame_size=0；//一帧数据的大小
   char buffer[BUFFER_SIZE] = {0}；//向客户端发出数据的临时缓存
   ......
 /* 将 buffer 中的字符串发送出去(报文) */
 if ( write(fd, buffer, strlen(buffer))< 0 )
 ......
 while ( !pglobal->stop )
 {/* 等待输入通道发出数据更新的信号 */
 pthread_cond_wait(&pglobal->db_update, &pglobal->db);
 frame_size = pglobal->size; // 得到一帧图片的大小
/* 检查之前分配的缓存是否够大，如果不够，则重新分配 */
if ( frame_size > max_frame_size )
{  ......
   max_frame_size = frame_size+TEN_K;
 if ((tmp = realloc(frame, max_frame_size)) == NULL )//重新分配缓存
   ......
    frame = tmp; }
 /* 从全局变量中取出一帧数据 */
 memcpy(frame, pglobal->buf, frame_size);
 pthread_mutex_unlock(&pglobal->db );
 /* 让 buffer = 报文，告诉客服端即将发送的图片的大小 */
 sprintf(buffer, "Content-Type: image/jpeg\r\n" \
 "Content-Length: %d\r\n" \
```

```
"\r\n", frame_size);
DBG("sending intemdiate header\n");
if ( write(fd, buffer, strlen(buffer))< 0 ) break; //发送一帧数据报文
    /* 将一帧图片发送出去 */
    if( write(fd, frame, frame_size)< 0 ) break; //发送一帧视频数据
/* 让 buffer = "boundarydonotcross" */
DBG("sending boundary\n");
sprintf(buffer, "\r\n--" BOUNDARY "\r\n");
if ( write(fd, buffer, strlen(buffer))< 0 ) break;
//发送一帧数据的边界值
    }
    free(frame); }//释放缓存
```

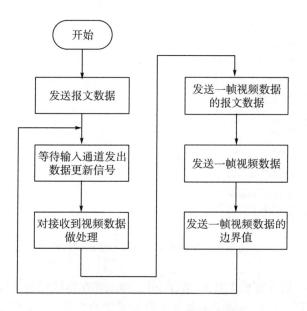

图 6-12   send_stream 函数执行流程

6.5   视频服务器的编译与运行

在嵌入式开发环境中，将视频采集与视频传输的工程文件进行编译，并移植到开发板上运行测试。编译成功之后生成的文件大致如图 6-13 所示，编译连接成功后产生的.so 文件为输入输出通道插件，然后再通过 NFS 方式将其全部拷贝到视频服务器上运行。

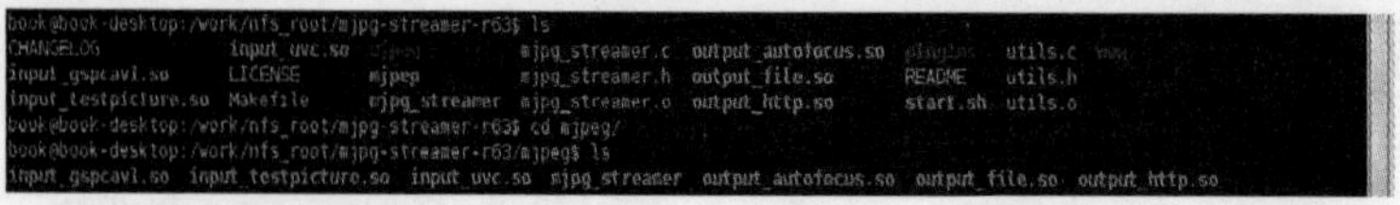

图 6-13   视频采集与传输工程文件编译

在视频服务器输入 ./mjpg_streamer -i "./input_uvc.so" -o "./output_http.so -w ./www"命令即可运行源程序。运行之后通过串口终端打印出相关的系统信息，这些信息基本上是视频捕获时状态信息，如摄像头的帧率、格式等，若运行出错还会打印错误信息等，如图 6-14 所示。

图 6-14   视频采集与传输程序运行信息

在局域网中的计算机上打开 Web 浏览器，并在地址栏输入视频服务器的 IP 地址等信息就可以访问视频服务器并获取其采集的视频流，如图 6-15 所示。图中浏览器地址栏中输入的信息是"http://192.168.1.17:8080/?action=stream"，其中"192.168.1.17"为视频服务器的 IP 地址，"8080"为访问的端口，"action=stream"表示客户端请求视频流服务。

图 6-15　视频服务器的运行

6.6　摄像机与镜头

视频服务器的工作离不开摄像机和匹配的镜头。远程实验系统中监控摄像机需要监控的对象、距离等与普通安防监控存在较大差异，尤其是在高清技术应用越来越广泛、网络宽带化日益普及的今天，如何为远程实验系统选择摄像机和光学镜头则成为一个重要的问题。

6.6.1　摄像机

应用场景与实际需求是选择摄像机的两个最为重要的方面。要准确根据应用场景和实际需求选择摄像机就需要了解摄像机的一些基本的技术和相关知识。

1. 模拟与数字摄像机

根据输出特性的不同，摄像机可以分为模拟摄像机和数字摄像机。模拟摄像机受其本身性能的限制，分辨率普遍不高，另外还要受到 A/D 转换误差、电磁传输干扰、隔行扫描、D1 画面的合成反交错等视频损伤的影响，故实际图像效果不是特别理想，画面常有雪花噪点和干扰条纹等。即使是分辨率理论上达到 D1（D1 分辨率：PAL 制 720×576，NTSC 制 720×480）或 4CIF（4CIF 分辨率：PAL 制 704 ×576，NTSC 制 704×480）的所谓高清模拟摄像机，在实际应用中清晰度一般也完全达不到理论数值水平。数字摄像机采用的是数字信号传输，它将光信号转化为数字信号，然后由 DSP 进行图像压缩与处理，最后通过网络将数字压缩视频输出，数字摄像机在抗电磁干扰性、逐行扫描、画面分辨率方面都拥有传统模拟摄像机所不能比拟的优势。目前主流的数字摄像机基本上都是 720P 与 1080P 的高清数字摄像机。其画面宽高比定义为 16：9,720P 即是 1280×720 分辨率,而 1080P 则是 1920×1080,其中后缀"P"代表的是逐行扫描。

模拟摄像机与数字摄像机在分辨率、清晰度、色彩等方面均存在较大差异。

在分辨率方面,传统模拟摄像机 PAL 制式下 625 线,去消隐后 575 线,目前实际最高达的极限大约为 540 线。数字高清摄像机最低也可达 800 线以上,传统模拟摄像机最高分辨率基本上只能达到 D1 或者 4CIF 左右,约合 40 万像素,而数字摄像机则没有此项限制,可以达到百万级像素甚至千万级像素。

在清晰度方面,数字高清摄像机采用逐行扫描,每一帧图像均是由电子束顺序地一行接着一行连续扫描而成。而模拟摄像机则采用隔行扫描,隔行扫描的行扫描频率为逐行扫描时的一半,隔行扫描会带来比较明显的行间闪烁效应、出现并行现象及出现垂直边沿锯齿化现象等不良效应,隔行扫描也会导致运动画面清晰度降低。

在色彩方面,数字高清摄像机的色彩可以做到比模拟摄像机更加逼真,模拟视频信号中,亮度信号与色度信号由于占用了相同的频带,在由视频采集芯片做梳状滤波时,很难将色度与亮度信号准确并彻底的分离,从而导致画面容易出现杂色斑等,这些都是数字摄像机中不存在的问题。

2. CCD 与 CMOS 摄像机

图像传感器是摄像机中最核心的部件,目前主要有两种类型的感光部件:电荷耦合器图像传感器(charge-coupled device, CCD)和互补金属氧化物半导体图像传感器(complementary metal oxide semiconductor, CMOS)。CCD 和 CMOS 图像传感器采用不同的制造技术和生产工艺和工作原理,这两种器件存在比较明显的性能差异,在实际使用中可以根据需求进行选择。表 6-2 给出了两种图像传感器部分性能参数的比较。

表 6-2　CCD 与 CMOS 图像传感器性能对比

参数	CCD	CMOS
灵敏度	较高	较低
照度(LUX)	较好	好
噪点控制	好(10 倍于 CMOS)	一般
像素	500 W	1000 W 或更高
功耗	高	低
宽动态	差	非常好
速度	慢	快(约为 CCD 的 10 倍)
成本	高	低

从表 6-2 表明,CMOS 图像传感器在功耗、像素、速度、动态范围、成本等

方面存在显著优势，而 CCD 图像传感器则在灵敏度和照度方面存在优势。目前，随着 CMOS 技术的不断发展新技术的不断应用，如背照式感光技术、高帧数、新滤片技术等新技术的推出使得 CMOS 已经在低照度、降噪等方面逐步赶上甚至超过 CCD 的效果，加上其原有高帧数、高像素、宽动态等优势，使得越来越多的高性能图像设备，如专业的数码相机和广播级摄像机等也大多开始使用 CMOS 图像传感器，从目前总体来看，CMOS 感光元件在摄像机中的占用率已基本取代 CCD 而成为行业发展的主流。

在交互式远程 EDA 实验系统中，视频服务器需要采集的图像视频主要有两个，一个是实验室环境，另一个是可程控逻辑验证平台工作情况的视频。由于可程控逻辑验证平台上有大量的 LED 发光二极管、数码管、液晶显示器等发光器件，这些器件在工作时会产生大量闪烁，这对摄像机的动态范围和相应速度要求比较高，故 CMOS 比 CCD 要适合一些。在实际测试中发现 CMOS 的摄像机的实际效果会比 CCD 的要好。至于实验室环境监控的摄像机，其选择则相对自由。

3．低照度与宽动态摄像机

照度与动态范围也是摄像机的两个重要指标。照度是单位面积上所接受可见光的光通量，单位为勒克斯(lux 或 lx)。照度可以反映出被拍摄物体表面被照明的程度。表 6-3 给出了各种自然环境下的照度估测值。低照度摄像机可以在光线环境较差的低照度环境下拍摄出清晰的图像。为了保证良好的拍摄质量，一般而言，摄像机监视目标的最低环境照度应高于摄像机最低照度的 10 倍以上。在远程实验系统中，视频拍摄的环境一般固定于室内，照度值白天为 200～400 lx，虽然存在着白天和黑夜的问题，但可以通过施加辅助光源照明等方式使拍摄环境的照度维持在合理的水平，因此在远程实验系统中，对监控摄像机的选择时不用太在意其低照度问题。

表 6-3　各种自然环境下的照度估测值

各种自然环境	照度/lx
阳光直射	100 000～130 000
晴天，非阳光直射	10 000～20 000
阴天	1000
室内白天	200～400
黄昏	10
满月	0.1

由于实验板上有 LED 发光二极管、数码管和液晶显示器等发光闪烁部件，在试验中需要能清晰地看见发光部件的亮灭状态，这就需要摄像机具备较宽的动态

范围，甚至要具备宽动态强光抑制的技术。

宽动态技术有两个重要的技术指标，即动态范围和宽动态起始值。动态范围是指摄像机能够识别的最亮区域到最暗区域的范围，通常以"dB"表示，数值越高适应的光线反差范围越广，相应强光抑制的效果越好。宽动态起始值是指能够开启宽动态的最低照度值，宽动态起始值越低，在相对较暗的环境中的监控效果就越好。

在实践中发现，由于数码管等发光部件会形成强烈亮度差，为了清晰观察显示效果，摄像机的动态范围是一项非常重要的指标。在实践中也可以通过减小设备所处环境光照的变化、减小明暗对比、减少发光部件的亮度等方式来改善视频效果。

4．摄像机的清晰度

在目前的视频领域中，高清已经成为一种主流技术。目前高清摄像机中使用较多的是 720P(1280×720) 和 1080P(1920×1080) 这两种分辨率。理论上摄像机像素越高，其画面效果应该越好，但在实际使用中，摄像机清晰度的选择不能只看画面分辨率像素这一个指标，而需要全面考虑照度、动态范围、帧数、灰度级、码流等多个方面。受限于数字摄像机现有的技术限制，随着摄像机像素的增高，感光芯片的像素点密集程度越来越高，其像素点需要的控制电路也在不断增多，从而可用作感光的面积必然相应减少，其结果就是摄像机的低照度和强光抑制效果与画面像素分辨率必然呈现反比例现象，往往像素越高的摄像机在低照度时的效果相应越差。

5．摄像机图像传感器的尺寸

图像传感器的尺寸指摄像机中图像传感器的有效的感光区域的尺寸，也就是传感器的靶面大小。图像传感器的尺寸往往直接关系到成像的质量，在感光元大小一定的情况下，传感器面积越大，单位像素的面积也越大，图像的成像质量就越好。图 6-4 给出了常用 CCD、CMOS 图像传感器的尺寸参数。

表 6-4　常用 CCD、CMOS 图像传感器尺寸

传感器型号/英寸	对角线/mm	宽度/mm	高度/mm
1/3	6	4.8	3.6
1/2.5	7.182	5.76	4.29
1/2	8	6.4	4.8
1.8	8.933	7.176	5.319
2/3	11	8.8	6.6
1	16	12.8	9.6
4/3	22.5	18.8	13.5

6.6.2　光学镜头

　　光学镜头是监控摄像机的重要组件，镜头的作用是将需要拍摄的对象清晰的成像在摄像机图像传感器的感光面上，使之形成清晰的图像。在视频监控系统设计过程中，如何选择摄像机镜头至关重要。镜头一般由透镜组、光圈和对焦机构等组成。透镜组是镜头的核心，用以控制图像的光路传输。镜头的光圈用于控制进入图像传感器的光通量的大小，有固定光圈和可变光圈两种，其中可变光圈又可分为自动光圈和手动光圈。对焦机构用于控制图像清晰聚焦于图像传感器，有手动聚焦和自动聚焦两种。虽然透镜组、光圈和对焦机构的具体结构多种多样，但镜头光路传播原理仍然可以用图 6-16 所示的简易模型表示。从该光路图中可以了解镜头的工作原理和相关的概念。

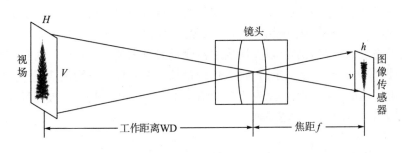

图 6-16　镜头光路传播的简易模型

　　1．视场

　　视场也称视野范围（field of view, FOV），是指拍摄物体的可视范围，也就是影像占满摄像机内图像传感器的物理大小。如图 6-16 所示，在光学系统中，以镜头为顶点，被测物体通过镜头的最大成像范围两边缘构成的夹角就叫作视场角。视场角的大小决定了镜头的视野范围，视场角越大，视野就越大，光学倍率也就越小。焦距越长，视场角就越窄；焦距越短，视场角就越宽。

　　2．工作距离

　　工作距离（working distance, WD）是指镜头至被拍摄物体的距离，也就是清晰成像的距离，它与视场大小成正比。

　　3．焦距

　　焦距（focal length）是指镜头的光学中心到图像传感器的成像面焦点的距离。焦距不仅可以描述镜头的屈光能力，也能够作为图像质量的参考。一般情况下，镜头的失真会随着焦距的减小而增大，因此在需要准确还原图像比例的场合，如需要利用图像进行测量时就不要选择小焦距或大视场角的镜头。同时焦距的大小也会对图像的其他方面产生影响，焦距会对景深产生影响，焦距越小，景深将越大。焦距越小，渐晕现象越严重，这将使图像边缘的照度降低。

设图像传感器的大小(sensor size)为 S，则从图 6-16 中不难发现工作距离(WD)、视场(FOV)、焦距(f)和图像传感器大小(S)之间满足如下关系：

$$\frac{\text{WD}}{\text{FOV}} = \frac{f}{S} \tag{6-1}$$

因此可以根据该关系来确定视频服务器中需要的镜头焦距。比如视频服务器需要监测对象的工作距离是 500 mm，视场为 250 mm，图像传感器大小为 1/3 英寸(其靶面尺寸为宽 4.8 mm，高 3.6 mm，为保证图像全部呈现在传感器上，图像传感器的大小应取其短边)，因此可以计算出需要的镜头焦距约为 7.2 mm。

$$f = \frac{\text{WD} \times S(h \text{或} v)}{\text{FOV}(H \text{或} V)} = \frac{500 \times 3.6}{250} = 7.2\text{mm} \tag{6-2}$$

根据镜头焦距是否可变，摄像机镜头可以分为定焦镜头和变焦镜头两种。在实际应用中受被拍摄物体大小、镜头安装的位置以及摄像机图像传感器大小等因素的影响，往往需要考虑采用定焦镜头还是变焦镜头。选择定焦还是变焦镜头取决于被测场景范围的大小，以及所要求被测场景画面的清晰程度。对特定的摄像机而言(图像传感器大小恒定)，镜头焦距越长，在同样工作距离情况下，其镜头的视场角就越小。镜头工作距离不变的情况下，镜头焦距越大，被测场景的画面范围就越小，但画面细节越清晰。

4. 镜头分辨率

镜头分辨率(resolution of lens)是指可以拍摄到的被拍摄物体的最小可分辨特征尺寸，也就是在图像传感器的成像平面处 1mm 内能分辨开的黑白相间的线条对数，单位为"线对/毫米(line-pairs/mm，lp/mm)"。镜头对黑白等宽的测试线对的分辨能力并不是无限的，当黑白等宽测试线对密度不高时，镜头成像平面处的黑白线条是很清晰的。但当黑白等宽的测试线对密度提高时，在成像平面处还是可以分辨出黑白线条，但黑白线的对比度将逐渐下降。当黑白等宽的测试线对密度提高到某一程度，成像平面处黑白线的对比度将非常小，黑白线都变成灰色的中间色时，这就是镜头分辨的极限值[①]。根据国标 JB745-65，135 相机一级镜头的中心分辨率要达到 37 lp/mm、边缘要达到 22 lp/mm。

对于摄像机，尤其是高清摄像机，要充分体现其性能就必须选择与之匹配的高清镜头。理想的情况下，对分辨率为 N 线对/mm 镜头，其最匹配摄像机的传感器应该是在 1 mm 内需要有 $2N$ 个感光元，也就是在水平和垂直两个方向上的感光元密度均为 2 N/mm 的图像传感器，这是因为当镜头在 1 mm 内有 N 条黑白线对时，在 1 mm 内就有 N 条白线和 N 条黑线，最理想的情况就是以摄像机中图像传

---

① 周履冰，镜头分辨率及高清摄像机镜头选择. 2012-03-29. https://wenku.baidu.com/view/e17db5094a7302768e99398b.html.

感器的一个感光元对应一条白线或黑线,因此需要匹配的摄像机在 1 mm 内要有 2 N 个感光元来对应 N 条白线和 N 条黑线,即最匹配的图像传感器感光元密度应为 2 N/mm。因此与图像传感器最配的镜头分辨率应该为

$$镜头分辨率 = \frac{M(\text{pixel}/\text{mm})}{2}(\text{lp}/\text{mm}) \tag{6-3}$$

式中,M 为摄像机每毫米内的像素值,即像素密度(pixel/mm)。

比如,如果摄像机为 200 万像素,画幅 4∶3,图像传感器尺寸为 1/3 英寸,则最匹配的镜头分辨率可以按照如下方法计算。

由于是 4∶3 画幅的 200 万像素摄像机,而 $1600 \times 1200 = 1920000\,\text{pixel}$,即 200 万像素,因此其长宽比例为 1600∶1200。由表 6-4 可知,尺寸为 1/3 英寸的图像传感器的宽度为 4.8 mm,高度为 3.6 mm。因此其水平方向的像素密度为

$$\frac{1600}{4.8} = 333.3(\text{pixel}/\text{mm}) \tag{6-4}$$

在垂直方向上的像素密度为

$$\frac{1200}{3.6} = 333.3(\text{pixel}/\text{mm}) \tag{6-5}$$

因此该摄像机需要搭配的镜头分辨率为

$$\frac{333.3}{2} = 167(\text{lp}/\text{mm}) \tag{6-6}$$

如果该 200 万摄像机的图像传感器尺寸为 1/2 英寸,用同样的方法可以求出该摄像机需要搭配最佳镜头分辨率为 125(lp/mm)。

如果摄像机直接给出了感光元的尺寸,因为最理想的情况是一个感光元检测一条白线或黑线,因此可以直接利用该尺寸计算出所需搭配的镜头分辨率,其计算公式为

$$镜头分辨率 = \frac{1}{2 \times L}(\text{lp}/\text{mm}) \tag{6-7}$$

式中,L 为感光元尺寸,单位为 mm。

比如所选摄像机的感光元为 4 μm,则镜头分辨率为

$$\frac{1}{2 \times 0.004\,\text{mm}} = 125(\text{lp}/\text{mm}) \tag{6-8}$$

事实上,图像传感器垂直和水平方向上感光元的尺寸也正是其垂直和水平方向上像素密度的倒数,因此,以上公式本质上是统一的。

从前面的分析可以看到,在摄像机像素相同的情况下,传感器尺寸越大,对光学镜头分辨率的要求就越低;感光元的尺寸越大,对光学镜头分辨率的要求也越低。

5. 景深

景深(depth of view, DOF)是指物体偏离最佳焦点时,镜头保持所需分辨率的

能力。当镜头对着工作距离上某一物体聚焦清晰时，可以在图像传感器上获得最清晰的图像，该物体所处的工作距离就是最佳焦点，这可以看作一个聚焦平面。在该聚焦平面前面和后面一定范围内的物体也可以在图像传感器上获得人眼可接受的较清晰图像。这些可以呈现较清晰图像的物体在聚焦平面前和后之间的最大距离就是景深。因此，景深表示的是在垂直镜头光轴轴线的同一平面内的点，满足图像清晰度要求的最远位置与最近位置的差值。镜头对位于最佳焦点前或后一定距离的物体的分辨能力越弱则景深越浅，对最佳焦点前或后很远的物体够能有较高的分辨能力则景深越深。

景深受光圈、焦距、工作距离等多方面影响。在其他条件不变的情况下，受光圈的影响为：光圈越大，景深越小；光圈越小，景深越大。受镜头焦距的影响为：镜头焦距越长，景深越小，焦距越短，景深越大。受工作距离的影响为距离越远，景深越大，距离越近，景深越小。

6. 光圈与光圈系数

光圈是控制光线透过镜头进入图像传感器感光面的进光量控制装置。通过光圈改变光照度，调节景深，调节特定分辨率下系统成像的对比度等，进而影响成像质量。光圈系数是镜头的重要参数，通常用字母 F 表示，光圈系数是镜头相对孔径的倒数。光圈系数的标称值数字越大，实际光圈就越小，在相同时间内进入传感器的光通量就越小。光圈 F 值常常介于 $F1.4 \sim F16$，比如 $F1.4$、$F2$、$F2.8$、$F4$ 等。

镜头上的光圈有可调光圈和固定光圈两种。在远程实验系统中，所拍摄的物体一般处于室内，其光照条件一般不会出现巨大的变换，因此在光圈的选择上既可以选择可调光圈，也可以选择固定光圈。

7. 镜头的放大倍数

镜头的放大倍数（PMAG）也就是镜头的光学放大倍数，也是选择镜头需要考虑的一种重要参数。镜头的放大倍数一般情况下可以用图像传感器的感光面积与视场的比率来定义，如下式所示：

$$\text{PMAG} = \frac{S(h\text{或}v)}{\text{FOV}(H\text{或}V)} \tag{6-9}$$

式中，S 为图像传感器感光靶面的尺寸。

除显微放大以外，在大多数情况下镜头放大倍数 PMAG 为小于 1 的值。

从前面的分析可以看到，镜头在选择上需要综合考虑镜头的各项参数，而且，其各项参数之间也存在互相影响。一般而言，选择监控摄像机的镜头时需要从以下几个方面来综合考虑：

（1）重点考虑工作距离、拍摄物体大小、光学放大倍数等，选择镜头的视场一定要稍大于被拍摄物体的大小。

（2）考虑拍摄的对象是否有景深的要求，对景深有要求的环境下尽可能使用小光圈、低放大倍率镜头。

(3)综合图像传感器的大小、需要达到的分辨率等考虑镜头的分辨率。

(4)考虑被拍摄对象所处的光照环境、光源配置、镜头接口类型、安装空间距离等其他情况。

第 7 章　实验服务器

实验服务器是整个交互式远程 EDA 实验系统的门户。实验服务器可以通过以太网与所有的远程客户端和各个实验设备中的控制服务器进行通信，如图 7-1 所示。所有客户端访问的第一个对象就是实验服务器，同时各实验设备中的控制服务器也需要与实验服务器进行通信。实验服务器的功能主要有两个：一是信息的发布，二是实验设备的调度和管理。

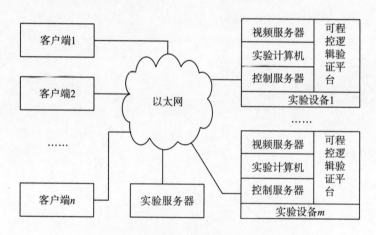

图 7-1　实验服务器通信连接示意图

在交互式远程 EDA 实验系统中需要通过实验服务器来发布相关实验资料与信息，包括实验指导讲义、实验指导相关视频、相关实验资源、客户端软件下载以及实验报告上交与管理等。信息发布功能是通过在实验服务器上安装 apache、sql、phpmyadmin 等插件，搭建网页服务来实现。信息的发布功能与交互式远程 EDA 实验系统没有直接关系，只是提供系统运行需要的辅助支持，即使该部分缺失也不会影响整个远程 EDA 实验系统的工作，因此本章并不介绍其实现情况。

实验设备的调度与管理功能是整个交互式远程 EDA 实验系统协调运行必不可少的部分。当远程客户端需要使用实验设备时，客户端首先向实验服务器提出设备使用请求，实验服务器查询数据库中各实验设备的占用情况和故障情况分配设备给远程客户端。远程客户端在获得分配的控制服务器的 IP 地址和端口后，连接控制服务器，通过控制服务器启动实验计算机和视频服务器。实验计算机启动后，客户端就可以利用实验服务器分配的实验计算机的 IP 及端口与实验计算机建立通信连接，通过实验计算机控制可程控逻辑验证平台，获取可程控逻辑验证平台的采样数据。同时客户端也利用分配的视频服务器的 IP 及端口与视频服务器建立连接，获取实验设备的实时音频和视频，观察真实的实验现象。因此，实验服务器需要与控制服务器通信，并实时记录所有实验设备的工作状态、故障状态以及必要的工作日志等信息。在客户端出现实验请求时，能根据设备状态为提出实验请求的客户端分配实验设备。

7.1　数　据　通　信

根据交互式远程 EDA 实验系统的系统规划，实验服务器需要接受远程客户端的服务请求，并分配空闲实验设备的 IP 和端口，还需要和控制服务器通信随时更新维护实验设备当前的工作状态。因此，实验服务器与远程客户端以及实验服务器与控制服务器之间的通信是保证整个系统工作的一个关键。实验服务器与二者之间的网络通信均采用 Winsock 控件来实现。

7.1.1　Winsock 控件

Winsock 控件是基于 Windows 平台下网络通信的 Winsock API 所做的封装。使用 Winsock 控件不需要详细了解网络通信的复杂协议，也无须了解 Winsock API 函数的细节，仅通过简单的设置就可以实现网络通信。

Winsock 控件支持传输控制协议（transmission control protocol, TCP）和用户数据报协议（user datagram protocol, UDP）。TCP 协议是面向连接的协议，在正式的数据通信之前将先建立连接，这与通过电话传输信息一样，必须先拨通号码建立连接后才能进行通信。UDP 协议是一种简单的面向数据报的传输层协议，是一种无连接的协议。在数据通信时通信双方并没有明确的连接关系，就像寄送邮件一样。TCP 协议传输可靠性高，但网络开销大，而 UDP 协议传输可靠性较差，但其传输速度快，网络开销也较小。

Winsock 控件具有丰富的控件属性，表 7-1 给出了 Winsock 的常用属性。

表 7-1　Winsock 常用属性

属性	描述
Protocol	返回或设置 Winsock 控件所使用的协议，可以是 TCP（sckTCPProtocol）或 UDP（sckUDPProtocol）
BytesReceived	返回接收到的数据的字节数，可随时用该属性检查接收到的可用数据量

属性	描述
LocalHostName	本地机器名称
LocalIP	本地机器的 IP 地址
LocalPort	返回或者设置所用到的本地端口，对客户端，该属性指定发送数据的本地端口。如果应用程序不需要特定端口，则指定 0 为端口号，控件将随机选择一个端口。对服务器，这是用于侦听的本地端口
RemoteHost	返回或设置远程计算机主机名或 IP 地址或域名
RemoteHostIP	远程机器的 IP 地址。对于客户端，Connect 方法建立连接后，属性才包含远程机器的 IP 字符串。对于服务器端，ConnectionRequest 事件后，属性才远程计算机的 IP 字符串。UDP 协议时，在 DataArrival 事件之后，属性包含了发送 UDP 数据的计算机的 IP 地址
RemotePort	返回或设置要连接的远程端口号
State	返回控件的状态

Winsock 控件的方法也比较丰富，主要有：

1. Accept 方法

Accept 方法是仅适用于 TCP 服务器应用程序的一种方法，用于接受一个连接请求，通常在 ConnectionRequest 事件中用 Accept 方法接受客户端发起的连接请求。其语法格式是：Winsock 对象.accept requestID。其中，requestID 为新连接请求的标识。

2. Close 方法

Close 方法主要用于关闭客户机和服务器应用程序的 TCP 连接或侦听套接字。其语法格式是：Winsock 对象.Close。

3. GetData 方法与 PeekData 方法

GetData 方法和 PeekData 方法用于获取接收到的数据，并将其存储在变体类型的变量中。GetData 获取数据后将清除缓冲区，PeekData 方法只是复制接收缓冲区的数据，并不清除缓冲区数据。PeekData 方法只适用于 TCP 连接。其语法格式是：Winsock 对象.GetData data, [type,] [maxLen]。其中，data 为存储接收数据的地方，type 可选参数是获取的数据类型，maxLen 可选参数为接收到字节数组或字符串时所需大小。GetData 方法和 PeekData 方法通常总是在 Winsock 的 DataArrival 事件中使用。

4. Listen 方法

Listen 方法用于在 TCP 连接中创建套接字并将其设置为侦听模式。其语法格式是：Winsock 对象.Listen。

启用 Listen 方法后，当出现新连接时，就会自动产生 ConnectionRequest 连接请求事件。在 ConnectionRequest 事件的处理中，除点对点简单通信外，应用程序通常应该在一个新的 Winsock 控件上使用 Accept 方法接受连接。

5．SendData 方法

SendData 方法用于将数据发送给远端计算机。其语法格式是：Winsock 对象.SendData data。其中，data 为要发送的数据，对于二进制数据应使用字节数组。

Winsock 控件的事件主要有 Close、Connect、ConnectionRequest、DataArrival、SendComplete、SendProgress、Error 等事件。各事件的描述见表 7-2。

表 7-2　Winsock 控件的事件

事件	描述	定义
Close	当远程计算机关闭连接时出现	object_Close()
Connect	连接成功建立时产生	object.Connect()
ConnectionRequest	当远程计算机请求一个新连接时出现(仅适用于 TCP 服务器)	object_ConnectionRequest(requestID As Long)，其中 requestID 新连接请求标识
DataArrival	当接收到新数据时出现	object_DataArrival(bytesTotal As Long)，其中 bytesTotal 可获取的数据总数量
SendComplete	在完成一个发送操作时出现	object_SendComplete
SendProgress	在发送数据期间出现	object_SendProgress(bytesSent As Long，bytesRemaining As Long)，其中 bytesSent 已发送字节数，bytesRemaining 待发送字节数
Error	后台处理中出现错误时产生	object_Error(number As Integer，Description As String，Scode As Long，Source As String，HelpFile as String，HelpContext As Long，CancelDisplay As Boolean)

7.1.2　与客户端的通信

在实验服务器中需要利用 Winsock 与远程客户机通信，也需要利用 Winsock 与控制服务器通信。实验服务器与客户机之间的通信比较简单，只需要几步即可完成：

(1) 客户机发起 Winsock 通信连接请求。

(2) 服务器接受远程客户端的连接请求。

(3) 客户机检测到通信连接建立后就向服务器发送用户名和密码，以此提出需要使用设备的服务请求。

(4) 实验服务器根据接收的用户名和密码，验证用户的合法性。如果验证不通过，则反馈拒绝接入信号，如果验证通过，则查询实验设备的空闲状态。

(5) 如果有空闲设备就向客户端反馈实验设备的 IP 地址和端口号。如果所有实验设备都处于占用状态，则给客户机反馈设备忙的状态，客户机等待一段时间后将重新发起设备使用请求。

图 7-2 给出了与客户端通信的交互流程。

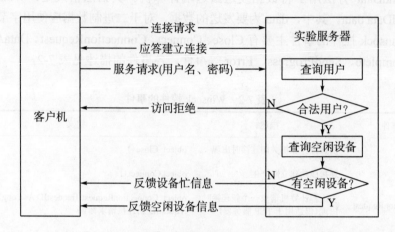

图 7-2　与客户端的通信流程

由于远程客户端可能在任意时刻发起通信请求，也可能存在多个客户端同时发起多个请求的情况，因此，实验服务器与客户端之间的通信属于点对多点的通信。采用 TCP 协议通信时，一个 Winsock 控件只能与一个对象进行通信，为了应对不确定的多个通信对象，可以采用 Winsock 控件数组，通过动态 Load 控件的方式来实现。由于实验服务器并不知道远程客户端的 IP 地址，因此，只能让实验服务器上的 Winsock 控件工作在服务器模式，并在特定的端口上持续进行侦听，远程客户端上的 Winsock 工作在客户机模式，在客户端启动时自动访问实验服务器的 IP 地址和端口，从而与实验服务器建立通信连接。

实验服务器在启动时，首先需要完成对 Winsock 控件的初始化工作，设置 Winsock 的通信协议为 TCP 协议，设置其监听端口，并将 Winsock 数组的第 0 个控件设置为侦听专用，并启动侦听。其初始化代码如下所示：

```
Private Sub WsServer_init()
    WsServer(0).Protocol = sckTCPProtocol     '通信协议采用 TCP
    WsServer(0).LocalPort = 10002             '端口号
    WsServer(0).Listen                        '开始侦听
End Sub
```

实验服务器启动侦听后，就一直等待客户端在该端口上发起的连接请求。客户机启动后，自动向实验服务器的 10002 端口发起通信连接的请求，此时实验服务器的 Winsock 控件将产生 ConnectionRequest 事件。对 ConnectionRequest 事件处理的基本代码如下：

```
Private Sub WsServer_ConnectionRequest(Index As Integer, ByVal
```

```
requestID As Long)
        '加载新控件
        Load WsServer(WsServer.UBound + 1)
        '接受请求
        WsServer(WsServer.UBound).Accept (requestID)
    End Sub
```

在 ConnectionRequest 事件中，首先利用 Winsock 控件数组加载 Winsock 控件数组的一个新控件，然后再利用新加载的 Winsock 控件接受远程客户端的连接请求。

客户机在其 Winsock 的 Connect 事件中将检测到通信连接的成功建立，然后发送服务请求数据帧，服务请求数据帧的帧格式定义见表 9-1，主要由客户的用户名和访问密码组成。在实验服务器 Winsock 控件的 DataArrival 事件中将接收到该数据帧，然后对用户进行鉴权。

实验服务器对客户端的用户鉴权比较简单，只需要将接收到的服务请求数据帧中的用户和密码提取出来，并与数据库中用户数据进行比对，如果存在该用户且密码正确，则用户鉴权通过，否则，向客户端返回"Illegal user"拒绝用户访问。

服务器查询设备空闲状态后可能反馈两类信息，如果存在空闲实验设备，则返回实验设备的 IP 地址和端口信息，如果所有实验设备均被占用，则反馈设备忙信息。

反馈信息的数据帧格式如表 7-3 所示。数据帧由帧头(起始字符)$、状态、若干数据字段、若干分隔字段和帧尾(结束字符)*构成。当有设备空闲时，反馈状态为"OK"，后面紧跟数据字段。这些数据包括控制服务器、实验计算机、实验计算机和视频服务器的 IP 地址和端口，各数据字段之间用逗号分隔。如果所有设备均被占用则状态为"BZ"，其后没有数据字段和分隔字段。

表 7-3　反馈可用空闲设备是信息格式

起始	状态	数据字段 1	分隔	数据字段 2	分隔	数据字段 3	结束
$	OK/BZ	xxxx	,	xxxx	,	xxxx	*

注：1. 数据字段 1 为控制服务器 IP 地址与端口；2. 数据字段 2 为实验计算机 IP 地址与端口；3. 数据字段 3 为视频服务器 IP 地址与端口；4.状态为 BZ 时，无数据字段和分隔字段

在 DataArrival 中对数据的处理流程如图 7-3 所示。

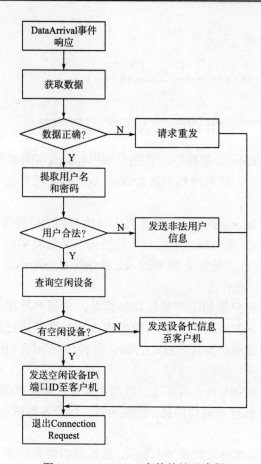

图 7-3   DataArrival 事件的处理流程

在 DataArrival 事件中，首先通过 GetData 方法接收数据。当数据校验通过后，利用 GetUsr 和 GetPwd 函数提取数据帧中的用户名和密码，然后利用 FindUsr 函数查询数据库中是否存在该用户，且密码是否正确。如果鉴权通过，则利用数据库的查询函数 LookUpIdle 在数据库中查询是否存在空闲设备，并将查询结果生成相应的数据帧后发送给远程客户端，出于校验的目的，相同的数据帧被连续发送两次。GetData 事件处理的基本代码如下：

```
Private Sub WsServer _DataArrival(Index As Integer, ByVal bytesTotal
As Long)
    Dim G_Str As String, LStr As String, RStr As String, Usr As String,
Pwd As String
    Dim Rtn As String
    WsServer (Index).GetData G_Str    '获取数据
        LStr = Left(G_Str, Len(G_Str) / 2)   '数据折半拆分
```

```
    RStr = Right(G_Str, Len(G_Str) / 2)
    If LStr = RStr Then        '校验拆分数据是否相等
        Usr = GetUsr(LStr) '提前用户名
        Pwd = GetPwd(LStr) '提取密码
        If FindUsr(Usr, Pwd) = True Then   '在用户表中查询是否存在该用户
            '该用户合法
            Rtn = LookUpIdle      '查询数据库获得信息后立刻发送
            Select Case Rtn
            Case "ER"
            '查询函数返回错误信息，则提示
MsgBox "空闲设备查询错误，数据库异常，请维护!", vbCritical, "空闲设备查询
错误"
            Case "BZ" '设备忙
            QueueMang (False)     '服务排队值+1
            Case Else  '设备空闲
            QueueMang (True)     '服务排队值-1(至 0 为止)
            End Select
'将查询结果添加帧头帧尾生成发送数据帧
            sdata = "$" & Rtn & "*"
            WsServer(Index).SendData sdata '发送数据至客户端
            WsServer(Index).SendData sdata '发送两次用作校验
        Else
            '非法用户
            sdata = "$" & " Illegal user " & "*"
            WsServer(Index).SendData sdata '发送数据至客户端
            WsServer(Index).SendData sdata '发送两次用作校验
        End If
    Else
WsServer(Index).SendData RequestCMD        '请求重发
    End If
End Sub
```

　　以上代码中使用的自定义数据库查询函数 LookUpIdle 将在下一节的数据库
操作中给出具体代码。LookUpIdle 函数根据查询结果的不同，可以返回三种不同
的结果。如果数据库空等原因造成查询失败，则返回"ER"；如果所有设备均被
占用，则返回"BZ"；如果存在空闲实验设备，则该函数返回"OK"表示成功，
且其后跟随数据字段 1～3 以及相应的分隔符等查询结果，比如:"OK192.168.1.11:

2000，192.168.1.12.3000，192.168.1.13：4000"。因此，在组装发送的数据帧时需要加上起始字符"$"和结束字符"*"。

以上代码中的 QueueMang 函数是服务器排队管理的函数。在该函数中，对设备排队的情况进行标记。如果因为所有设备均被占用，在向客户端发送设备忙"BZ"的信息的同时，在该函数中对排队计数器+1，并将排队值发送至实验设备的所有控制服务器。而每成功为远程客户机分配一次实验设备则利用该函数将排队计数器-1，当排队计数器的值减至 0 时，也将向所有控制服务器发送信息。控制服务器利用该排队信息实现对实验计算机、视频服务器等实验设备进行的合理管理，其管理流程如图 5-32 所示。

实验服务器发送完成数据之后并不需要客户端反馈任何信息，因此，在发送完毕之后，即可卸载刚才通信使用的 Winsock 控件。这样处理的好处是，通信比较高效，需要动态加载的 Winsock 控件数量可以最少。在绝大多数的情况下，基本上只需要 WsServer(0) 做侦听，WsServer(1) 作通信即可满足。在 Winsock 数据发送完成 SendComplete 事件中的代码如下：

```
Private Sub WsServer_SendComplete(Index As Integer)
    WsServer(Index).Close    '关闭 Winsock 连接
    Unload WsServer(Index)    '卸载 Winsock 控件
End Sub
```

如果由于远程客户端接收失败或设备全部被占用，则客户端在超时定时器的控制下，会过一段时间后重新发起通信连接，申请实验设备的使用。

7.1.3　与控制服务器的通信

控制服务器管理实验计算机、可程控逻辑验证平台和视频服务器的工作，控制服务器上也具有本地工作模式的开关，可以在本地实验时直接通过控制服务器启动实验设备，开展本地 EDA 实验。该情况下，远程客户端不允许使用正在开展本地实验的实验设备，因此，控制服务器需要将其设备的工作状态实时更新至实验服务器。同时，控制服务器可以发现实验计算机等实验设备的故障和异常状态，也需要将信息发送至实验服务器，实验服务器也需要周期性的巡查各设备的工作状态，以实现设备的集中管理和维护。基于以上分析，控制服务器与实验服务器之间的通信是需要持续建立的。正如第 5 章所述，控制服务器中的 RM04 以太网模块是工作在 TCP_Server 模式，而实验服务器的数据库中也有关于所有实验设备的全部信息，包括 IP 和端口等，因此实验服务器与控制服务器之间的通信仍然采用了 TCP 通信，且实验服务器中的 Winsock 工作在客户端模式，实验服务器启动后将自动查询数据库中各控制服务器的 IP 和端口，并通过 Connect 发起与各控制服务器的通信连接。

在实验服务器的数据库中存在一个"设备信息表",在该表中记录了 EDA 实验系统中所有控制服务器、视频服务器、实验服务器的 IP 地址、通信端口等相关信息,如图 7-4 所示。当实验服务器建立与各个控制服务器的通信连接后,就可以利用该表查询出各控制服务器的 IP 地址和相应的端口,然后针对每一个控制服务器加载一个专用的 Winsock 通信控件,并在初始化后向该控制服务器发起连接请求,从而建立与该控制服务器的通信连接。同时,将与该控制服务器通信的Winsock 控件的 Index 索引号记录到表中对应记录后的控件 ID 栏中。当控制服务器有数据发送到实验服务器时,实验服务器可以通过 Winsock 的 Index 值与该控件 ID 对比,从而判断出控制服务器的来源。

由于在"设备信息表"采用了分别记录控制服务器、实验计算机和视频服务器的 IP 地址和端口的方法,因此,整个远程 EDA 实验系统的网络结构将更加灵活,既可以采用控制服务器、实验计算机和视频服务器直接接入互联网的方案,也可以将控制服务器、实验计算机和视频服务器放置于内部局域网中,然后通过路由器的端口转发等方式来实现系统组网。

设备编号	控制服务器IP	控制服务器端口	实验计算机IP	实验计算机端口	视频服务器IP	视频服务器端口	控件ID	工作状态
1	192.168.1.11	2000	192.168.1.12	3000	192.168.1.13	4000	1	工作
2	192.168.1.14	2000	192.168.1.15	3000	192.168.1.16	4000	2	工作
3	192.168.1.17	2000	192.168.1.18	3000	192.168.1.19	4000	3	空闲
4	192.168.1.20	2000	192.168.1.21	3000	192.168.1.22	4000	4	空闲
*								

图 7-4　设备信息表

图 7-5 给出了实验服务器与控制服务器通信的 Winsock 控件初始化函数的处理流程。

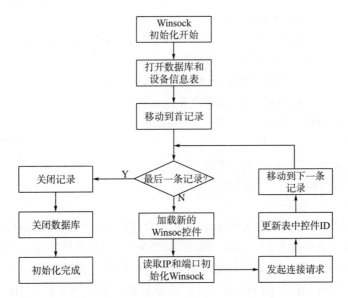

图 7-5　实验服务器与控制服务器的 Winsock 控件初始化流程

初始化函数的相应代码如下：

```
Private Sub Wsockexp_init()
    Dim MyDb As Database, MyTable As Recordset, Rtn As Long
    '使用 Workspaces 对象的 OpenDatabase 方法打开数据库
    '其中 gsDatabase 为字符型全局变量，存放系统数据库路径和名称
    Set MyDb = Workspaces(0).OpenDatabase(gsDatabase)
    '使用 OpenRecordset 方法打开数据库中的设备信息表，并把它加到 MyTable 的
Recordset 集合中
    '设备信息表中记载有每个控制服务器的 IP 地址、通信端口等信息
    Set MyTable = MyDb.OpenRecordset("设备信息表", dbOpenDynaset)
    MyTable.MoveFirst  '移动到 Recordset 的第一个记录
    Do Until MyTable.EOF  '如果不是表的结束，则创建控件并发起连接
        '加载一个 Winsock 数组控件
        Load WsockExp(WsockExp.UBound + 1)
        '读取设备信息表中该记录的 IP 信息，并初始化 Winsock 的 RemoteHost 属性
        WsockExp(WsockExp.UBound).RemoteHost = MyTable("控制服务器 IP
地址")
        '读取设备信息表中该记录的端口信息，并初始化 Winsock 的 RemotePort 属性
        WsockExp(WsockExp.UBound).RemotePort = MyTable("控制服务器端
口号")
        '利用新加载的 Winsock 控件设备信息表中该记录的控制服务器发起连接请求
        WsockExp(WsockExp.UBound).Connect
        '修改设备信息表中的控件 ID 值为当前通信的 Winsock 控件的 Index 值
        MyTable.Edit      '开始修改
        MyTable("控件 ID") = WsockExp.UBound
        MyTable.Update   '修改结束
        MyTable.MoveNext 指向下一条记录
    Loop
    MyTable.Close   '记录关闭
    MyDb.Close      '数据库关闭
End Sub
```

在函数中首先打开 gsDatabase 变量中存储的数据库以及设备信息表，然后从表中的第一条记录开始，逐条读取控制服务器的 IP 地址和端口并初始化到新加载的 Winsock 控件中，再利用该新加载的控件向远程控制服务器发起连接请求。同时，还将该控件的 ID 值写入到设备信息表中，建立控件 ID 与设备之间的映射关系。

控制服务器在工作过程中，会自动将其工作的一些关键信息数据发送给实验服务器，这些数据包括开机执行状态、关机执行状态、蓄电池充放电状态等。实验服务器收到这些数据后将记录到数据库中，形成设备运行状态的记录，从而使系统管理员能通过实验服务器掌握所有实验设备的运行情况，对出现的故障也可以及时了解和解决。同时，实验服务器也会周期性的向控制服务器发送维护命令，以获取设备的最新状态。无论是控制服务器自动发送的数据还是接收到维护命令而反馈给实验服务器的数据，其数据帧格式是相同的。表 7-4 给出了控制服务器发送至实验服务器的数据帧格式。

表 7-4　控制服务器发送至实验服务器的数据帧格式

起始字符	信息类型	数据字段	结束字符
$	ST/AL/ER/IM	xxxxxxxxxx	*

数据帧格式包括起始字符"$"、信息类型、数据字段和结束字符"*"四部分。信息类型有四种："ST"表示其后的数据字段是工作状态的信息；"AL"表示其后的数据字段是告警信息；"ER"表示其后的数据字段是错误信息；"IM"表示其后的数据字段是一般提示信息。实验服务器根据接收到的信息类型分别将数据写入到设备信息表中的"工作状态"栏，并写入"日志记录表"中。需要注意的是，与前面的通信方式相同，出于数据校验的目的，控制服务器发送的数据帧同样是连续发送两次。

由于在设备信息表中已经利用 Winsock 控件 ID 与实验设备之间建立了一对一的映射关系，此后无论是实验服务主动发起的设备状态查询还是控制服务器主动发送的设备状态信息都可以在 DataArrival 事件中通过 Index 值建立关联，并进行相应处理。

图 7-6 给出了实验服务器与控制服务器通信的 Winsock 控件数组 DataArrival 事件的处理流程。DataArrival 事件中实验服务器首先接收数据，然后将数据折半后进行对比校验，如果校验错误则发送请求重发命令；如果校验正确，则需要进一步确定接收信息的来源，以此判断究竟是哪一套实验设备的控制服务器发来的信息。其具体操作是：首先根据 DataArrival 事件中的 Index 参数，在设备信息表的"控件 ID"栏中查询与 Index 值相同的记录；然后从该记录中读取对应的设备编号，从该设备编号即可知道信息来源的具体设备；最后对接收数据帧中的"信息类型"进行判别，如果信息类型是"ST"，则表明后面的数据字段是表达设备的工作状态的信息，因此，将状态信息写入设备信息表的"工作状态"栏中。在下次有新的远程客户端申请使用实验设备时，实验服务器就可以根据该栏的"工作状态"信息知道该设备的忙闲状态或故障状态等；如果信息类型不是"ST"，则信息类型就可能是告警信息(AL)、错误信息(ER)或一般通知信息(IM)，这些

信息都将写入到日志记录表中，以用作系统维护的资料。

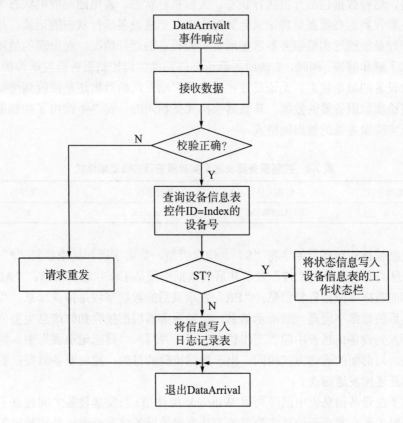

图 7-6 与控制服务器通信的 DataArrival 事件处理流程

DataArrival 事件函数的核心代码如下：

```
Private Sub WsockExp_DataArrival(Index As Integer, ByVal bytesTotal
As Long)
    Dim G_Str As String, LStr As String, RStr As String, Info As String,
InfoClass As String
    Dim EquID As Integer
    WsockExp(Index).GetData G_Str  '获取数据
    LStr = Left(G_Str, Len(G_Str) / 2)  '数据折半拆分
    RStr = Right(G_Str, Len(G_Str) / 2)
    If LStr = RStr Then  '校验拆分数据是否相等
        InfoClass = Mid(LStr, 2, 2)  '获取信息类型
        Info = Mid(LStr, 4, Len(LStr) - 4)  '获取数据字段
```

```
        '在设备信息表中查询控件 ID=Index 的设备编号并赋值给 EquID
         EquID = FindEquID(Index)
        If InfoClass = "ST" Then      '信息类型是否为工作状态
         '是工作状态的反馈信息则调用 EditRecord 过程修改相应设备的工作状态
    EditRecord_ST gsDatabase, "设备信息表", EquID, Info
        Else
         '是告警、错误或一般信息则在日志记录表中添加日志记录
         AddRecords gsDatabase,"日志记录表",Str(EquID),InfoClass,info,
_Date, Time, "", ""
        End If
    Else
        WsockExp(Index).SendData RequestCMD        '请求重发
    End If
 End Sub
```

在 DataArrival 事件的处理过程中使用了自定义函数 FindEquID，该函数可以根据 Index 值在设备信息表中查找与 Index 相同的控件 ID，并将对应的设备编号作为函数返回值传递给整型变量 EquID，其函数核心如下：

```
Function FindEquID(Index As Integer) As Integer
    Dim MyDb As Database, MyTable As Recordset
    On Error GoTo ErrH
    Set MyDb = Workspaces(0).OpenDatabase(gsDatabase) '打开数据库
    '打开表
    Set MyTable = MyDb.OpenRecordset("设备信息表", dbOpenDynaset)
    MyTable.MoveFirst '移动至第一条记录
    Do While Not MyTable.EOF  '如果不是表末，则循环查找
        If MyTable("控件 ID") = Index Then '控件 ID 与 Winsock 的 Index
比较
            FindEquID = MyTable("设备编号")  '函数返回该记录中的设备编号
            Exit Do '退出循环
        End If
        MyTable.MoveNext '移动至下一条记录
    Loop
    MyTable.Close     '关闭表
    MyDb.Close  '关闭库
    Exit Function '退出函数
  ErrH:
```

……'错误处理

```
End Function
```

在 DataArrival 事件的处理过程中还使用了自定义过程 EditRecord_ST 和 AddRecords。EditRecord_ST 实现在设备信息表中查询 EquID，并修改对应设备的工作状态，其过程如下：

```
Sub EditRecord_ST(DbName As String, TbName As String, _FindID As
Integer, State_Val As String)
    Dim MyDb As Database, MyTable As Recordset
    On Error GoTo ErrH
    Set MyDb = Workspaces(0).OpenDatabase(DbName)          '打开数据库
    '打开指定数据表
    Set MyTable = MyDb.OpenRecordset(TbName, dbOpenDynaset)
    MyTable.MoveFirst              '移动至首记录
    Do While Not MyTable.EOF       '循环查找指定设备编号的记录
        If MyTable("设备编号") = FindID Then
            MyTable.Edit           '开始修改
            '调用 Conv_info 函数将反馈信息中的英文字符串转换
    '为中文描述并修改该记录的工作状态栏
            MyTable("工作状态") = Conv_info(State_Val)
            MyTable.Update  '数据更新
            Exit Do          '退出循环
        End If
        MyTable.MoveNext    '移动至下一条记录
    Loop
    MyTable.Close            '关闭表
    MyDb.Close               '关闭数据库
    Exit Sub
ErrH:
    Debug.Print Err.Description & "EidtRecord_ST()"
    Debug.Print Err.Description
    MyTable.Close
    MyDb.Close
End Sub
```

EditRecord_ST 过程中的 DbName、TbName、FindID、State_Val 分别为数据库名称、表名称、查找的设备 ID 值以及需要修改的工作状态值。Conv_info 函数实现将通信接收的 ASICII 字符串转换为意义更加明确的中文文本。

自定义过程 AddRecords 实现记录的添加，该函数将在数据管理中给出。

7.2　数　据　管　理

实验服务器中需要设计后台数据库以实现对整个实验系统数据的管理。整个交互式远程 EDA 实验系统中需要管理的数据可以分为两种：一种是系统配置数据；另一种是系统运行信息记录数据。系统配置数据是维持系统正常工作的核心数据，主要包括控制服务器、实验计算机、视频服务器的 IP 地址和通信端口、工作状态等。系统配置数据由数据库中的一个名为"设备信息表"的数据表来记录。系统运行的记录数据主要由控制服务器获取并传输给实验服务器，该数据主要记录各实验设备运行的重要信息，包括实验设备的开机状态、关机状态、使用时间、充放电状态、电池失效告警、开关机失败、控制失败等信息。这些信息可以提供给系统管理员，以帮助系统管理员了解整个远程实验系统的运行情况，了解实验设备的利用率，发现系统中故障以及潜在的问题。系统运行的记录数据主要由数据库中的名为"日志记录表"的数据表来存储管理。

7.2.1　数据库创建

实验服务器中数据的管理是通过数据库来完成。数据库是存储在计算机内，有组织的、可共享的一种数据集合。目前广泛应用的数据库系统主要有 Access、MS SQL Server、MySQL、Oracle、DB2、Informix、Sybase 等。由于实验服务器中的数据管理比较简单，数据量也较小，故选用了 Access 数据库。在 VB 软件的编程中，采用数据访问对象(data access object，DAO)来实现。

数据访问对象 DAO 是一种面向对象的数据库接口，采用 Microsoft Jet 数据库引擎，为用户提供应用程序编程接口(API)，实现对微软的 Access 数据库的访问。数据访问对象封闭了 Access 的 Jet 函数，通过 Jet 函数，它还可以访问其他的结构化查询语言(SQL)数据库。数据访问对象(DAO)有两个主要的版本：3.5 版和 3.6 版本。Microsoft DAO 3.5 Object Library 主要支持 Access 97 以前的 MDB 数据库，Microsoft DAO 3.6 Object Library 主要支持 Access 2K 以后的 MDB 数据库。

在实验服务器中首先需要创建数据库。数据库的创建有两种方法：一种是利用 Access 创建数据库，在实验服务器应用程序中使用和管理数据库；另一种方法是直接在应用程序中利用数据访问对象的 CreateDatabase 方法创建数据库。实验服务器中采用了第二种方式实现数据库的创建。

在程序的 Main 过程中，首先检测是否存在需要的数据库文件，如果不存在则自动创建数据库。在模块中，作为程序入口的 **Main** 过程的关键代码如下：

```
Option Explicit
Global gsDatabase As String '数据库路径与名称的全局变量
Global MyPath As String '路径信息
Global ACreateDB As Boolean'新建数据库标志，TRUE 则不执行用户登录等操作
.........
Sub Main()
    On Error Resume Next '发生错误则继续往下执行
    Dim MyDb As Database
    Dim MyTable As Recordset
    MyPath = App.Path '获取应用程序路径
    '检查应用程序路径的末字符是否为"\"，不是则添加"\"
    If Right(MyPath, 1)<> "\" Then MyPath = MyPath & "\"
    '赋值数据库的完整路径与名称
    gsDatabase = MyPath & "EDA_Server.lib"
    '默认的 mdb 后缀被强制设置为 lib
    ACreateDB = False '设置是否新创建数据库的标志(全局变量)
    Err.Clear '清除前可能的错误信息
    '尝试打开数据库
    Set MyDb = Workspaces(0).OpenDatabase(gsDatabase)
    If Err Then '如果尝试打开数据库发送错误
        Err.Clear '清除错误信息
        '错误号为 3024，则表明不存在数据库文件
        If Err.Number = "3024" Then
            CreateDB '调用创建数据库的自定义过程
            ACreateDB = True '设置新建了数据库的标志
        ElseIf Err.Number = "3049" Then '错误号为 3049，则表明 MDB 文件损坏
            '使用 RepairDatabase 方法自动修复 MDB 文件
            DBEngine.RepairDatabase gsDatabase
            If Err Then '如果修复失败
                Err.Clear '清除错误信息
                '产生错误提示对话框，由用户确定是否删除原数据库重新创建
                Rtn = MsgBox("数据库修改失败！是否删除原数据库并重新创建新数据库? ", vbCritical + vbYesNo, "错误信息提示")
                If Rtn = vbYes Then '同意删除原库并创建新库
                    Kill gsDatabase '删除原库文件
```

```
                    CreateDB    '调用创建数据库的自定义过程建库
                    ACreateDB = True  '设置新建了数据库的标志
               End If
          End If
      End If
   Else
      '如果数据库打开成功则关闭打开的数据库
      MyDb.Close
   End If
......'其他初始化工作
End Sub
```

在以上启动入口的 Main 过程中，首先生成系统数据库的完整路径和文件名的寄存变量 gsDatabase，然后尝试打开该数据库。如果数据库打开成功，则关闭数据库，然后继续进行其他启动时的初始化工作。如果数据库打开失败，则判断失败的错误号，若错误号是"3024"表明数据库文件不存在，则自动创建新的数据库文件；若错误号是"3049"表明数据库损坏，则启动 RepairDatabase 方法尝试修复数据库。如果数据库修复失败，产生了错误则产生错误提示信息，由用户自己确定是否删除原损坏的数据库文件并重新创建新的数据库文件。如果用户同意删除并新建数据库，则利用 Kill 函数删除损坏的数据库文件，然后新建数据库。

在 main 过程中，创建数据库是通过 CreateDB 自定义过程来实现的。以下给出了 CreateDB 过程的主要代码：

```
Sub CreateDB()
    Dim WS As Workspace '定义工作空间对象的对象变量
    Dim DB As Database  '定义要创建的数据库对象的对象变量
    Set WS = DBEngine.Workspaces(0) '对象引用赋值，建立工作区
    '创建 gsDatabase 指定的数据库并赋值给数据库对象 DB
    Set DB = WS.CreateDatabase(gsDatabase, dbLangGeneral)
    '利用自定义过程在数据库对象 DB 中创建设备信息表
    CreateTD_设备信息表 DB
    '利用自定义过程在数据库对象 DB 中创建日志记录表
    CreateTD_日志记录表 DB
    DB.Close  '关闭数据库对象
End Sub
```

在 CreateDB 过程中使用了 CreateDatabase 方法创建了 gsDatabase 变量指定路径和文件名称的数据库文件。CreateDatabase 方法在 Microsoft Jet 工作区中创建一个新的空白数据库对象，并将数据库保存到磁盘，并返回一个打开的数据库对象。

其语法定义格式为：

      Set database = workspace.CreateDatabase（name，locale，options）

其中，参数 name 为不超过 255 个字符的字符串，表示正在创建的数据库文件的名称。该字符串可以是完整的路径和文件名，也可以是网络路径，如"C:\test1\123.mdb"或"\\ server1 \ share1 \ dir1 \ db1"等。文件后缀也可以修改为其他后缀名，如果省略后缀名则默认为".mdb"。

参数 locale 指定用于创建数据库的整理顺序的字符串表达式，该参数必须指定，否则会发生错误。在 local 参数中也可以为新建的数据库对象创建一个访问密码，方法是将 locale 参数中的常量于"；pwd ="相连接，比如：

      dbLangChineseSimplified & "；pwd=NewPassword"

参数 options 为可选选项，常数或常数组合，来指定数据格式应该具有的版本以及是否加密数据库等。具体的 local 参数与 options 参数的常量取值可以参见 MSDN。

在 CreateDB 过程中还通过自定义的过程"CreateTD_设备信息表""CreateTD_日志记录表"和"CreateTD_用户数据表"在数据库中创建数据表。下面给出了自定义过程 CreateTD_日志记录表的部分原始代码：

```
Sub CreateTD_日志记录表(DB As Database)
    Dim TD As TableDef   '定义要创建的 TableDef 的对象变量
    Dim FLD As Field   '定义 Field 的对象变量
    On Error GoTo Erp
    Set TD = DB.CreateTableDef("日志记录表")   '创建日志记录表
        TD.Attributes = 0   '设置属性、源表名称等
        TD.Connect = ""
        TD.SourceTableName = ""
        TD.ValidationRule = ""
        TD.ValidationText = ""
        ' Field 设备编号
        Set FLD = TD.CreateField("设备编号", dbInteger，3)  '创建字段
            FLD.Attributes = 2    '设置字段属性、默认值、原始位置等
            FLD.DefaultValue = ""
            FLD.OrdinalPosition = 0
            FLD.Required = False
            FLD.ValidationRule = ""
            FLD.ValidationText = ""
        TD.Fields.Append FLD '字段追加
        ' Field 日志类型
```

```
        Set FLD = TD.CreateField("日志类型", dbText, 10)
         …… ……
        ' Field 发生时间
        Set FLD = TD.CreateField("发生时间", dbDate, 10)
            FLD.Attributes = 2
            FLD.DefaultValue = ""
            FLD.OrdinalPosition = 4
            FLD.Required = False
            FLD.ValidationRule = ""
            FLD.ValidationText = ""
        TD.Fields.Append FLD
    DB.TableDefs.Append TD  '表追加
    Exit Sub
Erp:
    Debug.Print Err.Description
End Sub
```

在数据表的创建过程中关键的是，使用了 CreateTableDef 方法创建数据表，并使用 CreateField 方法创建需要的各种数据字段。CreateTableDef 方法是在 Microsoft Jet 工作区中创建一个新的 TableDef 对象，其语法格式为：

Set tabledef = database.CreateTableDef (name，attributes，source，connect)

其中，tabledef 为要创建的 TableDef 对象的对象变量；database 表示要用于创建新 TableDef 对象的 Database 对象的对象变量。

该方法有 name、attributes、source 和 connect4 个参数，均为可选参数。其中，Name 是表名称；attributes 表示新表的一个或多个特征；Source 代表作为数据原始来源的外部数据库中的表名称；Connect 表示有关开放数据库的源，在传递查询中使用的数据库或链表的信息。

CreateField 方法在 Microsoft Jet 工作区中创建一个新的 Field 对象。其语法定义如下：

Set field = object.CreateField (name，type，size)

其中，field 表示要创建的 Field 对象的对象变量；object 表示 TableDef 对象的对象变量；参数 name 是可选项，表示创建的字段名称；参数 type 也是可选项，是确定新建 Field 对象数据类型的常量；参数 size 也是一个可选项，控制 Field 对象字段的字节大小。

在 CreateDB 过程中调用的"CreateTD_日志记录表"过程执行后，创建的工作表如图 7-7 所示，"CreateTD_设备信息表"执行后创建的设备信息表如图 7-4 所示。

设备编号	日志类型	日志内容	发生日期	发生时间
1	通知	实验系统开机中……	2017/4/4	10:05:08
1	通知	实验系统开机成功	2017/4/4	10:06:26
2	通知	设备使用超时提醒第一次	2017/4/4	10:15:53

图 7-7　创建的日志记录表

7.2.2　数据库操作

实验服务器中数据库的操作比较简单，主要涉及数据的添加、修改、删除、查找与定位等。在 7.1 节中所给出的 Wsockexp_init、EditRecord_ST、FindEquID 等过程和函数中，已经分别涉及数据的查找与修改，此处不再赘述。

1. 记录的添加

实验服务器中设备信息表和日志记录表中均需要完成添加记录的工作。在 7.1 节的 WsockExp_DataArrival 事件中也需要实现记录的添加功能。程序中记录的添加功能是通过一个独立的自定义过程 AddRecords 来实现的。下面给出了自定义过程 AddRecords 的主要代码。

```
'向数据表添加一个记录
Sub AddRecords(DatabaseName As String, TableName As String, _
    Fld_Val1 As String, Fld_Val2 As String, Fld_Val3 As String, _
    Fld_Val4 As String, Fld_Val5 As String, Fld_Val6 As String, _
    Fld_Val7 As String)
    On Error GoTo ErrH
    Dim MyDb As Database, MyTable As Recordset
    Set MyDb = Workspaces(0).OpenDatabase(DatabaseName)
    '打开数据库
    '打开记录表
    Set MyTable = MyDb.OpenRecordset(TableName, dbOpenDynaset)
    MyTable.AddNew   '建立新记录
    Select Case TableName
        Case "设备信息表"   '在设备信息表中添加记录
            MyTable("设备编号") = CInt(Fld_Val1)   '将字符串转换为整型
            MyTable("控制服务器IP") = Fld_Val2
            MyTable("控制服务器端口") = CInt(Fld_Val3)
            MyTable("实验计算机IP") = Fld_Val2
            MyTable("实验计算机端口") = CInt(Fld_Val3)
            MyTable("视频服务器IP") = Fld_Val2
```

```
          MyTable("视频服务器端口") = CInt(Fld_Val3)
           '控件 ID 和工作状态栏由系统运行时自动修改,此处不添加
       Case "日志记录表"    '在操作日志表中添加记录
          MyTable("设备编号") = CInt(Fld_Val1)
       ……

       Case "用户数据表"    '在用户数据表中添加记录
       ……

   End Select
   MyTable.Update  '保存修改
   MyTable.Close   '关闭数据表
   MyDb.Close      '关闭数据库
   Exit Sub
ErrH:
……'错误处理
End Sub
```

数据的添加主要使用了 DAO 的 AddNew 方法。

AddNew 方法可以为一个可更新的 Recordset 对象创建新记录,其语法规则为: recordset.AddNew。

使用 AddNew 方法添加新记录后,还需要马上使用 Update 方法保存,并将记录添加到 Recordset。在使用 Update 方法之前,数据库中记录不会发生更改;如果没有 Update 方法就移动操作另一记录或关闭 Recordset 和数据库,添加的记录将自动丢失。

2. 查找与定位

数据库中记录的查找和定位有很多方法,在数据访问对象 DAO 中可以使用 Recordset 的 Seek 方法和 Find 方法来实现,也可以通过结构化查询语言(Structured Query Language,SQL)来实现。

(1)Seek 方法。Seek 方法可以用在 Microsoft Jet 工作区中对表类型记录集合查找和定位记录,其语法格式为

   recordset.Seek comparison,key1,key2…key13

其中,recordset 为 Microsoft Jet 空间中的表类型对象变量;comparison 为比较表达式,可以是<、<=、=、> =或>;key1、key2…key13 为一个或多个分别对应记录集当前索引中的字段。

(2)Find 方法。在动态集或快照类型的记录集合中查找记录就必须使用 Find 方法。Find 方法可以只在满足条件的记录之间移动,依次查找和定位的效率比较高。Find 方法有 FindFirst、FindLast、FindNext 和 FindPrevious4 种不同的查找方法,其语法格式如下:

recordset.{FindFirst | FindLast | FindNext | FindPrevious}criteria

其中，recordset 是动态集与快照类型的记录对象；FindFirst 为在记录集中从头至尾查找第一个符合条件的记录；FindLast 为在记录集的末尾开始向反向查找符合条件的第一条记录，也就是正向查找的最后一条符合条件的记录；FindNext 是在记录集的当前记录开始向末尾方向查找下一个符合条件的记录；FindPrevious 则是从当前记录开始向记录集开始的方向查找前一个满足条件的记录；criteria 为用于定位记录的字符串表达式，类似于 SQL 语句中没有 WHERE 字符的 WHERE 子句。该表达式的使用方式通常是：

[字段名称]操作符表达式

其中，操作符可以是<、>、<=、>=、=、<>、LIKE 等比较运算符；表达式可以是字段中的特定值，也可以使用含 "*" 的各种匹配表达模式，"*" 与 DOS 下的通用匹配符功能类似，具体看参阅微软开发者网络 MSDN。

定位记录的字符串表达式的具体使用比较灵活，比如查找表中 "控件 ID" 字段的值大于等于 4 的记录可以写成："[控件 ID] >= " & "4"。其中，"控件 ID" 字段的数据类型为数字。再比如查找实验计算机 IP 地址为 192.168.101.11 的记录，查找表达式可以写成："[实验计算机 IP] = " & "'192.168.101.11'"，其中 "实验计算机 IP" 栏的数据格式为短文本类型。

在实验服务器中使用了较多的 Find 查找方法，例如，在接收远程客户机通信请求的 ConnectionRequest 事件的处理中就使用了 LookUpIdle 函数，当实验服务器收到远程客户端的通信连接请求时，将调用 LookUpIdle 函数在数据库中的设备信息表中查找空闲设备，如果找到空闲设备则按照表 7-3 所示的通信数据帧格式的要求返回除起始字符和结束字符外的字符串，如 "OK192.168.1.20：2000，192.168.1.21：3000 192.168.1.22：4000"。如果无空闲设备则返回 "BZ"，当查询出错时则返回 "ER"。LookUpIdle 函数的具体代码如下：

```
Function LookUpIdle() As String
    Dim MyDb As Database, MyTable As Recordset
    Dim Findconditon    '定义存放查找条件的变量
    On Error GoTo ErrH
    Set MyDb = Workspaces(0).OpenDatabase(gsDatabase) '打开数据库
    '以动态集方式打开"设备信息表"
    Set MyTable = MyDb.OpenRecordset("设备信息表", dbOpenDynaset)
    '生成查找条件表达式：[工作状态] like '空闲'
    Findcondition = "[工作状态] like " & "'空闲'"
    MyTable.FindFirst Findcondition   '查找复合条件的第一个记录
  If MyTable.NoMatch Then
        '如果没有工作状态为空闲的记录则函数返回"BZ"
```

```
            LookUpIdle = "BZ"
        Else
            '找到工作状态为空闲的记录则函数返回状态"OK"
            '且同时将读取到的控制服务器、实验计算机和视频服务器的 IP 地址与端口
            '按照表 7-3 所示数据帧格式返回
            LookUpIdle = "OK" & MyTable("控制服务器 IP")& ": " & _
            MyTable("控制服务器端口")& ", " & MyTable("实验计算机 IP")& _
            ": " & MyTable("实验计算机端口")& MyTable("视频服务器 IP")& _
            ": " & MyTable("视频服务器端口")
        End If
        MyTable.Close '关闭数据表
        MyDb.Close   '关闭数据库
        Exit Function  '退出函数
    ErrH:
        LookUpIdle = "ER" '如果查询出现错误，则返回"ER"
        Err.Clear       '清除错误信息
        MyTable.Close  '关闭数据表
        MyDb.Close    '关闭数据库
    End Function
```

3. SQL 语句

SQL 语句由 SQL 命令、SQL 子句、运算操作符和函数等构成。SQL 命令比较丰富，如创建新表、字段和索引的 CREATE 命令，删除表和索引命令 DROP 命令，向数据库添加数据的 INSERT 命令，删除记录的 DELETE 命令，查找满足条件记录的 SELECT 命令等。SQL 的子句主要用来修改查询条件，通过条件定义选择要求操作的数据。

SQL 的子句主要有用来指定选择记录表名称的 FROM 子句、指定选择记录需要满足条件的 WHERE 子句、对选择记录进行分组的 GROUP BY 子句、指定每组要满足条件的 HAVING 子句以及用来实现记录排序的 ORDER BY 子句等。

SQL 中的运算符主要有 AND、OR、NOT 3 种逻辑运算符以及>、<、<>、=等 9 种比较运算符。SQL 函数主要包括各种统计函数，比如求取平均值的 AVG 函数、获得选择记录个数的 COUNT 函数、返回字段数值总和的 SUM 函数、求取最大值和最小值的 MAX 函数与 MIN 函数以及判别表达式为空值的 IsNULL 函数等。

在实验服务器中，SQL 语句主要用来实现各种数据的查询。下面的 AlarmInfoView 过程中就通过 SQL 语句将日志记录表中所有日志类型为告警的记录提取出现，并按照日期和时间由新到旧的顺序排列。

```
Private Sub AlarmInfoView()
```

```
    On Error GoTo ErrH
    Dim MyDb As Database, MyTable As Recordset
    Dim SQLStr As String
```
'从日志记录表中获取"日志类型"字段内容为"告警"的记录的所有字段信息，并按照日期和时间发生的先后降序排列
```
SQLStr = "SELECT * FROM 日志记录表 WHERE [日志类型] = '告警' Order By
发生日期 desc,发生时间 desc"
    Set MyDb = Workspaces(0).OpenDatabase(gsDatabase)
    Set MyTable = MyDb.OpenRecordset(SQLStr, dbOpenDynaset)
    Do Until MyTable.EOF
    '逐条记录显示
        ……
    MyTable.MoveNext
    Loop
    MyTable.Clone
    MyDb.Close
    Exit Sub
ErrH:
……
End Sub
```

7.2.3　数据库维护

在后台数据库中进行记录的删除、更新都只是简单地将原有位置标记为没有数据，而不会回收利用。时间一长，数据库就会松散地占用很多磁盘空间，这也将导致实验服务器在长时间运行后，数据库操作的效率会逐渐降低。因此，出于性能的考虑，在实验服务器中设置了数据库压缩的定时器，每分钟检查 1 次当前时间，当时间为每天凌晨 3 点时，则启动数据库自动压缩工作，通过压缩数据库整理数据，释放无用的空间。

数据库的压缩有多种方法。

(1) 使用 CompactDatabase 方法实现数据的压缩。

(2) 使用 JET 引擎压缩数据库。

(3) 引用 ACCESS 压缩数据库。

在实验服务器的软件中，数据库的备份与压缩都使用了 CompactDatabase 方法来实现。CompactDatabase 方法是数据访问对象 DAO 提供的一种简便易用的方法，可以实现数据库的复制和整理压缩，其语法格式如下：

DBEngine.CompactDatabase SrcName，DstName，DstLocale，Options，Password

CompactDatabase 方法共有 5 个参数，各参数的含义见表 7-5。其中，DstLocale 参数中涉及大量区域设置常量，例如，代表英语、德语、法语、西班牙语区域的 dbLangGeneral，代表简体中文的 dbLangChineseSimplified，代表繁体中文的 dbLangChineseTraditional 等；Options 参数也有大量常量，如在压缩时加密数据库的常量 dbEncrypt，在压缩时解密数据库的常量 dbDecrypt 以及代表在创建压缩数据库时使用的 Microsoft Jet 数据库引擎版本号的 dbVersion30、dbVersion40 等常数。

例如，若要根据 C 盘下名为 abc.mdb 的源数据库文件在 C 盘下创建整理压缩后的名为 def.mdb 的文件，要求新创建的数据库区域使用简体中文，版本格式指定为 dbVersion40 文件格式，且加密数据库，实现该要求的指令表述如下：

```
DBEngine.CompactDatabase "C:\abc.mdb", "C:\def.mdb", _
    dbLangChineseSimplified, dbVersion40 + dbEncrypt
```

表 7-5　CompactDatabase 方法的参数说明

参数名称	必要性	数据类型	参数描述
SrcName	必须	String	源数据库完整路径和文件名，例如"C:\db1.mdb"。数据库具有扩展名，则必须指定扩展名。也可以上网络路径和文件名
DstName	必须	String	目标数据库完整路径和文件名，不可与源数据库同名
DstLocale	可选	Variant	指定目标数据库文件的区域设置，省略此参数，则 DstName 的区域设置与 SrcName 相同。dbLangGeneral，English，German，French，Portuguese，Italian，and Modern Spanish 等 dbLangChineseSimplified:Simplified Chinese（简体中文）dbLangChineseTraditional:Traditional Chinese（繁体中文）
Options	可选	Variant	指定在压缩数据库时是加密还是解密数据库，以及压缩数据库的数据格式的版本
Password	可选	Variant	如果数据库受密码保护，则该变体是包含密码的字符串表达式。字符串"；pwd ="必须在实际密码之前。如果在 DstLocale 中包含的密码设置，将忽略此设置

实验服务器软件中设置了一个名为 TimerCompact 的定时器，将定时时间设置为 1 分钟，即 TimerCompact.Interval = 60000。因此，该定时器每 1 分钟产生一次定时事件，在定时事件中判断当前的时间是否为凌晨 3 点，如果是凌晨 3 点，则关闭所有使用了数据库的相应窗体和模块，然后开始进行数据的备份与压缩工作。如果数据库中"日志记录表"的记录数超过了系统设置的最大日志记录数量 LogNumMax，则备份数据库文件，并删除日志记录表中除新近发生的 100 条记录外的所有其他记录。数据库备份文件以 EDA_Log+日期命名。如果数据库文件未超过最大记录数则首先创建临时的备份压缩文件 Temp.lib，然后删除原数据库文本，再将备份的 Temp.lib 拷贝为系统默认的数据库文件名，最后删除临时文件

Temp.lib。TimerCompact 定时器的定时事件处理代码如下：

```
Private Sub TimerCompact_Timer()
    Dim MyDb As Database, MyTable As Recordset
    Dim DstName As String   '定义目标文件路径与文件名的字符串变量
    Dim LogNumCnt As Integer '存储日志记录表内记录数量的整数变量
    Dim TimeStr As String   '存储时间字符串变量
    On Error GoTo ErrTH
    TimeStr = Time '获取当前时间
    If Left(TimeStr, 5) = "03：00" Then  '如果时间是凌晨 3 点
        '准备获取日志记录表的记录数量
        Set MyDb = Workspaces(0).OpenDatabase(gsDatabase)
        Set MyTable = MyDb.OpenRecordset("日志记录表", dbOpenDynaset)
        If Not MyTable.EOF Then MyTable.MoveLast
        LogNumCnt = MyTable.RecordCount '获取日志记录表的记录数量
        MyTable.Clone
        MyDb.Close
        …… 'unload 所有可能使用了数据库窗体和模块
        If LogNumCnt > LogNumMax Then
        '如果日志记录表的记录数量大于了设置的最大记录数则开始备份数据库
        '生成压缩备份目标文件的路径和名称
        DstName = MyPath & "EDA_Log" & Format(Now, "yyyy-mm-dd") & ".mdb"
        '创建压缩备份文件，gsDatabase 为当前数据库的路径与名称
        '压缩文件的本地设置为 dbLangGeneral，数据库版本为 4.0 的解密数据库
        DBEngine.CompactDatabase gsDatabase, DstName, dbLangGeneral,
dbVersion40 + dbDecrypt
            '使用自定义过程删除数据库内日志记录表的陈旧内容
            '只保留最新的 100 条记录
            DelOldLog
            '更新状态栏提示信息
            sbStatusBar.Panels(1).Text = "状态：数据库备份完毕，正在恢复系统"
        Else  '如果记录数量未达到设定门限则整理压缩数据库，而不备份
            DstName = MyPath & "Temp.lib"  '生成目标数据库路径和名称
            '根据源数据库生成临时压缩后的数据库
            DBEngine.CompactDatabase gsDatabase, DstName, dbLangGeneral,
dbVersion40 + dbDecrypt
            Kill gsDatabase '删除源数据库文件
```

```
            '将压缩整理后的数据库拷贝为源数据库文件
            FileCopy DstName，gsDatabase
            Kill DstName '删除临时压缩文件
           '更新状态栏提示信息
            sbStatusBar.Panels(1).Text = "状态：数据库压缩完毕，正在恢复
系统"
        End If
    End If
    …… '恢复系统各工作模块，保证系统继续正常工作
    Exit Sub
ErrTH:
    …… '错误处理
End Sub
```

  另外，在数据访问对象 DAO 中还提供了 MDB 数据库修复的 RepairDatabase 方法，可以用于数据库的修复，其语法格式如下：

DBEngine.RepairDatabase dbname

  在前面数据库的创建中提到的 main 过程中已经使用了 RepairDatabase 方法，利用该方法实现对损坏的 mdb 数据库的修复，此处就不再赘述。

第8章 实验计算机

在交互式远程实验系统中，实验计算机是与最终实验的操作平台——"可程控逻辑验证平台"密切相关的设备。在图 3-3 的交互式远程 EDA 实验系统结构图中，给出了实验计算机在整个远程实验系统中的位置，其更详细的物理连接逻辑如图 8-1 所示。可以看出，在物理结构上，实验计算机一方面通过以太网与远程客户端进行通信，另一方面与可程控逻辑验证平台连接，同时还直接受控制服务器的开关机控制和供电控制。与可程控逻辑验证平台的连接存在两种数据线：RS232 串行通信的数据线和 USB_BLASTER 下载线。RS232 串行通信线主要实现实验计算机与可程控逻辑验证平台的数据通信，实验计算机通过该数据线接收可程控逻辑验证平台发送给远程客户端的各种测试数据和状态数据，通过该数据线将远程客户端的各种指令与设置数据发送给可程控逻辑验证平台。USB_BLASTER 下载线主要用于实现实验计算机对可程控逻辑验证平台上 FPGA芯片的数据配置，该下载线是可程控逻辑验证平台中不可或缺的一部分。

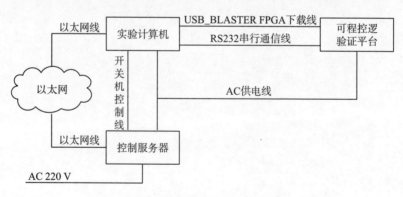

图 8-1　实验计算机的物理连接

实验计算机软件逻辑功能如图 8-2 所示，其最主要的功能有两个：

（1）数据转发的通信功能。该功能主要实现远程客户端与实验室内可程控逻辑验证平台之间的数据转发，将从以太网接收到的客户端指令通过 RS232 串行发送给可程控逻辑验证平台，同时，也将来自 RS232 的可程控逻辑验证平台上采集到的各种状态信息和测量数据通过 RJ45 接口转发到以太网上，最终由远程客户端接收。

（2）实现 FPGA 的远程配置功能。由于实验者远离实验设备，故实验者设计的结果需要在可程控逻辑验证平台上进行测试时，就必须由实验计算机来帮助完成 FPGA 的远程配置，这也是交互式 EDA 远程实验的核心功能。若要实现该功能，首先需要实现与客户计算机之间的文件传送功能，通过文件传送功能，接收远程客户端传送过来的 FPGA 配置文件，然后利用计算机实现该配置文件的 FPGA 配置工作。

在交互式远程 EDA 实验系统中，在实验计算机的具体实现时，曾经使用两种方式：一种是基于嵌入式平台来实现；另一种是基于 PC 平台来实现。基于嵌入式平台来实现的方案具有成本低、功耗低等优点，但要在嵌入式平台中实现对全系列 FPGA 的全面支持比较困难，对最新的各种 FPGA 器件的配置支持能力较差，系统的适应性较差。基于 PC 平台的方案也具有明显的优势与劣势。其优势是平台使用灵活，可以直接采用 Quartus 官方软件中的编程工具，如 quartus_pgm 或 quartus_jli 等实现可编程逻辑器件的编程与配置，可以支持 Altera 公司全系列的各种可编程逻辑器件的编程和配置，适应性非常强。更重要的是，使用 PC 作为远程实验中的实验计算机可以使远程实验设备也成为本地现场实验设备，这在 EDA 实验开设的初期是很有必要的。同时，现有的所有 EDA 实验室都标配了计算机，可以在保持原来本地 EDA 现场实验室的状态不变的情况下，为其增加远程实验的能力，这也提升了原有实验计算机和实验设备的利用率。但用 PC 作为远程实验计算机也具有明显的劣势，那就是实现成本高、体积大、功耗大，整套系统的集成难度也相对较大。

在下面的设计中，将依照图 8-2 所示功能图讨论基于 PC 的实验计算机软件的设计实现与基于嵌入式系统的 FPGA 配置实现。

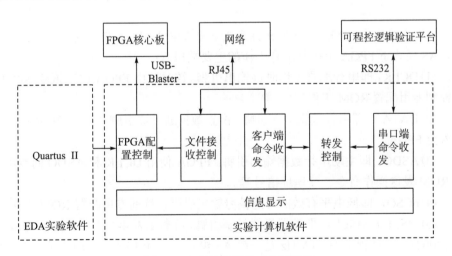

图 8-2　实验计算机的功能逻辑图

8.1　FPGA 的配置方法

FPGA 的远程配置是实验计算机的一个主要功能之一。要实现该功能就需要了解 FPGA 的主要配置方法。由于可程控逻辑验证平台上的 FPGA 核心模块采用 Altera 公司 Cyclone II 的 EP2C8F256C8 芯片，因此，下面以该芯片为例说明 FPGA 的配置方法。

Altera 公司的 Cyclone II 系列的 FPGA 芯片配置一般分为主动串行配置模式（active serial configuration, AS）、快速主动串行模式（Fast AS）、被动串行模式（passive serial configuration, PS）和 JTAG 四种配置方式，如表 4-2 所示。每种配置方式各有优缺点，AS 配置方式的时钟是由器件自身产生的，PS 配置方式的时钟则是由外部被动提供，JTAG 方式需要遵循其 JTAG 标准测试协议，协议中有一个 16 状态的 TAP 控制器，在进行 JTAG 方式配置的时候需要按照该 TAP 控制器的状态工作。

8.1.1　AS 与 Fast AS 配置

AS 配置模式是由 FPGA 作为配置的控制器，由 FPGA 自身产生配置时序，向专用配置 ROM（如图 4-6 中的 EPCS4）主动发出读取数据信号，把专用配置 ROM 中的配置数据串行读入 FPGA 中，实现对 FPGA 的编程配置。配置数据在同步时钟信号 DCLK 控制下，从 DATA0 引脚送入 FPGA，每一个时钟周期传送一位数据。

图 8-3 给出了 FPGA 在 AS 配置模式下配置单个 FPGA 的各个接口的连接关系。AS 模式下 FPGA 上控制配置工作的主要端口有：

（1）DCLK，即串行配置工作时钟输出引脚。该时钟由 FPGA 内部振荡器产生，并控制专用配置 ROM 工作。

（2）DATA0，即串行数据输入引脚。配置数据通过该引脚从配置 ROM 中同步输入至 FPGA。

（3）ASDO，即主动串行数据输出引脚。FPGA 使用 DCLK 和 ASDO 向专用配置 ROM 发送操作命令、读地址信号等。

（4）nCSO，即低电平有效的片选信号输出引脚，选通专用配置 ROM 工作。

（5）MSEL0、MSEL1，即配置模式控制引脚，可参见表 4-2。当 MSEL1、MSEL0 等于 00 时，时钟频率为 20 MHz 是一般 AS 模式；当 MSEL1、MSEL0 等于 10 时，时钟频率为 40 MHz 是 Fast AS 模式，图 8-3 中即为 Fast AS 模式。

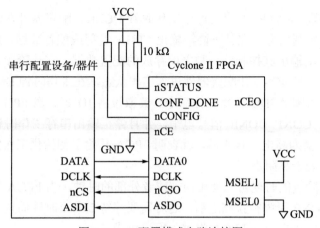

图 8-3　AS 配置模式电路连接图

Cyclone II 系列 FPGA 在 AS 配置模式下的工作过程主要有三个阶段，复位、配置和初始化。当系统刚供电的时候，FPGA 会处于一个持续时间约为 100 ms 的上电复位(power-on-reset, POR)阶段，在 POR 阶段，FPGA 将进行复位，并保持 nSTATUS 和 CONF_DONE 引脚为低电平，保持所有的用户 I/O 口为高阻态。

图 8-4 是 AS 方式配置的时序图。当 nCONFIG 或者 nSTATUS 被拉低时将进入复位阶段，然后经过 POR 阶段后会释放 nSTATUS 引脚。当 nSTATUS 重新从低到高变化时就表示配置开始。

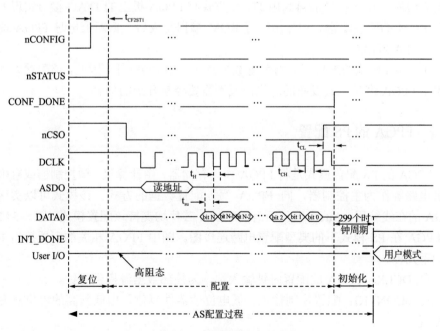

图 8-4　AS 配置模式时序图

在配置阶段，由 FPGA 自身产生工作时钟 DCLK，配置器件在时钟上升沿锁定保存输入与控制信号，在其下降沿输出 FPGA 编程或配置数据。FPGA 将会在 DCLK 的下降沿输出其控制信号与之前存放的配置数据。在该阶段，FPGA 将会拉低片选使能信号 nCS，让配置器件进入工作状态，在工作时钟 DCLK 驱动下，使能数据输出引脚 ASDO 传输操控命令、读取设备 ID 等。当 FPGA 完成配置之后，将会置高 CONF_DONE 信号电平，并且停止输出串行工作时钟信号。一旦 CONF_DONE 变为高电平状态后，就表明 FPGA 开始了初始化工作的阶段，所有的配置引脚会处于高阻态。

在初始化阶段的时候可以使用内部或者外部的时钟，当 FPGA 接收完配置数据，CONF_DONE 引脚被拉高之后，这时需要等待 299 个时钟周期来进行系统的初始化，在初始化完成后 FPGA 将进入用户模式。

在 AS 配置模式下，FPGA 上电即主动控制开启 AS 模式，从专用配置 ROM 中读取配置数据进行配置。专用配置 ROM 是一种非易失性、基于 flash 的存储器，因此，在 FPGA 开启 AS 配置之前，则必须先将 FPGA 的配置数据写入专用配置 ROM 中，如 EPCS4。要实现配置 ROM 的编程，可以在 Quartus II 软件中利用 programmer 工具，通过 USB-Blaster 等下载线连接 FPGA 板上的 AS 编程接口（如图 4-6 中的 JP4 插座）进行下载。专用配置 ROM 的编程文件名后缀为 ".pof"。FPGA 模块上没有 AS 接口的情况下，也可以利用 Quartus II 中的编程文件转换工具先将 ".pof" 转换为 JTAG 间接配置文件（JTAG indirect configuration file），其文件名后缀为 ".jic"，然后再利用 JTAG 方式和 FPGA 板上的 JTAG 接口实现专用配置 ROM 的间接编程。在专用配置 ROM 编程完成后，重新上电时 FPGA 即可正常开启 AS 配置。

由于 AS 模式的配置需要将配置数据写入专用 ROM 中，因此，该配置方式主要用于 FPGA 产品正式发布的时候，或不需要经常升级的场合。

8.1.2 FPGA 的 PS 配置

FPGA 的 PS 配置模式是将 FPGA 作为存储器，由计算机、微控制器或有限状态机电路等作为主控制器，向 FPGA 写入配置数据的方式。该模式可以实现对 FPGA 的在线编程，Altera 公司所有的 FPGA 芯片均支持该配置模式。图 8-5 给出了 FPGA 在 PS 模式下的典型配置电路连接图。图中 FPGA 相关的配置接口主要有如下几种。

（1）DCLK：FPGA 的配置时钟输入端，为外部数据源提供时钟。

（2）nCONFIG：配置控制输入。低电位使器件复位，由低到高的电位跳变启动配置。

（3）DATA0：配置数据输入端。配置数据逐位串行输入。

（4）nSTATUS：状态信号。命令状态下为器件的状态输出。加电后，FPGA
立即驱动该引脚到低电位，然后在 5 μs 内释放它。nSTATUS 经过 10 kΩ 电阻上
拉到 VCC，如果配置中发生错误，FPGA 将其拉低。在配置或者初始化时，若配
置电路将 nSTATUS 拉低，FPGA 进入错误状态。

（5）CONF_DONE：配置完成指示。在配置前和配置期间为状态输出，FPGA
将其驱动为低。所有配置数据接收无错误，并且初始化时钟周期开始后，FPGA
将其置为三态，由于有上拉电阻，所以将其变为高电平，表示配置成功。

（6）MSEL1、MSEL0：配置模式控制引脚，当 MSEL1、MSEL0 等于 01 时进
入 PS 配置模式。

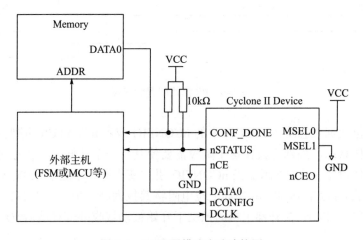

图 8-5　PS 配置模式电路连接图

与 AS 配置模式不同，PS 的配置不是由 FPGA 来控制，其配置工作需要由外
部主机来发起。在数据配置的过程中，外部主机产生串行配置工作时钟，并控制
外部存储设备输出串行配置数据给 FPGA。外部主机可以是微控制器
（microcontroller unit, MCU），如单片机、ARM 处理器等，或由 CPLD 等逻辑电路
实现的有限状态机（finite-state machine，FSM）控制电路，也可以是含控制逻辑的
加强型配置器件，如 EPC16、EPC8、EPC4 等，还可以是由计算机配上下载电缆
构成的控制系统等。

PS 模式中配置数据的存储器可以是 Altera 的专用配置 ROM 器件或电路板中
的其他存储器，如 Flash 存储器等。

图 8-6 是为 PS 模式的时序波形序图。与 AS 配置过程类似，在系统刚上电
时，也同样进入 POR 阶段，拉低 nSTATUS 引脚，并保持所有的用户 I/O 口为
高阻态。

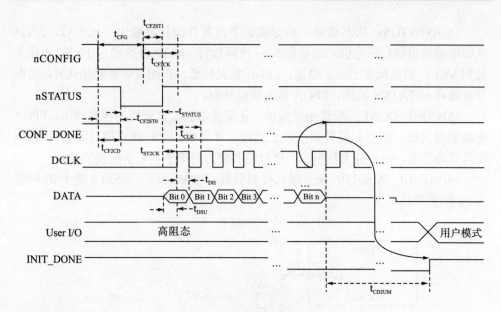

图 8-6　PS 模式配置时序图

在复位数据状态阶段，FPGA 中的 nCONFIG 或者 nSTATUS 引脚会一直保持低电平工作状态，外部主机在这个阶段需要使其一个从低到高状态切换的变化过程才能使设备完成初始化。当 nCONFIG 引脚变为高电平之后，FPGA 就完成了复位并释放 nSTATUS 引脚，外部上拉电阻将其拉为高电平。一旦 nSTATUS 引脚变为高电平，FPGA 在外部主机的控制下开始被动接收外部存储器发送的串行配置数据。

在配置数据状态阶段，FPGA 会在工作时钟 DCLK 的引导下，从 DATA0 引脚一直以串行的方式接收配置数据。当其引脚的信号变为高电平状态时，停止进行当前的数据配置操作。

在初始化阶段，与 AS 方式类似，PS 方式也可以选择使用外部时钟或者内部时钟，当配置数据完成接收完成后，CONF_DONE 引脚被拉高。

8.1.3　FPGA 的 JTAG 配置

JTAG（joint test action group）是联合测试行动组的缩写，这是电子、电器工程师学会（institute of electrical and electronic engineers，IEEE）的一个下属组织。该组织主要研究标准测试访问接口（standard test access port, STAP）和边界扫描结构（boundary-scan architecture, BSA）。目前，JTAG 通常用来表示 IEEE 1149 规范或满足 IEEE1149 规范的接口或测试方法。JTAG 已成为工业标准，除用于芯片测试以外，还广泛用于芯片的程序下载、可编程器件的编程与配置等方面。FPGA 的

JTAG 配置正是依赖于 IEEE 1149 国际标准的测试协议，利用 JTAG 实现 FPGA 的数据配置。

ALTERA 的 FPGA 芯片基本上都支持 JTAG 命令来实现 FPGA 的配置，FPGA 芯片中设计有用于测试与配置的 JTAG 协议指令，且其优先级高于 AS、PS 等配置方式。图 8-7 给出了 JTAG 模式配置单个 FPGA 芯片的电路连接图。JTAG 接口的信号端口主要如下。

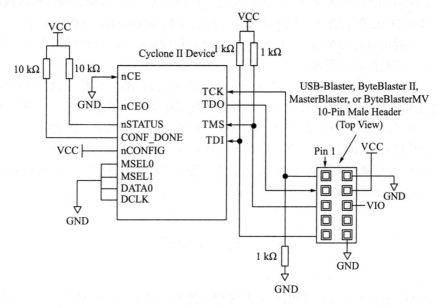

图 8-7　JTAG 配置模式电路连接图

（1）TDI（test data input）：测试数据输入端。TDI 是测试指令和编程数据的串行输入引脚，无论是指令数据还是编程数据都是 TCK 的上升沿从 TDI 进行串行移入。

（2）TDO（test data output）：测试数据输出端。TDO 是测试指令和编程数据的串行输出引脚，数据在 TCK 的下降沿时移位输出，如果没有数据移位输出时，TDO 呈现高阻态。

（3）TMS（test mode selection input）：测试模式控制端。TMS 是控制信号输入引脚，作为 TAP 状态机的转换控制信号，决定 JTAG 电路内部的 TAP 状态机的转换，TMS 必须在 TCK 上升沿到达之前稳定，当 TCK 处于上升沿的时候，TAP 控制器对 TMS 信号进行采样并译码，TAP 根据译码之后产生的 TMS 信号控制 16 种状态转换，无论是扫描测试还是 JTAG 配置都是依靠 TAP 控制器切换工作状态在 TDI、TDO 引脚产生二进制数据流。

（4）TCK（test clock input）：测试时钟输入端，所有工作信号都必须与之同步。在配置时作为串行配置数据的工作时钟，无论是边界扫描测试还是配置，TCK 时钟信号都相当重要，为 TAP 控制器的 16 个状态操作提供单独的工作时钟，TAP 状态机中每种状态的转换都在 TCK 时钟信号的驱动下发生。

（5）TRST（test reset input）：测试复位输入端，用于实现边界扫描电路的异步复位。

JTAG 的 5 个端口中，TDI、TDO、TMS 和 TCK 为必需的接口信号，TRST 为可选信号，如果 JTAG 电路不用该端口，可以将其接地。

在使用 JTAG 方式进行 FPGA 配置时，FPGA 上的 nCE 引脚必须拉低或接地，如果只用 JTAG 配置方式，则不再需要 FPGA 上的 nCONFIG、MESL、DCLK 等信号，此时可以将 nCONFIG 拉高，将 MSEL 拉成支持 JTAG 的任一方式，并将 DCLK 拉成高或低的固定电平。

在使用 JTAG 链配置单个 FPGA 设备时，需要将 JTAG 工作模式设为 BYPASS 旁路模式，从而旁路掉其他设备。编程配置数据将会从 TDI 进入芯片内部设计的旁路寄存器，配置数据会在下一个时钟周期被输出到 TDO 引脚。配置时产生的二进制数据通过 JTAG 接口的 TDI 引脚串行地传输，当配置数据传输完成之后，JTAG 接口的 TCK 引脚将会被自动锁存，然后需要等待 299 个时钟周期去完成 FPGA 设备的初始化。

8.2   JTAG 原理

JTAG 配置方式是在 FPGA 开发过程中使用率最高的一种配置方式，具有高效、稳定和在线配置的特点，便于各种程序调试、硬件测试等。对于交互式远程 EDA 实验系统来说，JTAG 配置方式几乎是一种最佳选择。因此，交互式远程实验系统中采用 JTAG 方式来实现 FPGA 的远程配置。

与 AS、PS 的专用配置方式不同，JTAG 功能更为强大，在 FPGA 的开发中，JTAG 不仅可以用来实现 FPGA 的测试，还可以用来实现对 FPGA 的编程和配置、FPGA 内嵌存储器内容的编辑和修改以及 FPGA 内嵌处理器内核系统的软硬件测试和调试。JTAG 中主要包含：测试访问接口（test access port, TAP）和边界扫描测试（boundary-scan architecture, BST）。

8.2.1   边界扫描

JTAG 边界扫描的基本思想是，在芯片输入输出引脚处，增加一个边界扫描寄存器单元（boundary-scan register cell），如图 8-8 的 JTAG 边界扫描电路结构图所示。该边界扫描寄存器本质上是一个移位寄存器单元。JTAG 具有两种工作模式，Debug 模式和 Normal 工作模式。当芯片处于 Debug 模式时，这些边界扫描寄存器可以将芯片内核和芯片外围的输入/输出端口隔离开来。对于输入端口，可以通过边界扫描寄存器将信号或数据加载到该管脚中；对于输出端口，可以通过边界扫描寄存器得到该管脚上的输出信号。在 Normal 工作模式下，这些边界扫描寄存器对芯片呈现透明状态，不影响芯片的正常功能。

芯片管脚上的边界扫描寄存器可以相互连接起来，在芯片内核周围形成一个边界扫描链（boundary-scan chain, BSC）。一般芯片会有很多条独立的边界扫描链来灵活控制整个芯片的所有输入和输出。

在大多数 FPGA/CPLD 芯片的内部均设计了该结构的边界扫描链，该边界扫描链可以在芯片内部跟踪捕获相应引脚信号，而不会对电路的正常工作造成影响。

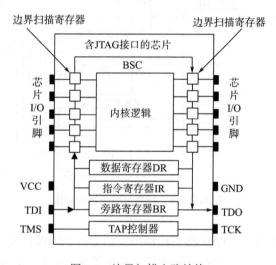

图 8-8　边界扫描电路结构

8.2.2　测试访问端口

TAP 是通用测试访问端口，通过 TAP 考验访问芯片提供的所有数据寄存器（DR）和指令寄存器（IR）。当芯片内存为多条 BSC 时，也需要 TAP 控制器来实现访问控制。图 8-9 给出了边界扫描电路内部更详细的逻辑示意图。在 FPGA 内部一般设计有这样的电路，该结构由 TAP 控制器、指令寄存器、数据寄存器等功能电路构成。TAP 控制器作为整个电路的核心控制电路，在外部 TCK 时钟的引导控制下以串行方式接收 TDI 端口数据，然后将芯片内部的指令或者编程测试数据通过 TDO 引脚移位输出。在 JTAG 工作中，TAP 控制器将控制 16 种工作状态进行状态切换去完成这些实际的操作。TDI 串行数据包括指令数据和编程数据两种，如果是指令数据则被传入指令寄存器，然后被译码成芯片内部的控制信号。

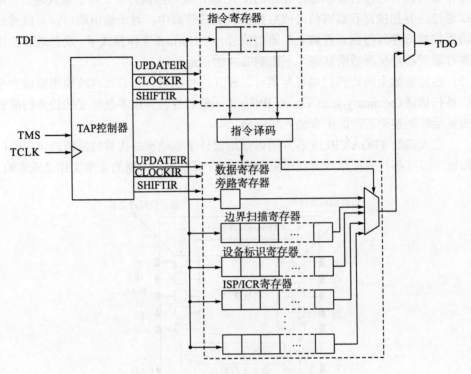

图 8-9　边界扫描电路内部结构图

　　图 8-10 为 JTAG 中 TAP 状态转移图。图中每个圆圈代表一种状态，并标有对应状态名称，状态之间所有可能的转换都用箭头进行标识，并给出了转换的条件。各状态间的转换都是在 TCK 的驱动下，由 TMS 控制。

　　在 JTAG 协议中共设定有 16 种 TAP 工作状态，这 16 种工作状态组成一个完整的有限状态机。TAP 控制器作为 JTAG 电路的核心，有序地控制着这 16 种工作状态的切换，在 TCK 上升沿对 TMS 信号进行实时采样，然后根据 TMS 信号的变化控制着各个状态的转移。

　　图 8-11 为 JTAG 的 I/O 口操作时序图。在系统上电时，TAP 控制器处于测试逻辑复位状态 TEST_LOGIC/RESET，此时电路并没有立即被使能工作，FPGA 设备处于就绪状态，且指令寄存器完成初始化工作。如果 FPGA 设备支持 IDCODE 指令模式，则初始化时就为 IDCODE 指令模式，否则就为 BYPASS 旁路指令模式。将 TMS 引脚保持 5 个 TCK 时钟周期的高电平会使 TAP 强制进入 TEST_LOGIC/RESET 状态。TEST_LOGIC/RESET 状态将会一直保持，直到 TMS 被拉低为止。

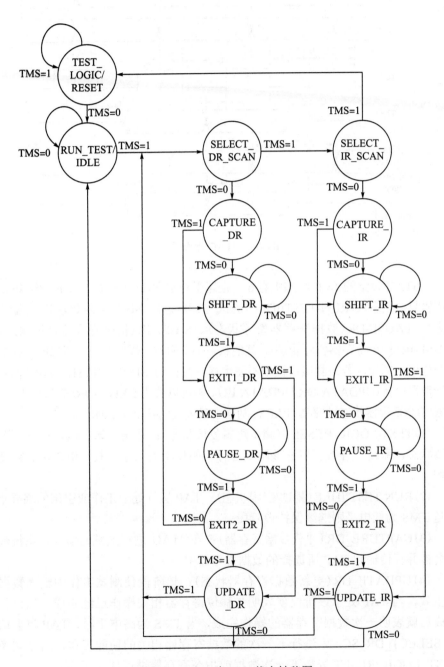

图 8-10 JTAG 中 TAP 状态转移图

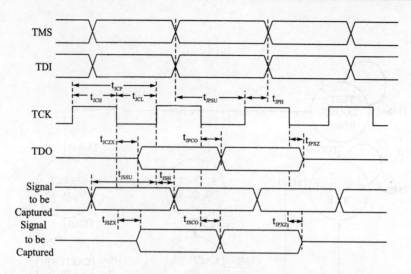

图 8-11　JTAG 操作时序

在 JTAG 设定的 16 种状态中有 6 个是属于稳定态，即 TEST_LOGIC_RESET（测试逻辑复位状态）、RUN-TEST/IDLE（测试/空闲状态）、SHIFT-DR（数据寄存器移位状态）、PAUSE-DR（数据寄存器暂停状态）、SHIFT-IR（指令寄存器移位状态）和 PAUSE-IR（指令寄存器暂停状态）。其他状态都是暂态，暂态为稳定状态的转换提供辅助作用，例如，若在测试过程中不使用移位寄存器（SHIFT-DR/SHIFT-IR）而直接进行数据更新（UPDATA-DR/UPDATA-IR），则可以选用 EXITL-DR/EXITL-IR（退出数据/指令寄存器状态）通路。TAP 控制器中最关键的几个状态如下。

（1）TEST_LOGIC/RESSET（测试逻辑复位状态）：系统开始上电，TAP 就会处于该状态，系统中各寄存器在该阶段进行初始化相关工作，其他电路没有被使能工作。

（2）RUN_TEST/IDLE（测试/空闲状态）：TAP 运行处于工作或空闲的临界点，若是 TMS 为低电平则继续保持该阶段。

（3）CAPTURE_DR（捕获数据寄存器）：在 JTAG 进行测试通信前，系统数据将会被并行传输到 TAP 所选择的数据寄存器中。

（4）UPDATE_DR（更新数据寄存器状态）：该阶段使测试工作中输入数据使能生效，当 TAP 处于该阶段就表明与移位寄存器相关操作已经完成。当该状态完成后就表明一次数据寄存器的操作完成，当 TMS 为高电平时，TAP 将会切换至 SELECT_DR_SCAN 进行下一次的数据寄存器相关的使能工作，否则切换至 TEST_LOGIC/RESET 等待下一次数据或指令寄存器进行使能工作。

以上解析的各个状态只是针对边界扫描中数据寄存器的操作，相应的指令寄存器的操作与数据寄存的操作是类似的，此处不再赘述。

8.2.3 JTAG 指令

为正常进行 JTAG 操作，JTAG 专门设计了一套完整指令集。其中主要的指令包括：采样或预加载指令 SAMPLE/PRELOAD、外部测试指令 EXTEST、旁路指令 BYPASS、读取设备编码指令 IDCODE、读取用户编码指令 USERCODE 等。

在 TAP 操作 JTAG 工作状态中，一次完整指令操作需要同时使用指令与数据两种寄存器。在进行 JTAG 操作前，需要向 TDI 端口输入指令码，指令码将会被送入指令寄存器，然后被 TAP 译码生成相关数据寄存器的操作使能信号，随后将进入相应的指令模式操作控制。

图 8-12 为 JTAG 选择命令操作的时序波形图。选择命令操作的时序逻辑严格按照 JTAG 中 TAP 状态机（图 8-10）的控制进行。在 TMS 和 TCK 共同作用下，TAP 控制器从 TEST_LOGIC/RESET 状态开始，依次经过 RUN_TEST/IDLE、SELECT_IR_SCAN、CAPTURE_IR 最终进入到 SHIFT_IR 状态。然后译码产生选择数据寄存器的控制信号，直到 EXITL_IR 状态，从而完成一次指令的输入。

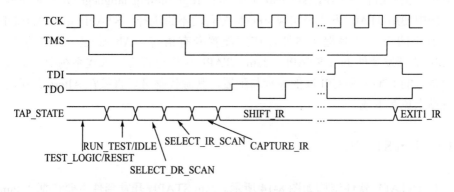

图 8-12　JTAG 选择命令操作时序图

图 8-13 是 JTAG 中采样/预加载指令操作的时序波形图。采样指令码在 TCK 时钟的作用下，从 TDI 端口串行移入指令寄存器中，然后等待切换到 UPDATE_IR 阶段，采样/预加载指令开始使能生效，随后存储在寄存器中的数据开始向 TDO 端口进行串行输出，同时，新的使能数据也会移位到寄存器中代替原来存在的数据。

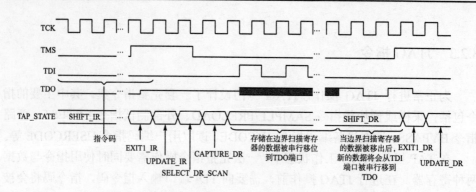

图 8-13　SAMPLE/PRELOAD 指令操作的时序波形图

8.3　基于嵌入式平台的配置实践

在交互式远程 EDA 实验系统中，FPGA 的配置采用了 JTAG 方式，当实验计算机采用嵌入式模块实现时，就需要在嵌入式系统中完成 JTAG 方式的配置。标准测试与编程语言 STAPL（standard test and programming language）是一种在嵌入式系统中使用 JTAG 方式来实现 FPGA 配置的不错选择。STAPL 是 EIA/JEDEC 协会制定的用于可编程逻辑器件在线配置专有语言。Altera 公司提供了基于 STAPL 的开发套件 Jam STAPL。Jam STAPL 可以运行于嵌入式系统中，实现大部分型号的 FPGA 和 CPLD 的编程与配置，其源代码可以直接在 Altera 公司的官方网站上免费下载。

8.3.1　Jam STAPL

Jam STAPL 软件结构如图 8-14 所示。Jam STAPL 开发套件主要包括 ".jam" 配置文件和 Jam Player 两部分内容。".jam" 文件是可以利用 Quartus II 软件生成的配置文件，具有对 FPGA/CPLD 编程、配置、擦除、校验等功能；Jam Player 程序是基于 JTAG 协议设计制定的，可以执行大部分 JTAG 指令，主要功能是读取 ".jam" 配置文件并解析文件中的指令、功能等内容，然后在 JTAG 的四个 I/O 接口（TCK、TMS、TDI、TDO）上产生 FPGA 配置的二进制数据流。

Jam Player 的执行过程依赖于 JTAG 中的 16 种 TAP 状态，其中，每一种状态都会在 JTAG 接口产生相应的配置数据流。在嵌入式系统中使用 Jam STAPL 开发套件进行 FPGA 的 JTAG 配置具有如下优势：

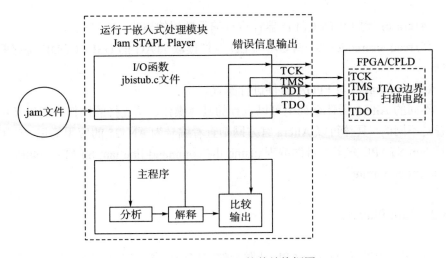

图 8-14　Jam STAPL 软件结构框图

（1）由于是在嵌入式系统中进行 FPGA 的配置，因此其比用 PC 机进行配置更加精简、灵活且占用整个系统的存储空间小。

（2）将 Jam Player 程序移植到嵌入式系统中，Jam Player 程序本身体积小、运行快的特点为远程系统的设计带来了方便，对 FPGA 在线配置只需要使用小型化精简的嵌入式处理器 ARM 即可完成。

（3）".jam" 配置文件占用嵌入式处理器存储空间较小，便于操作，这使得在嵌入式系统中对 FPGA 的配置速度较快。

Jam STAPL 所支持的 ".jam" 文件主要是提供各种 JTAG 配置所用的命令，".jam" 文件采用 STAPL 语言编写，jam Player 进行 JTAG 配置时读取 ".jam" 文件所记录的各种指令，同时解析其中指令所表达的功能，然后根据 16 种 TAP 状态在 TCK 引脚上产生时钟信号，在 TDI 引脚上产生配置数据信号，在 TMS 产生 TAP 控制器选择模式信号，在 TDO 引脚上回读配置过程中 FPGA/CPLD 的反馈信息。

".jam" 文件里与配置相关的内容主要分为操作（action）和过程（procedure）两种。action 是一系列连续的用于实现一个完整操作的步骤组合，procedure 则是包含于 action 中某一个具体的步骤。在实际操作中，Jam Player 会去读取并解析 ".jam" 文件里面的操作内容，并落实到具体的某一个过程去执行相应的配置操作。

在实际编程与配置中，具体的操作（action）主要如下。

（1）program：对 CPLD 或配置器件进行编程。

（2）blankcheck：检查 FPGA/CPLD 器件已擦除的状态信息。

（3）verify：对比 ".jam" 文件里的编程数据来校验 FPGA/CPLD 器件配置是否正确。

(4) erase：对 FPGA/CPLD 器件进行编程数据的擦除。

(5) read_usercode：从 FPGA/CPLD 器件读取 JTAG 的 USERCODE 寄存器的数据。

(6) configure：对 FPGA 器件进行配置。

不同的 Altera 器件系列中可以执行的具体操作、所支持的操作声明以及可选过程是不同的，具体可以 Altera 官方网站查看编号为 AN425 的应用笔记"使用命令行 Jam STAPL 方案为器件编程(using the command-line jam STAPL solution for device programming)"。

8.3.2　Jam Player

Jam Player 作为 Jam STAPL 开发套件的核心部分，是实现 Jam STAPL 在嵌入式系统中移植的关键。Jam Player 程序采用 C 语言编写，其源代码主要分为与要移植的运行平台相关的源代码(jamstub.c 源文件)和其他通用的遵循 JTAG 协议且执行其内部功能的源代码两大类。将 Jam Player 移植到嵌入式 Linux 中需要根据具体的嵌入式硬件平台重点修改和定制与操作平台相关的 jamstub.c 源文件。

分析 Jam Player 源代码，可以得出其程序执行配置操作的工作流程图，如图 8-15 所示。在主程序的 main 函数中会首先解析用户通过命令行传入的各种参数和执行的操作等，然后调用到一个核心处理函数 jam_execute 中，该函数会接收 main 函数中解析之后的用户参数，并根据用户参数去执行相应的操作。例如，用户输入如下命令行参数：jam_aconfigure test.jam 则该函数将会执行配置操作，将 test.jam 文件配置到 FPGA 器件中。Jam 的详细用法可以查阅其说明文档和应用笔记。

图 8-16 为 jam_execute 函数执行的流程图。该函数作为主函数的入口点，在整个 JTAG 配置过程中起着核心作用。在进入该函数时对系统进行了一系列初始化，包括符号表、堆栈区域、JTAG 状态机、配置文件语句缓冲区初始化等。之后将读取配置文件中的操作语句，并解析其中的含义，作出相应的操作。".jam"配置文件中记录的各种操作语句是用 STAPL 语言编写组成的，jam_execute 函数将会从配置文件的初始位置，依次读取并解析配置文件中的操作语句，并一条一条地执行，完成 JTAG 方式的配置。当配置结束时，返回配置过程中的状态信息，比如配置成功或失败。

通过进一步分析 jam_execute 核心函数，可以得出如图 8-17 所示的关于 TAP 状态转移的流程图。在该流程中，严格按照 JTAG 协议标准定义的 16 种 TAP 状态执行相应的配置操作，配合 FPGA/CPLD 芯片内部的 JTAG 边界扫描电路，在每种 TAP 状态都会产生用于 JTAG 边界扫描电路工作需要的二进制数据信号。TAP 状态转换和时序波形按照图 8-10 和图 8-11 远程进行操作。图 8-16 展示了

DRSACN、IRSAN 和 WAIT 指令的详细操作步骤，这些指令都是在 ".jam" 配置文件中用 STAPL 语言描述，其中还包括了其他指令，操作步骤与图 8-16 类似。在移植 Jam Player 程序时需要严格遵循图 8-16 所示的程序流程图，Jam Player 的内部通用代码已经将这一遵循 JTAG 协议的操作实现，在移植 Jam Player 只需要修改与移植平台相关的代码即可。

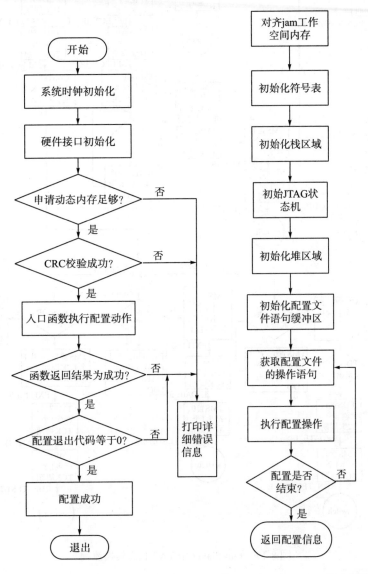

图 8-15　Jam Player 主程序配置流程　　　图 8-16　jam_execute 函数流程图

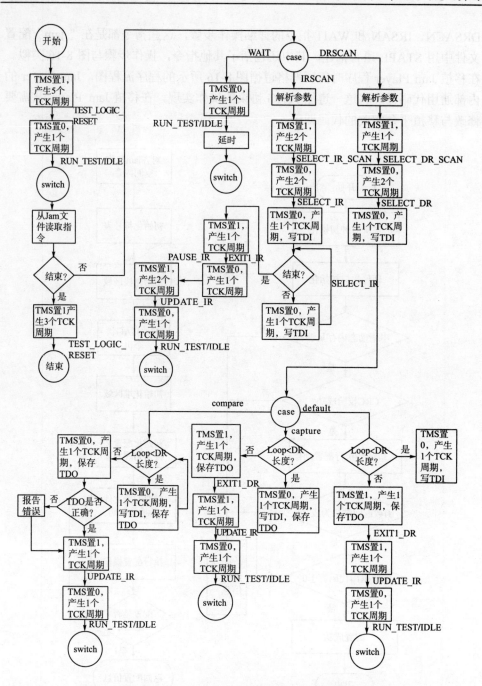

图 8-17   Jam Player 中 TAP 状态转换流程

8.3.3　Jam Player 移植

将 Jam Player 移植到嵌入式系统中需要考虑与移植平台相关的代码。基于嵌入式的 JTAG 配置依然采用了与视频服务器实现中相同的平台,即 JZ2440 系统。JZ2440 为 ARM9 的嵌入式 Linux 平台,在修改、定制和移植过程中的工作主要如下:

(1) 去掉与嵌入式系统平台无关的预处理声明代码,增加其对应预处理声明。由于 Jam Player 源程序支持多种操作系统平台,其默认的配置是支持 Windows、UNIX、DOS 操作系统,因此要为支持嵌入式 Linux 系统修改和添加相应的预处理声明。

在 jamport.h 头文件里已经定义了关于 Windows、UNIX、DOS、嵌入式系统的预处理声明,只需要做如下修改。

修改前:

……

```
#define DOS      2
#define WINDOWS  3
#define UNIX      4
#define EMBEDDED 5
#define PORT WINDOWS
```

……

修改后:

……

```
#define DOS      2
#define WINDOWS  3
#define UNIX      4
#define EMBEDDED 5
#define PORT  EMBEDDED
```

……

从以上代码可以看出,Jam Player 源程序本身可以实用于各种操作平台,在移植时只需按照自己的平台进行针对性修改即可。

(2) 在默认的 Jamstub.c 源文件里面只是添加了关于 Windows、DOS 平台相关的 JTAG 信号映射,需要在嵌入式平台中运行就需要添加嵌入式系统的硬件管脚映射。由于在嵌入式 Linux 中应用程序访问底层硬件需要调用驱动程序,调用底层驱动需要使用其设定的一套标准的 API 接口(open、write、read 等),因此还需要添加如下代码:

```
int fd1, fd2, fd3, fd4; //定义访问设备节点的文件句柄
```

```
void gpio_init_jtag()
```
{/*初始化 JTAG 的各输入输出引脚,直接通过调用 Linux 系统中的设备节点来访问硬件,
具体将 JTAG 信号映射至哪一个引脚需要针对实际情况修改驱动程序*/

```
    fd1=open("/dev/jtagtck", O_RDWR);
    fd2=open("/dev/jtagtms", O_RDWR);
    fd3=open("/dev/jtagtdi", O_RDWR);
    fd4=open("/dev/jtagtdo", O_RDWR);
    ……}
void gpio_set_tck()
    {char val;
    val=1;
    write(fd1, &val, 1); //通过文件句柄将 TCK 置高}
void gpio_clear_tck()
    {char val;
    val=0;
    write(fd1, &val, 1); //通过文件句柄将 TCK 置低}
void gpio_set_tms()
    {char val;
    val=1;
    write(fd2, &val, 1); //通过文件句柄将 TMS 置高}
void gpio_clear_tms()
    {char val;
    val=0;
    write(fd2, &val, 1); //通过文件句柄将 TMS 置低}
void gpio_set_tdi()
    {char val;
    val=1;
    write(fd3, &val, 1); //通过文件句柄将 TDI 引脚置高}
void gpio_clear_tdi()
    {char val;
    val=0;
    write(fd3, &val, 1); //通过文件句柄将 TDI 引脚置低}
unsigned int gpio_get_tdo()
    {char val;
    int tdo;
    read(fd4, &val, 1); //读取 TDO 引脚的值
```

```
      if(val==0)
          tdo=0;
      else
          tdo=1;
   return(tdo); }
```

在 Jam Player 程序里面需要将产生 JTAG 信号的 4 个引脚映射至 ARM 处理器具体的 GPIO 口。Jam Player 程序只是模拟产生了 JTAG 配置模式所需要的时序波形，模拟的 4 个 JTAG 信号波形还需要最终在实际的硬件引脚上产生。ARM 与 FPGA 在硬件上的连接如图 8-18 所示，其使用了 JZ2440 系统板上空余的 4 个 GPIO 口分别当作 JTAG 的 TDO、TMS、TDI、TCK 信号端口与 FPGA 直接相连。

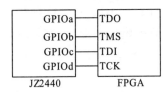

图 8-18　JZ2440 与 FPGA 的 JTAG 连接

Jamstub.c 源程序中的 jam_jtag_io 函数，就是专门实现 JTAG 信号与实际 GPIO 引脚映射的函数。在移植的时候，需要根据实际硬件平台进行相关代码的修改，具体的修改如下。

修改前：

```
int jam_jtag_io(int tms, int tdi, int read_tdo)
{……
#if PORT == WINDOWS || PORT == DOS
 data = (alternative_cable_l ? ((tdi ? 0x01 : 0) | (tms ? 0x04 : 0)) :
 (alternative_cable_x ? ((tdi ? 0x01 : 0) | (tms ? 0x04 : 0) | 0x10) :
((tdi ? 0x40 : 0) | (tms ? 0x02 : 0))));
                    write_byteblaster(0, data);
                    if (read_tdo)
 {
  tdo = read_byteblaster(1);
   tdo = (alternative_cable_l ? ((tdo & 0x40) ? 1 : 0) :
(alternative_cable_x ? ((tdo & 0x10) ? 1 : 0) :
((tdo & 0x80) ? 0 : 1)));
 }
                    write_byteblaster(0,data | (alternative_cable_l ?
```

```
0x02 : (alternative_cable_x ? 0x02: 0x01)));
                        write_byteblaster(0, data);
    ……}
```

修改后：

```
int jam_jtag_io(int tms, int tdi, int read_tdo)
{……
#if PORT == WINDOWS || PORT == DOS//在 WINDOWS 或者 DOS 系统下映射 JTAG
信号
 data = (alternative_cable_l ? ((tdi ? 0x01 : 0) | (tms ? 0x04 : 0)) :
 (alternative_cable_x ? ((tdi ? 0x01 : 0) | (tms ? 0x04 : 0) | 0x10) :
((tdi ? 0x40 : 0) | (tms ? 0x02 : 0))));
                        write_byteblaster(0, data);
                        if (read_tdo)
    {
     tdo = read_byteblaster(1);
     tdo = (alternative_cable_l ? ((tdo & 0x40) ? 1 : 0) :
(alternative_cable_x ? ((tdo & 0x10) ? 1 : 0) :
((tdo & 0x80) ? 0 : 1)));
    }
                        write_byteblaster(0, data | (alternative_cable_l ?
0x02 : (alternative_cable_x ? 0x02: 0x01)));
                        write_byteblaster(0, data);
    #elif PORT == EMBEDDED//添加该分支，将 JATG 信号映射至嵌入式处理器的 GPIO
                if(tdi)
                   gpio_set_tdi(); //设置 TDI 为高
                else
                    gpio_clear_tdi(); //设置 TDI 为低
                if(tms)
                  gpio_set_tms(); //设置 TMS 为高
                else
                    gpio_clear_tms(); //设置 TMS 为低
                if (read_tdo)
    {
    tdo = gpio_get_tdo(); //读取 TDO 的值
    }
                        gpio_set_tck(); //设置 TCK 为高
```

```
gpio_clear_tck(); //设置 TCK 为低
}
```

（3）根据实际嵌入式处理器的处理能力修改定制延时函数。延时函数的作用是使 Jam Player 在模拟 JTAG 配置时序时能够产生更加精确的时序。在实际修改时，需要反复地测试以使其能够正确配置 FPGA，延时函数定义在 Jamstub.c 源文件中，具体如下所示：

```
void jam_delay(long microseconds)
{
    delay_loop(microseconds *
  ((one_ms_delay / 1000L) + ((one_ms_delay % 1000L) ? 1 : 0)));
}
```

默认情况设定为 1000L，在实际使用过程中，需要根据具体的移植处理器平台进行修改与测试。

以上介绍了在移植 Jam Player 源程序过程中需要注意的关键部分，更多更详细的移植信息可以阅读 Jam STPAL 工作手册。

通过移植 Jam Player 实现嵌入式系统对 FPGA 的 JTAG 配置，使实验计算机系统非常精简，且使整个远程实验系统具备小型化、低功耗、低成本的优势，甚至可以将实验计算机的全部功能完全集成到可程控逻辑验证平台中，实现高度集成化的实验系统。同时，利用嵌入式系统移植 Jam Player 的配置效率也较高。由于目前 Altera 公司在编程配置方面的技术资料并未开放，同时 Jam Player 版本更新比较慢，故 Jam Player 并不能支持所有型号的可编程逻辑器件的配置，在通用性方面存在一定的缺陷，这是与采用标准 PC 作为实验计算机的方案相比的最大缺点。

8.4　基于 PC 的配置实践

如前所述，采用嵌入式系统实现 FPGA 的配置具有低功耗、小型化等优势，但也存在通用性较差等问题。对于绝大多数学校来说，通用计算机是 EDA 实验室的标准配置，除新建全新的远程实验室以外，更多的是需要将现有设备改造为远程和本地共用的 EDA 实验室。因此，利用标准计算机作为实验计算机也具有现实价值。同时该方案也可以保持原有的本地实验环境不变，可连续开展本地 EDA 实验。

采用标准计算机作为实验计算机，就可以在实验计算机上安装最新版的 EDA 开发软件，因此，对最新型的可编程逻辑器件的支持也是最好的。

通过标准计算机实现对 FPGA 的配置大致可以分为三种方法：

(1) 根据 FPGA 的配置原理和操作时序自己编写配置代码实现配置。

(2) 采用远程桌面共享，直接操作安装在实验计算机上的 Quartus II 软件实现配置。

(3) 采用远程发送控制命令的方式，控制实验计算机上的 Quartus II，通过命令行的方式实现配置。

从本质上来讲，第一种方法其实采用了与嵌入式中实现 FPGA 配置一样的方法，需要首先分析 FGPA 的具体配置方法、配置时序和数据流等，然后根据具体的 FPGA 芯片编写出 FPGA 的配置代码。当然也可以根据 Jam Player，采用与嵌入式中一样的操作进行移植，并最终嵌入到自己开发的软件系统中实现 FPGA 配置。受限于技术资料的开放程度和个人编程能力，采用这种方法也存在与嵌入式中实现方案相同的缺陷，同时还失去了嵌入式平台实现的优势，因此是最不值得尝试的一种方案。

采用远程桌面共享的方法是最简单的一种方法。通过远程桌面共享，让用户可以直接操作实验计算机，不仅可以完成 FPGA 的配置工作，还可以在实验计算机上直接进行实验设计。这种方式最大好处是，一旦用户成功进入共享桌面后，就可以完全控制计算机，远程实验将变得与本地实验完全一样，可以开展所有的 EDA 设计操作。这种方法也几乎不再需要开发任何客户端程序，只需要安装远程共享的相关软件并做好相应的配置即可。目前各种免费的和商业化的远程桌面软件都比较成熟，种类也比较多，常用的有 TeamViewer、Netman（网络人）、LogMeIn、TightVNC、SunloginClient（向日葵）以及 QQ 远程协助等。在 Windows 操作系统中也自带有远程桌面工具 mstsc，使用起来非常方便。采用远程共享桌面方式具有系统搭建简单、操作方便、用户能完全控制计算机等优点。远程桌面实现的基本方法主要是利用微软公司提供的远程桌面协议（remote desktop protocol, RDP），或者是各软件公司自己开发的视频镜像驱动方式，甚至是屏幕抓取等方式实现。因此，各远程桌面软件也或多或少存在使用时反应迟钝、体验较差等问题。此外，部分远程桌面软件在一些比较复杂的网络环境中会受到防火墙和路由器设置的影响。同时，开启远程桌面本身就是一种既方便又危险的方法，会给实验计算机带来较大的安全隐患。

采用远程发送控制命令，在实验计算机上通过 Quartus II 命令行的方式来实现 FPGA 配置是最佳的选择。Quartus II 软件提供了完整的多平台设计环境，软件允许用户在设计流程的每个阶段使用 Quartus II 图形用户模式，也允许用户使用 EDA 工具模式以及更加高效的命令行模式。在 EDA 设计的整个流程中，可以只使用这些界面中的一个，也可以在设计流程的不同阶段使用不同的工作模式。通过命令行模式，远程用户可以轻易地实现 EDA 设计的全部流程，包括 FPGA 的远程配置。

8.4.1 Quartus 的命令行设计

Quartus II 软件提供 FPGA 行业最简单易用且功能最强大的脚本编写环境，可用于命令行(command-line)操作和工具命令语言(Tool Command Language, TCL)脚本。在 Quartus II 软件设计流程的每个阶段都有对应的命令行可执行文件。许多可执行文件还支持行业标准的 TCL 脚本，以进行图形用户界面(graphical user interface, GUI)设计流程之外的自定义功能或处理。Quartus II 设计软件能提供被称之为 CAR 的脚本描述优势，即自定义分析(custom analysis)、自动化(automation)和重现性(reproducibility)。

自定义分析允许用户将测试过程构建到脚本中，并根据测试结果更改设计过程；脚本支持自动化设计流程，可以同时在多台计算机上执行，并可轻松归档和还原项目；重复性确保脚本在每个编译时都使用相同的项目设置和指配信息，即使将项目从一个工程师转移到另一个工程师。换句话说，用户可以使用脚本作为设计质量保证的另一种措施。

Quartus II 软件的命令行操作支持使用命令行进行简单设计流程的描述、编译现有工程项目、进行项目的全局指配、集成第三方 EDA 工具(可执行文件)，进行 Makefile 操作等。用户可以将 Quartus II 可执行文件的命令分组到脚本、批处理文件或 makefile 中自动执行设计流程。

Quartus II 软件为设计流程中的每个阶段提供命令行可执行文件，还为特定任务提供了额外的可执行文件。表 8-1 给出了常用命令的相关信息。

表 8-1 Quartus II 命令行常用的可执行文件及功能描述

可执行文件	流程标题	功能描述
quartus_map	Analysis and Synthesis	构建工程数据库，将所有设计文件集成到设计实体或项目层次结构中，执行逻辑综合和映射，并使用 LE 等逻辑资源实现
quartus_fit	Fitter	根据特定的器件对设计进行布局和布线，选择适当的互联路径、引脚分配和逻辑单元分配。适配前必须先进行分析与综合
quartus_sim	Simulator	测试设计实体的逻辑运算和内部时序，可以进行功能仿真和时序仿真。仿真前必须先进行分析与综合，时序仿真前必须先运行时序分析器(timing analyzer)
quartus_drc	Design Assistant	设计助手可以基于一组设计规则检查设计的可靠性，支持除 MAX3000 和 7000 外的所有 Altera 器件。在运行设计助手前，要先进行分析与综合或适配
quartus_cdb	compiler database Interface	生成内部网表文件，包括生成 VQM 文件，生成用于 LogicLock 反向注释的增量网表，或反向注释设备和资源分配。在运行编译器数据库接口之前，要先进行分析与综合
quartus_asm	Assembler	为特定器件的编程或配置产生以下形式的一个或多个编程文件：编程器对象文件(.pof)、SRAM 对象文件(.sof)、Intel 格式十六进制输出文件(.hexout)、表格文本文件(.ttf)、原始二进制文件(.rbf)。Quartus II 编程器处理.pof 和.sof 文件，并使用下载电缆或 Altera 编程单元(APU)将其下载到设备。.hexout、.ttf、

续表

可执行文件	流程标题	功能描述
		.rbf 文件可供第三方编程硬件使用。汇编前，必须先进行适配
quartus_tan	timing analyzer	计算并在网表中注释给定设计和芯片的延迟，执行时序分析，分析设计中所有逻辑的性能。时序分析前分析与综合、适配
quartus_eda	EDA Netlist Writer	生成与其他 EDA 工具一起使用的网表和其他输出文件网表生成前需先进行分析综合、适配和时序分析
quartus_pgm	Programmer	指定有效的编程模式、编程电缆和操作，对 Altera 器件进行编程，支持以下编程文件：编程器对象文件(.pof)、SRAM 对象文件(.sof)、Jam 文件(.jam)、Jam 字节代码文件(.jbc)
quartus_cpf	convert programming file	将一种编程文件格式转换为需要的其他格式的编程文件
quartus_sh	quartus shell	Quartus II Shell 作为简单的 Quartus II Tcl 解释器。用于运行 Tcl 脚本或用作为快速 Tcl 命令评估程序，将多个命令行参数评估为一个或多个 Tcl 命令

除了表 8-1 中的一些主要的命令行可执行文件外，还有功耗分析 quartus_pow、信号完整性分析 quartus_si、Time Quest 时序分析器 quartus_sta 以及图形用户界面的 Time Quest 时序分析器 quartus_staw、图形用户界面的编程器 quartus_pgmw 等。

在 Quartus II 脚本编写参考手册中包含了所有命令的详细信息。最新的命令列表可以在 Quartus II 软件的 Tcl API 和命令行的在线帮助参考(qhelp)中找到。在 Quartus II 软件的 View 菜单打开 TCL 控制台(TCL console)，在命令提示符下键入命令：quartus_sh --qhelp 就可以打开如图 8-19 所示的命令行和 TCL API 的帮助。在其中可以查看所有的命令行命令用法和参数，也可以查看 TCL API 包的相关信息，关于 TCL 包和命令行更详细的说明可以参考 Quartus II 脚本编写参考手册。

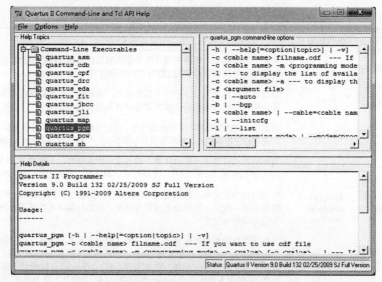

图 8-19　命令行和 TCL API 帮助

图 8-20 给出了命令行设计流程及各个设计阶段需要使用的命令。在其设计的流程与基于 Quartus II 图形用户界面的设计流程一致,只是各个阶段的实现是利用命令行模式来完成。

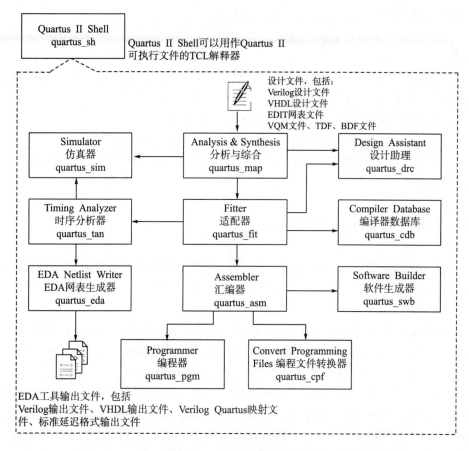

图 8-20　命令行设计流程

　　基于命令行或 TCL 的 FPGA 设计流程效率高,且易于实现远程编译,但相较于基于图形用户界面的开发模式,其人机接口差、用户体验差,尤其是对于以学习 FPGA 为目的实验系统来说并不适合。基于上述原因,在交互式远程 EDA 实验系统的系统架构中并未采用命令行模式或 TCL 模式完成整个 FPGA 的设计流程,而是在用户自己的计算机上安装本地 FPGA 的开发软件,也就是 QuartusII,用户可以在本地计算机上完成设计的输入、综合、适配、仿真等工作,只有在需要对所作的设计进行硬件实际测试时才需要硬件平台,此时才需要将设计的结果配置到实际的远程硬件平台中。由于硬件平台远离用户,因此,用户无法使用自己的本地计算机进行 FPGA 配置。虽然可以通过网络将配置文件传送到远程实验计算机上，但是，如前面分析所述，出于安全考虑，交互式远程 EDA 实验系统放弃了远程共享桌面的方式，用户也就无法直接通过熟悉的图形用户界面操作实验计算机上 FPGA 的 Programer 编程工具来完成 FPGA 配置。因此，在交互式 EDA 远程实验系统中，最终采用的方案和步骤是：

(1)在用户本地计算机上完成设计的输入、综合、适配、时序分析和仿真等工作。

(2)根据远程硬件平台的具体硬件连接关系设计测试方案，并锁定 FPGA 的引脚关系，重新进行适配、汇编生成下载文件、时序分析等。

(3)将最终的配置文件传送给远程的实验计算机。

(4)远程控制实验计算机通过命令行方式实现 FPGA 的远程配置。

(5)最后通过客户端远程操作硬件设备，观察实时视频和采集的实时数据进行硬件测试；

8.4.2　基于命令行的编程与配置

从上面最终的设计方案可以看到，基于标准计算机的设计方案实现 FPGA 的远程配置最主要是通过命令行方式实现 FPGA 的下载配置，其余的命令行基本上不需要使用。

在 Windows 平台下，能够实现下载配置的命令主要有：Jam STAPL Player、Jam STAPL Byte-Code Player、quartus_jli、Jrunner、Srunner、quartus_pgm 等。

1. Jam STAPL Player 和 Jam STAPL Byte-Code Player

如 8.3 节所述，Jam™标准测试和编程语言(STAPL)与支持 JTAG 在系统编程(ISP)的所有 Altera 器件兼容。因此，可以使用 Jam Player 实现器件的在系统编程。Jam STAPL 可以为 PC 或嵌入式处理器的 ISP 提供支持，其文件更小、易用且具有平台独立性，特别适合于嵌入式系统。

为适应 Altera 支持的两类 Jam STAPL 文件，有两个 Jam STAPL 命令行可执行软件：一个是 Jam STAPL Player，在 Windows 中的可执行程序名为 jam.exe；另一个是 Jam STAPL Byte-Code Player，在 Windows 中的可执行程序名为 jbi32.exe，DOS 中的文件名为 jbi16.exe。

Jam STAPL Player 支持基于 ASCII 文本格式的 Jam STAPL 文件，该格式的文件的后缀名为".jam"。对于新工程，Altera 建议使用 JEDEC JESD71 STAPL .jam 文件。在大部分情况下，.jam 文件用于测试环境中。

Jam STAPL Byte-Code Player 支持字节码格式的 Jam STAPL 文件，该格式的文件的后缀名为".jbc"。Altera 建议在嵌入式应用中使用 Jam STAPL Byte-Code .jbc 文件以便降低对存储器资源的占用。

.jam 和.jbc 格式编程文件的生成，一般是通过 Quartus II 软件产生。其具体操作是，在菜单 Assignments 下点击 Settings，在 Category 中选择 Device，并在 Device 中点击 Device and Pin Options，在如图 8-21 所示的对话框中勾选 Jam STAPL Byte Code 2.0 File（.jbc）选项和 JEDEC STAPL Format File（.jam）选项即可。在进行综合编译时即可在工程路径下自动产生.jam 和.jbc 格式的编程文件。

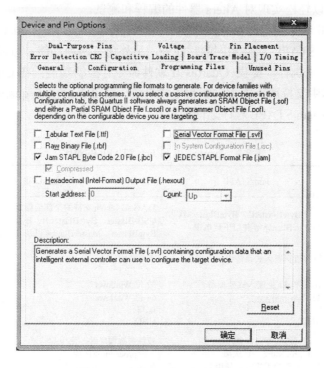

图 8-21　产生.jbc 和.jam 编程文件

Jam STAPL 程序是一种读取并执行.jam 或.jbc 文件的解释性程序。.jam 或.jbc 文件中可包含对 PLD 进行编程、配置、验证、擦除以及空白检查等多种功能。Jam STAPL 软件负责解析.jam 或.jbc 文件中描述信息，将其翻译成设置到目标可编程逻辑器件中的数据和算法。这两个执行程序并不针对某一特定的厂家或特定器件的体系结构进行编程，它只基于 IEEE 1149.1 接口的规范，读取并解释 Jam STAPL 规范定义的语句。

Jam STAPL Player 和 Jam STAPL Byte-Code Player 是独立发布的，其源代码和 Windows 平台的可执行程序可以在 Altera 公司官方网站的 Altera Jam STAPL Software 页面上找到。前面基于嵌入式平台的远程配置方案，就是基于该源代码进行的移植。

关于 Jam 命令行的应用在上一节中已简单说明，此处不再赘述，jbi 的使用方法与 jam 也是一样的。

2．quartus_jli

在 Quartus II 6.0 以及更高版本的软件中提供了名为 quartus_jli 的命令行可执行文件。在 PC 平台上，该程序可以作为 Jam STAPL 软件的一个替代命令。quartus_jli 可以同时支持.jam 格式和.jbc 格式的编程文件，利用 quartus_jli 和.jam 或.jbc 文件可以轻松实现对 Altera 器件的编程和测试。

quartus_jli 命令拥有比独立发布的 JAM Player 更多的功能，quartus_jli 命令除了具有与 Jam STAPL 软件相同的功能外，另外还有两项功能：可以在 UNIX 和 DOS 的命令行中执行，提供 Quartus II 软件命令行控制功能；在 Quartus® II 6.0 及以后的版本中支持所有类型的编程下载电缆。表 8-2 给出了 quartus_jli 命令行可执行程序与 Jam STAPL 程序之间的对比。

表 8-2　quartus_jli 与 Jam STAPL 的对比

项目	Jam STAPL	quartus_jli
下载电缆支持情况	支持 ByteBlasterII、ByteBlasterMV 和 ByteBlaster 等并口下载电缆	JTAG server 所支持的全部编程电缆，比如 USB-Blaster、ByteBlaster II、ByteBlasterMV、ByteBlaster、MasterBlaster 以及 EthernetBlaster 等
可移植性	可移植到嵌入式系统中	不可移植
支持的平台	16 位和 32 位嵌入式处理器 32 位 Windows DOS UNIX	32 位 Windows 64 位 Windows DOS UNIX
使能或者禁止程序的命令行参数	使能可选程序时，使用 －d\<procedure>=1 选项 禁止推荐的程序时，使用 －d\<procedure>=0 选项	使能可选程序时，使用 －e\<procedure>选项 禁止推荐的程序时，使用 －d\<procedure>选项
发布	单独发布	随 Quartus 软件同步更新和发布，在 Quartus 安装路径下的\bin 目录下

quartus_jli 命令行具有多个参数选项，其命令选项可以按照任意顺序编写。表 8-3 给出了 quartus_jli 的命令行选项的简要说明。

表 8-3　quartus_jli 的命令行的主要选项

选项	说明
-a	设定要执行的操作
-c	设定 JTAG 服务电缆号
-d	禁用被建议的过程
-e	使能可选的过程

续表

选项	说明
-i	在指定的选项或者主题上显示信息
-l	当用操作声明执行文件时，显示 .jam 文件的头文件信息或者.jbc 文件中支持的操作和过程列表
-n	显示可用硬件列表
-f	设定包含额外的命令行参数的文件

quartus_jli 的典型用法有 4 种：

quartus_jli [-h | --help[=<option|topic>] | -v]

quartus_jli -n --- list available hardware

quartus_jli -i <jam file> --- list available actions

quartus_jli [-c <cable>] <jam/jbc file> -a <action> [-d <proc>] [-e <proc>]

比如要查看当前计算机上可用的编程硬件，则可以在命令行提示符下输入指令：quartus_jli –n，则将在图 8-22 所示的命令窗口显示当前系统中的硬件列表。其中，括号前面的编号就是编程电缆的编号，在-c 指令中可以使用。

图 8-22　查看编程电缆硬件列表

如果需要利用系统中的第二条下载线(USB-Blaster)将配置文件 ep2c8.jbc 配置到 FPGA 中，同时希望显示出.jbc 文件中支持的操作和过程则可以使用如下命令行指令：

quartus_jli -aconfigure ep2c8.jbc -l -c2

指令执行的部分结果如图 8-23 所示。

更多 quartus_jli 的用法可以在《Quartus II 脚本参考手册(Quartus II Scripting Reference Manual)》和编号为 AN425 的应用笔记《使用命令行 Jam STAPL 方案为器件编程(Using the Command-Line Jam STAPL Solution for Device Programming)》中查找。

3．quartus_pgm

quartus_pgm 工具是 quartus 中功能最强大的编程下载工具。支持所有的 Altera 器件和多种编程文件格式，包括 Programmer Object Files (.pof)、SRAM Object Files (.sof)、Jam File (.jam)，or Jam Byte-CodeFile (.jbc)等。只要确保为指定的可编程逻辑器件指定有效的编程模式、编程电缆和操作即可实现编程或配置。quartus_pgm 的可执行文件可以在 quartus 安装路径下的\bin 或 bin64 路径下找到。

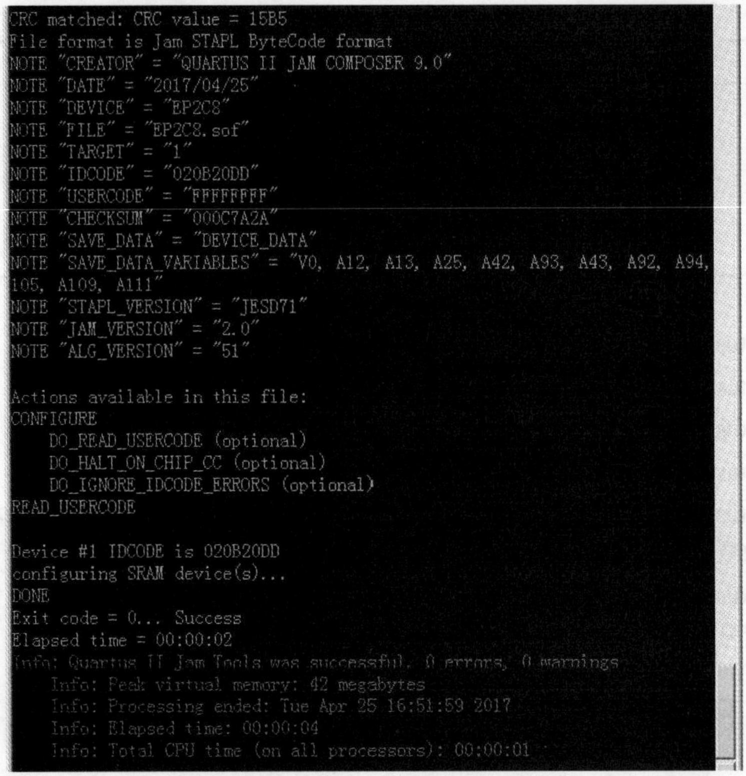

图 8-23　使用第二条下载线配置 FPGA

　　quartus_pgm [-h |　--help[=<option|topic>] | -v]　--获取帮助

　　quartus_pgm -c <cable name> filname.cdf ---如果使用. cdf 编程链描述文件 (Chain Description File)

　　quartus_pgm -c <cable name> -m <programming mode> -o <value> [-o <value>...]　---如果使用单独的编程文件

　　quartus_pgm -l　---　显示可用硬件列表

　　quartus_pgm -c <cable name> -a　---　显示连接到下载线的设备列表

　　quartus_pgm 命令支持表 8-4 所示的选项。

表 8-4　quartus_pgm 命令支持的选项

选项	等效选项	说明
-a	--auto	检测和显示编程器件链中的所有器件
-b	--bgp	允许 MAX II 设备在新的编程数据加载到配置闪存（CFM）中时继续在系统中运行。打开此选项时，加载到 CFM 中的编程数据不会立即配置设备

续表

选项	等效选项	说明
-c	--cable =<cable name>	选择使用的编程硬件或电缆
-i	--initcfg	指定配置器件编程完成后将自动配置的器件
-l	--list	显示所有可使用的下载电缆
-m	--mode=<programming mode>	指定要使用编程模式
-o	--operation=<programming operation>	指定执行的编程操作
-z	--haltcc	停止片上自动配置控制器，以允许 JTAG 接口编程
-f		指定包含其他命令行参数的文件
-h		显示帮助的选项
-v		显示版本号
	--64bit	Linux 平台下启用 64 位版本可执行文件选项
	--lower_priority	降低当前流程优先级

以上参数选项中设置编程电缆(-c)、编程模式(-m)以及编程操作(-o)是最常用和最重要的几个选项。

1．编程电缆选项(-c)

该选项用来选择使用哪种编程硬件或电缆，根据硬件连接在本地计算机上还是远程计算机上，其完整的语法表述稍有不同，硬件连接在本地计算机上时语法如下：

"<cable_name> [<port>]"

硬件连接在远程计算机上时语法如下：

"<cable_name> on <host_name / IP_address> [<port>]"

<host_name/IP_address>：：<cable_name>[<port>]@<baud_rate>

如果本地或远程主机上的下载电缆比较明确，比如只有一条下载线，则可以不指定端口，甚至下载电缆名称，语法表述中的引号可加可不加。

2．编程模式选项(-m)

指定需要使用的编程模式，quartus_pgm 支持的编程模式如表 8-5 所示。

表 8-5　编程模式表

模式值	模式说明
JTAG	JTAG 编程模式
PS	被动串行编程模式
AS	主动串行编程模式
SD	In-Socket 编程

3．编程操作选项(-o)

该选项指定在设备上执行哪些具体的编程操作。对编程器件链中的每个设备可以使用以下语法：

-o \<options\>；\<input_file\> @ \<device_index\>

其中，\<options\>可以是表 8-6 中的基本选项或它们的一些组合，如 BP、CPL、IBP 等，具体的合法组合可参看《Quartus II 脚本参考手册（Quartus II Scripting Reference Manual）》。

表 8-6　编程操作中的基本选项

选项	选项说明	选项	选项说明
P	编程	V	校验
R	擦除	B	空检查
L	锁定加密位	C	ISP 钳位
I	初始化桥设备*	E	检查
		S	跳过/旁路

quartus_pgm 命令的可执行文件存放在 Quartus 安装路径下的 bin 和 bin64 目录中，其中 bin 路径下为 32 位的可执行程序，bin64 下为 64 位的可执行程序。为了使用方便，可以在命令窗口中将需要使用的命令所在的路径加入系统路径中。比如，命令窗口中输入如下命令即可将命令可执行文件的路径加入系统默认路径中：

path %path%；d:\altera\90\quartus\bin；

加入默认路径后，就可以在任意路径下直接使用 quartus_pgm 命令，而无须再书写其路径。下面给出几个范例，在命令窗口输入相应的指令即可。在 Windows 的命令窗口中，命令行的书写比较灵活，并不区分大小写，选项的值加或不加引号都可以，选项值与选项之间是否空格也都可以，参数书写的先后顺序也可随意安排。

输入 quartus_pgm -l 查看计算机上已经连接的下载电缆，如图 8-24 所示。

图 8-24　显示可用硬件

可以用如下指令的任何一种表达查看第二根下载电缆上连接的芯片信息，如图 8-25 所示。

quartus_pgm -c2 -a 或

quartus_pgm -c USB-Blaster[USB-1] -a 或

quartus_pgm –cable=USB-Blaster[USB-1] -a

```
Info: Command: quartus_pgm -c USB-Blaster[USB-1] -a
Info: Using programming cable "USB-Blaster [USB-1]"
1) USB-Blaster [USB-1]
  020F70DD   EP3C120
```

图 8-25　显示下载电缆 2 上连接的芯片信息

将 E 盘根目录下的 demo.sof 配置文件通过 JTAG 方式下载到第一根下载线所接的芯片中，结果如图 8-26 所示。

quartus_pgm -c1 -mjtag -o p；e:\demo.sof

quartus_pgm　-cable=USB-Blaster[USB-0]　--mode=JTAG　--operation=p ；e:\demo.sof

quartus_pgm -c “USB-Blaster[USB-0] ” --mode=” JTAG” --operation=” p；e:\demo.sof”

```
Info: Command: quartus_pgm -c 1 -m jtag -o p;e:\demo.sof
Info: Using programming cable "USB-Blaster [USB-0]"
Info: Started Programmer operation at Wed Apr 26 15:28:05 2017
Info: Configuring device index 1
Info: Device 1 contains JTAG ID code 0x020B20DD
Info: Configuration succeeded -- 1 device(s) configured
```

图 8-26　JTAG 模式下载配置

如果系统中只有唯一的一根下载电缆则可以省略-c 选项。比如采用 AS 模式通过默认下载线和端口，将 E 盘根目录下的 demo.pof 文件编程到专用配置器件中，运行结果如图 8-27 所示。

quartus_pgm -m as -o p；e:\demo.pof

```
Info: Command: quartus_pgm -m as -o p;e:\demo.pof
Info: Using programming cable "USB-Blaster [USB-0]"
Info: Started Programmer operation at Wed Apr 26 15:49:39 2017
Info: Device 1 silicon ID is 0x12
Info: Erasing ASP configuration device(s)
Info: Programming device 1
Info: Device 1 silicon ID is 0x12
Info: Successfully performed operation(s)
Info: Ended Programmer operation at Wed Apr 26 15:49:48 2017
Info: Quartus II Programmer was successful. 0 errors, 0 warnings
```

图 8-27　通过 AS 模式向默认设备编程

4．JRunner 与 SRunner

JRunner 软件是 Altera 公司提供的一种用于可编程逻辑器件 JTAG 配置的嵌入式解决方案。该软件基于 Windows 平台开发和测试，并提供程序的源代码。用户既可以在 Windows 中直接使用，也可以通过修改自定义系统的 I/O 控制，以实现向嵌入式系统的移植。

JRunner 支持 ByteBlaster II 或 ByteBlasterMV 两种下载电缆，可以通过 JTAG

模式配置 Altera 的可编程逻辑器件。JRunner 支持 Quartus II 软件生成的原始二进制文件，即.rbf(raw binary file)格式的配置文件。其输入文件是由 Quartus 生成的链式描述文件，即.cdf(chain description file)格式的文件，在该文件中含有 JTAG 链中设备的信息。

在使用 JRunner 之前，需要修改由 Quartus II 软件生成的链描述文件。用文本编辑器等打开.cdf 链描述文件，然后将其中指定的 SRAM 目标文件(.sof)替换为需要配置的原始二进制文件(.rbf)。修改链式描述文件后，在 Windows 命令提示符下可以键入如下命令行来配置芯片：

JRunner <filename> .cdf

关于 JRunner 的移植等更多信息可以查阅 Altera 公司编号 AN414 的应用笔记《The JRunner Software Driver:An Embedded Solution for PLD JTAG Configuration》。

SRunner 也是基于 Windows 平台独立发布的编程工具。该软件允许用户使用 ByteBlasterII 下载电缆对 Altera 的 EPCS1、EPCS4、EPCS16、EPCS64、EPCS128 等 FPGA 的专用串行配置芯片进行编程。SRunner 软件也提供程序源码，运行用户将其移植到嵌入式平台中，实现嵌入式系统对 EPCS 的编程。

SRunner 的输入文件是由 Quartus II 2.2 SP2 及以上版本生成的原始编程数据文件，即.rpd(raw rrogramming data)文件。SRunner 读取.rpd 文件，并通过串行接口将数据编程到 EPCS 专用配置器件中。

SRunner 支持对 EPCS 专用配置 ROM 的编程、回读、校验等操作，其指令见表 8-7。比如，需要将当前目录下的 demo.rpd 文件编程到 EPCS64 芯片中，可以在命令窗口输入如下指令即可：

srunner -program -64 demo.rpd

表 8-7　SRunner 指令

操作	指令	功能描述
编程	srunner -program -<EPCS density><filename>.rpd	打开<filename>.rpd 将数据编程到 EPCS 器件中
回读	srunner -read　-<EPCS density><filename>.rpd	读取 EPCS 器件中的数据并存储到<filename>.rpd 文件中
校验	srunner -verify　-<EPCS density><filename>.rpd	将 EPCS 器件中的数据与<filename>.rpd 文件中的数据进行比较校验

关于 SRunner 的更多信息可以阅读 Altera 公司编号为 AN418 的应用笔记《SRunner：An Embedded Solution for Serial Configuration Device Programming》。

8.4.3 编程实现

尽管 quartus_pgm 可以直接通过-c 选项指定网络上的另一台主机来进行配置,但在实际测试中发现,使用情况不太理想,受网络环境的影响非常大。同时,实验计算机除了完成 FPGA 的配置以外,还要实现串口数据的获取和与远程计算机的通信数据转发,因此,在实验计算机上 FPGA 的配置采用了 Visual Basic(VB)编写程序,通过调用 quartus_pgm 命令来实现。

1. 使用 Shell 调用 quartus_pgm

在 VB 中调用外部程序或命令可以使用其内部函数 Shell 来实现。Shell 函数可以执行一个可执行文件,返回一个 Variant(Double),如果成功,则代表这个程序的任务 ID;若不成功,则会返回 0。Shell 函数的语法是:

Shell(PathName[,WindowStyle])

其中,PathName 为必需参数,类型为 String,它指出了要执行的程序名,以及任何需要的参数或命令行变量,也可能还包括目录、文件夹和驱动器参数。WindowStyle 为可选参数,类型为 Integer,指定程序运行时窗口的样式。WindowStyle 参数的取值和描述见表 8-8。

表 8-8 Shell 函数 Window Style 的参数的取值和描述

常量	值	描述
vbHide	0	窗口被隐藏,且焦点会移到隐式窗口
vbNormalFocus	1	窗口具有焦点,且会还原到它原来的大小和位置
vbMinimizedFocus	2	窗口会以一个具有焦点的图标来显示(缺省值)
vbMaximizedFocus	3	窗口是一个具有焦点的最大化窗口
vbNormalNoFocus	4	窗口会被还原到最近使用的大小和位置,而当前活动的窗口仍然保持活动
vbMinimizedNoFocus	6	窗口会以一个图标来显示,而当前活动的窗口仍然保持活动

当 Shell 函数成功地执行所要执行的文件后,则会返回程序的任务 ID。任务 ID 是一个唯一的数值,用来指明正在运行的程序。如果 Shell 函数不能打开命名的程序,则会产生错误。如下语句就可以通过 Shell 函数调用 quartus_pgm 可执行文件,并将 E 盘根目录下的 demo.so 文件通过 JTAG 模式从 USB-0 端口的 USB-Blaster 配置到 FPGA 中,窗口为模式 1。

Dim ID As Long

ID = Shell("quartus_pgm -c USB-Blaster[USB-0] -m JTAG -o p:e:\demo.sof",vbNormalFocus)

2. 执行结果的信息获取与反馈

由于用户是远程通过发送控制命令来实现 FPGA 的配置，在配置过程中，用户不能直接看到 quartus_pgm 命令执行所反馈的信息，也就不能直接判断配置成功与否，如果失败，更无法知道失败的原因所在。因此，在使用 Shell 函数调用 quartus_pgm 时必须要将该程序执行的反馈信息反馈给远端用户。

获取命令执行的反馈信息可以使用 cmd 的组合命令来实现。cmd 具有丰富的组合命令和管道命令，其中输出重定向组合命令就可以实现将原来显示在命令窗口中的命令执行结果重定向输出到特定的文件中，此后只需要读取该文件即可获得命令执行的反馈信息。

cmd 具有两个输出重定向命令，见表 8-9。

表 8-9 cmd 的重定向组合命令

输出重定向命令	描述
>	将一条命令或某个程序输出结果的重定向到特定文件中，如果该文件存在，则在写入文件前先清除原文件中的内容
>>	将一条命令或某个程序输出结果的重定向到特定文件中，如果该文件存在，则追加在原文件内容的后面

输出重定向命令的使用语法是：

命令 +> +写入路径\文件名

比如，在命令窗口中输入命令 netstat -e 查看以太网的统计信息。

该命令没有使用输出重定向，因此执行的反馈信息直接显示在命令窗口中，如图 8-28 所示。

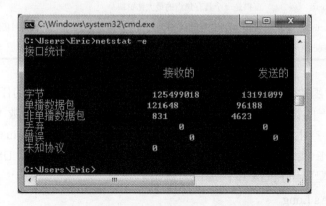

图 8-28 未使用输出重定向

如果希望命令执行的反馈结果输出到 E 盘根目录的 tmp.log 的文本文件中，
则可以使用输出重定向命令组合

netstat -e > e:\tmp.log

该命令执行后，原命令窗口中将不再有任何反馈信息显示，而在 E 盘根目录
下将会创建一个名为 tmp.log 的文本文件，打开该文件，即可看到文件内容就是原
来应该显示在命令窗口中的反馈信息。执行的情况如图 8-29 所示。

图 8-29　使用输出重定向命令将反馈信息输出至文本文件

以上采用了 cmd 和输出重定向的组合命令来获取命令执行的反馈信息，因此，
程序每次执行都将调用一次 cmd，如果每次调用之后不及时关闭，则将导致不必
要的内存占用。解决该问题的最好办法，是在每次调用完成后及时关闭 cmd，从
而释放资源。

可以使用 cmd 的命令选项参数来实现该目标。cmd 命令具有大量的可选参数，
可以输入以下指令来查看：

cmd /?

其命令参数/c 即可实现该目标。参数/c 实现执行指定字符串指定的命令后自动终
止。因此在 VB 中可以输入如下代码实现：

Dim ID As Long

ID = Shell ("cmd /c quartus_pgm -c USB-Blaster[USB-0] -m JTAG -o p；e:
\demo.sof > e:\Temp.Log"，vbHide)

　　Shell 函数调用 cmd 命令，并在 cmd 命令中执行 quartus_pgm -c USB-Blaster [USB-0] -m JTAG -o p；e:\demo.sof，实现对 FPGA 的配置，并利用输出重定向命令将 quartus_pgm 执行的反馈信息写入 E 盘 Temp.Log 的文本文件中，cmd 后面加了/c 参数，因此，cmd 执行完 quartus_pgm 命令行后自动退出。

　　命令执行完成后，就可以读取 Temp.Log 文件，并将其发送给远程客户端。

　　3．Shell 函数的同步化执行

　　在默认的情况下，Shell 只是一个打开第三方应用程序的调用函数，其所带的参数也仅仅是控制被调用程序运行的样式参数，被调用程序的执行与 Shell 函数之间是以异步方式执行的，因此 Shell 函数并不清楚被调用程序的执行是否完成，这就导致一个问题，用 Shell 启动的程序可能还没有完成执行过程，主程序就已经执行到 Shell 函数之后的语句，从而导致程序错误。

　　在本程序中需要 Shell 函数通过调用 cmd 执行 quartus_pgm 命令，其执行后的结果需要写入 Log 文件中，然后程序读取 Log 文件，再将其内容发送给远程客户端。如果无法知道被调用的程序是否执行完成，就无法确定打开 Log 文件并传送给远程客户端的时机，因此还必须控制 Shell 函数的同步化执行，只有当被调用的程序执行完成后才打开 Log 文件传送其内容至远程客户端。

　　在 VB 中可以通过 Windows 的 OpenProcess、WaitForSingleObject、CloseHandle 等 API 函数来实现 Shell 调用后等待程序执行结束完成再执行后面代码的功能。由于 Shell 函数的返回值为所打开程序的进程 ID，因此，可以用 Windows 的 OpenProcess API 函数打开该 ID 的进程对象，获取该进程对象的句柄，然后使用 WaitForSingleObject 函数来等待该进程执行结束，当执行结束后使用 CloseHandle 函数关闭句柄结束操作，从而实现对调用程序执行完成与否的判断。

　　（1）OpenProcess 函数。

　　OpenProcess 函数用于打开一个已存在的进程对象，如果函数调用成功将返回一个进程句柄值，否则将返回 NULL，其函数原型是：

```
HANDLE OpenProcess(
    DWORD dwDesiredAccess，      //访问标志
    BOOL bInheritHandle，        //句柄继承标志
    DWORD dwProcessId           //进程标识符
);
```

　　参数说明：

　　①参数 1：DwDesiredAccess 表示指定对进程对象的访问权限。对于支持安全检查的操作系统，将针对目标进程的任何安全描述符检查此访问。该参数的值非常多，比如指定进程对象所有可能权限（PROCESS_ALL_ACCESS）、创建一个进程（PROCESS_CREATE_PROCESS）、使用进程句柄创建进程中的一个线程（PROCESS_CREATE_THREAD）、使用进程句柄等待进程终止（SYNCHRONIZE）

等，具体的可以查询 MSDN。

②参数 2：bInheritHandle 表示所得到的进程句柄是否可以被继承。

③参数 3：dwProcessId 被打开进程的 ID 号。

需要注意的是，在使用完所获得的进程句柄后，一定要调用 CloseHandle（handle）函数来关闭进程的句柄。

（2）WaitForSingleObject 函数。

WaitForSingleObject 函数是一个等待函数，可使线程自动进入等待状态，直到一个特定的内核对象变为已通知状态或超时为止。该函数的效率极高，只占用极少的 CPU 时间片，其函数原型是：

DWORD WaitForSingleObject(

　　HANDLE hHandle，　　　　　　//处理对象等待

　　DWORD dwMilliseconds　　　　//以毫秒为单位的超时间隔

）；

参数说明：

①参数 1：hHandle 表示处理对象，这些对象可以是变更通知、控制台输入、事件、进程、线程、等待定时器等同步对象。对象句柄必须具有等待进程终止（SYNCHRONIZE）访问权限。

②参数 2：dwMilliseconds。指定以 ms 为单位的超时间隔，即使该对象的状态为非指定，该函数也将返回。如果 dwMilliseconds 为零，则函数测试该对象的状态并立即返回；如果 dwMilliseconds 为 INFINITE，则该函数的超时间隔为无限时间。

WaitForSingleObject 的返回值能够指明调用线程为什么再次变为可调度状态。如果线程等待的对象变为已通知状态，那么返回值为 WAIT_OBJECT_0，对线程来说，表示执行结束。如果等待指定时间内，对象一直没有信号，即线程没执行完（设置的超时已经到期），则返回值是 WAIT_TIMEOUT。如果对象有信号，但还是不能执行，比如对象是一个互斥对象，该对象在所有线程终止之前未被拥有互斥对象的线程释放，则返回 WAIT_ABANDONED 。如果函数失败，则返回值为 WAIT_FAILED。

（3）CloseHandle 函数。

CloseHandle 函数用于关闭一个打开的对象句柄，使指定的对象句柄无效，减少对象的句柄数。在对象的最后一个句柄关闭后，该对象将从系统中删除。其函数原型是：

BOOL CloseHandle（

　HANDLE hObject　//需要关闭的句柄

）；

　参数 hObject 表示需要关闭的开放对象的句柄。

函数执行后，如果函数成功，返回值不为零，如果函数失败，返回值为零。

需要注意的是，关闭线程句柄并不会终止相关的线程。要删除线程对象，还必须要终止线程，然后关闭线程的所有句柄。

4. 最终实现

基于以上的分析，实现的核心代码分成三个部分：

第一部分，在通用模块中定义需要的常量、变量以及 OpenProcess、WaitForSingleObject、CloseHandle 三个私有 API 函数。

```
Private Const SYNCHRONIZE = &H100000
Private Declare Function OpenProcess Lib "kernel32" (ByVal
dwDesiredAccess As Long, ByVal bInheritHandle As Long, ByVal dwProcessId
As Long) As Long
Private Declare Function CloseHandle Lib "kernel32" (ByVal hObject
As Long) As Long
Private Declare Function WaitForSingleObject Lib "kernel32" (ByVal
hHandle As Long, ByVal dwMilliseconds As Long) As Long
```

第二部分，通过自定义函数 Shell_Wait 实现对 Shell 调用程序的同步化管理，函数的参数 CmdStr 为 Shell 函数需要执行的命令字符串，ShowStyle 为 Shell 调用程序执行时的窗口显示风格，默认为隐藏窗口，WaitTime 为 WaitForSingleObject 函数等待超时时间。函数如下：

```
Public Function Shell_Wait(CmdStr As String, Optional ByVal ShowStyle
As VbAppWinStyle = vbHide, Optional ByVal WaitTime As Long = 0) As Boolean
    Dim P_ID As Long, L_Hnd As Long
    On Error Resume Next
    P_ID = Shell(CmdStr, ShowStyle)
    If P_ID > 0 Then
        L_Hnd = OpenProcess(SYNCHRONIZE, 0, P_ID)
        If L_Hnd <> 0 Then
            WaitForSingleObject L_Hnd, WaitTime
            CloseHandle L_Hnd
            Shell_Wait = True
        Else
            Shell_Wait = False
        End If
    Else
        Shell_Wait = False
    End If
```

　　End Function 函数首先执行语句 P_ID = Shell（CmdStr，ShowStyle），通过 Shell 函数执行 CmdStr 字符串中的命令行，并将命令执行的进程 ID 发送给变量 P_ID。如果成功执行，则 P_ID 的值为非 0 的数值，当判断成功执行后通过语句 L_Hnd = OpenProcess（SYNCHRONIZE，0，P_ID）获取该进程的句柄。如果成功，则该句柄为非 0 数值，就通过语句 WaitForSingleObject L_Hnd，WaitTime 等待命令执行结束。执行结束后关闭句柄。

　　第三部分，通过自定义函数 FPGA_Config 实现 FPGA 配置和信息反馈的全部功能，函数代码如下：

```
Private Sub FPGA_Config()
    Dim CmdStr As String
    ……注：生成运行记录信息
    CmdStr = "cmd /c quartus_pgm -c USB-Blaster[USB-0] -m JTAG -o p;
" & TxtPgmFile.Text & ">Temp.Log "          '生产 Shell 需要执行的命令行
    Shell_Wait CmdStr，，&HFFFF   '执行 CmdStr 中的命令字符串并等待完成
    Open "Temp.Log" For Binary As #1   '用二进制打开文件
    Get #1，，sA        '用 Get 语句从文件中获取字节
     ……  '生产无客户端连接 FPGA 配置反馈信息失败的错误信息
    If WsServer.State = 7 Then
        WsServer.SendData sA     'sckConnected= 7 已经连接
    Else
    ……  '生成无客户端连接 FPGA 配置反馈信息失败的错误信息
    End If
    Close #1          '关闭文件
End Sub
```

　　程序首先生成 Shell 函数需要运行的命令行字符串 CmdStr，其中 TxtPgmFile 为窗口界面中显示编程文件的文本框，该文本框中的编程文件可以是接收的远程客户端的 FPGA 配置文件的名称和路径，也可以是本地直接选择的配置文件的名称和路径。命令执行的结果被 cmd 组合命令重定向输出至 Temp.Log 的日志文件中。此后调用了 Shell_Wait 函数，通过该函数实现 Shell 调用程序的同步化执行，其执行超时时间设置为 65,536 ms。最后打开 Temp.Log 文件从其中读取文件内容，如果和客户端的 Socket 还处于连接状态，则将读取的命令行执行的结果通过 WinSock 的 SendData 方法反馈给远程客户端。

　　图 8-30 给出了实验计算机上软件系统运行的实际效果。当编程配置的反馈信息成功获取，不仅本地显示，还发送至远程客户端。

图 8-30   远程配置与信息反馈

8.5 系 统 通 信

通信是实验计算机的另一个重要任务。实验计算机需要实现远程客户端与可
程控逻辑验证平台之间的数据接收与转发，也需要接收远程客户端发过来的配置
文件完成远程配置。

8.5.1 数据接收与转发

1. 向远程客户端的转发

实验计算机与可程控逻辑验证平台的通信采用了简化的 RS232 通信。通信数
据的编码方案、帧格式、串口通信协议等在 4.4.7 节中已作简要阐述。在实验计算
机中，为了实现与可程控逻辑验证平台的串口通信采用 MSComm 控件实现。

　　MSComm(Microsoft communications control)控件是微软公司提供 Windows
下串行通信编程的 ActiveX 控件。通过 MSComm 控件，用户无须了解复杂的 API
函数，这为应用程序通过串行接口进行的数据通信提供了高效便捷的开发方法。

　　MSComm 控件支持标准串口，具有丰富的控件属性。实验计算机与可程控逻
辑验证平台之间的串口通信采用简化的 RS232 通信，没有使用与数据通信设备
(data communication equipment, DCE)之间握手控制信号，即只采用了 TXD、RXD
两根信号线交叉相连实现通信。表 8-10 给出了简化 RS232 通信中需要用到的几个
最重要的属性。

表 8-10　MSComm 控件关键属性

属性	描述
CommPort	设置并返回通讯端口号
Settings	以字符串的形式设置并返回波特率、奇偶校验、数据位、停止位
PortOpen	设置并返回通信端口的状态。也可以打开和关闭端口
Input	从接收缓冲区返回和删除字符
Output	向传输缓冲区写一个字符串
InputLen	设置并返回 Input 属性从接收缓冲区读取的字符数
InputMode	设置或返回 Input 属性取回的数据的类型
InBufferSize	设置并返回接收缓冲区的字节数
RThreshold	产生 OnComm 事件前要接收的字符数
SThreshold	产生 OnComm 事件前，设置并返回传输缓冲区中允许的最小字符数
CommEvent	返回最近的通讯事件或错误。设计时无效，运行时为只读

　　OnComm 事件是 MSComm 控件具有的唯一事件。只要有通信错误或通信事
件发生时都将产生 OnComm 事件。因此，无论何时当 CommEvent 属性的值变化
时，必定产生 OnComm 事件，这也标志着发生了一个通信事件或一个错误。

　　MSComm 控件可以提供两种处理通讯的方式：事件驱动方式和查询方式。

　　事件驱动是处理串行通信的一种非常高效的方法。事件驱动方式类似于单片
机中的串口中断方式。当检测到某种通信事件发生时可以产生 OnComm 事件，在
OnComm 事件中判别产生事件的原因进而分别处理这些通信事件。这些通信事件
可以是载波检测(CD)线状态变化、清除发送(CTS)线状态变化、数据准备就绪
(DSR)线状态变化、接收到 RThreshold 设置个数的字符、发送缓冲区有 Sthreshold
设置个数的字符等。OnComm 事件还可以检查和处理通信错误，比如，收到中断
信号、CTS 超时、DSR 超时、帧错误、数据丢失、接收或发送缓冲区溢出等。在
编程过程中，可以在 OnComm 事件的处理函数中加入相关通信事件和通信错误的
处理代码。事件驱动方式的优点是程序响应及时、可靠性高。

　　与事件驱动方式不同，查询方式并不对 OnComm 事件响应，也不在 OnComm

事件处理函数中去处理相关通信事件或通信错误。查询方式通过检查控件的 CommEvent 属性值来查询事件和错误。如果应用程序比较简单，并且是自保持的，查询方式也是一种可取的方法。

另外，需要注意的是，一个 MSComm 控件能实现一个串行通信口的通信控制，当需要多个串行通信口时就需要使用多个 MSComm 控件。

在实验计算机中，串行通信接口的初始化函数 MSComm1Init() 如下所示：

```
Private Sub MSComm1Init()
    MSComm1.CommPort = 1           '端口 1
    MSComm1.Settings = "38400, N, 8, 1" '波特率 38400，8 位数据位，1 位
停止位，无校验
    MSComm1.InputLen = 0 '使用 Input 时，一次读取 MSComm 控件接收缓冲区中
全部的内容
    MSComm1.InputMode = comInputModeText   '以文本方式读取数据
    MSComm1.InBufferSize = 1024        '接收缓冲区的大小为 1024
    MSComm1.RThreshold = 1 '接收缓冲区每收到 1 字节时，产生 OnComm 事件
    MSComm1.SThreshold = 0 '一次发送所有数据，发送数据时不产生 OnComm 事件
    StrInput = ""              '清空接收数据寄存变量
    MSComm1.PortOpen = True        '使能 MSComm 的串口
End Sub
```

在初始化函数中，首先设置使用实验计算机上的串口 1 与可程控逻辑验证平台通信，通信波特率设置为 38400，数据格式为 8 位数据位，1 位停止位，无奇偶校验。然后设置数据读取的方式为文本方式读取，且一次将接收缓冲区的值为全部读完。接着设置接收缓冲区大小为 1024，接收门限设置为 1 个字符，即每接收一个字符都要产生 OnComm 事件，发送数据门限设置为 0，即发送数据时不产生 OnComm 事件。最后打开串口，使之工作。

在实验计算机中的串行通信实现上，主要采用 OnComm 事件驱动的方式，其中主要对串口数据的接收作了处理，对于串行数据的发送并未启用事件响应。

可程控逻辑验证平台通过串口发送至实验计算机的数据帧格式的定义在表 4-6 中已经给出，数据帧由帧头、数据字段、校验字段和帧尾组成。数据帧总长为 59 个字节，其中帧头为\$\$，帧尾为**，数据字段共 53 个字节，校验字段 2 个字节。

在实验计算机串口接收程序的 OnComm 事件函数中主要实现对数据的接收、校验和向远程客户端转发的操作。OnComm 事件函数的处理流程如图 8-31 所示，函数代码如下：

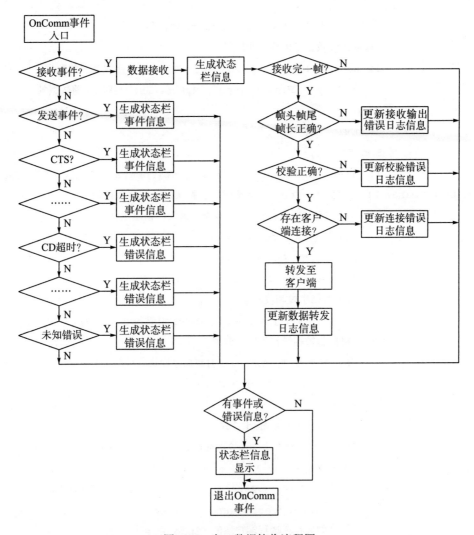

图 8-31 串口数据接收流程图

```
Private Sub MSComm1_OnComm()
    Dim EVMsg$        '定义通信事件变量
    Dim ERMsg$        '定义通信事件变量
    Dim InData As String  '存储一个完整数据帧的变量
    On Error GoTo ErrOnComm
    Select Case MSComm1.CommEvent
        Case comEvReceive    '接收到数据
            StrInput = StrInput & MSComm1.Input   '读取数据
            EVMsg$ = "接收到数据，" & StrInput
          '生成通信事件状态栏显示信息
```

```
        MyPos = InStr(1, StrInput, "$$", 0)
        '获取接收数据串中帧头的位置
        If Len(StrInput) > MyPos + 59 Then    '接收完一帧数据
            InData = Mid(StrInput, MyPos, 59) '提取完整数据帧
        Else
            Exit Sub
        End If
        If (Len(InData) = 59 And Left(InData, 2) = "$$" And
Right(InData, 2) = "**") Then   '判断帧长、帧头、帧尾是否正确
            Dim Tmp() As Byte   '帧长、帧头、帧尾正确
            Dim Tmp1, Tmp2 As Byte
            Dim Check As Integer
            InData = Mid(InData, 3, 55)
        '截取数据字段和校验字段
            Tmp = StrConv(InData, vbFromUnicode)
        '将接收数据转换为字节数组
            For i = 0 To 52     '对数据字段进行校验
                Check = Check + Tmp(i)
            Next i
            Tmp1 = Check Mod 256
            If Right("0" & Hex$(Tmp1), 2) = Right(InData, 2) Then
            '如果校验正确
                DateTime = Date & Time   '生成日志日期和时间
                If WsServer.State = 7 Then
                '如果存在远程客户端的 WinSock 连接
                '生成转发日志
                    TxtInfo.Text = TxtInfo.Text & DateTime & " 接
收数据: " & InData & ", 校验正确, 数据转发。" & vbCrLf
                    '通过 Winsock 转发数据
                    WsServer.SendData "$$" & InData & "**"
                Else
                    '生成 Winsock 连接错误日志
                    TxtInfo.Text = TxtInfo.Text & DateTime & "无客
户端连接, 数据转发失败" & vbCrLf
                End If
            Else
```

```
                    '生成数据校验错误日志
                    TxtInfo.Text = TxtInfo.Text & DateTime & " 接收数
据：" & InData & "，校验错误，数据丢弃。" & vbCrLf
                    End If
            Else
                '生成数据帧错误日志
                TxtInfo.Text = TxtInfo.Text & "数据出错"
            End If
        Case comEvSend
            EVMsg$ = "检测到发送事件，传输缓冲区有 Sthreshold 个字符"
        Case comEvCTS
            EVMsg$ = "检测到 CTS 发生变化"
        Case comEvDSR
            EVMsg$ = "检测到 DSR 发生变化"
        Case comEvCD
            EVMsg$ = "检测到 CD 发生变化"
        Case comEvRing
            EVMsg$ = "状态：检测到振铃，应答"
        Case comEvEOF
            EVMsg$ = "检测到文件结束"
        Case comBreak
            ERMsg$ = "收到中断信号"
        Case comCDTO
            ERMsg$ = "Carrier Detect Timeout"
        Case comCTSTO
            ERMsg$ = "CTS Timeout"
        Case comDCB
            ERMsg$ = "Error retrieving DCB"
        Case comDSRTO
            ERMsg$ = "DSR Timeout"
        Case comFrame
            ERMsg$ = "Framing Error"
        Case comOverrun
            ERMsg$ = "Overrun Error"
        Case comRxOver
            ERMsg$ = "Receive Buffer Overflow"
```

```
        Case comRxParity
            ERMsg$ = "Parity Error"
        Case comTxFull
            ERMsg$ = "Transmit Buffer Full"
        Case Else
            ERMsg$ = "Unknown error or event"
    End Select
    If Len(EVMsg$) Then    '如果存在事件消息, 则在窗口状态栏显示通信事件消息
        StatusBar1.Panels(1).Text = "Status: " & EVMsg$ '
        EVMsg$ = ""
    ElseIf Len(ERMsg$) Then
    '如果存在通信错我, 则在窗口状态栏显示通信错误信息
        StatusBar1.Panels(1).Text = "Status: " & ERMsg$
        ERMsg$ = ""
    End If
    Exit Sub
ErrOnComm:  '异常错误处理
    MSComm1.InBufferCount = 0
    StatusBar1.Panels(1).Text = "状态：通信错误" & Err.Description
    Err.Clear
End Sub
```

OnComm 函数首先根据 MSComm 控件的 CommEvent 属性判别当前 OnComm 事件产生的原因。如果是接收到数据产生的 OnComm 事件, 则立刻对接收数据进行读取, 读取到的数据存放于全局变量 StrInput 中, 然后产生需要在窗口状态栏中显示的通信事件显示信息。接下来使用 InStr 函数判断接收的数据字符串中帧头$$存在的位置, 如果在接收数据字符串中, 从帧头开始有足够一帧完整数据的长度, 则使用 Mid 函数从 StrInput 中提取完整的数据帧。接着判断该完整数据帧的帧长、帧头和帧尾是否均正确, 如果帧格式正确, 则对接收的数据进行校验。校验正确则判断是否存在与远程客户端的 Winsock 连接, 如果有, 则向远程客户端转发接收到的完整数据帧, 同时产生数据转发成功的日志记录。如果存在帧格式错误、数据校验错误或向远程客户端进行数据转发等错误, 则分别生成相应的错误日志。

如果进入 OnComm 事件函数是由于发送数据、CTS 变换或各种通信错误引起, 则都直接产生在显示窗口状态栏显示的提示信息即可, 不再作任何处理。

2. 向可程控逻辑验证平台的转发

实验计算机在接收到来自远程客户端的命令信息后, 同样需要先对接收数据

的正确性予以判别，如果接收正确，则根据命令的不同或转发或直接执行。如果
收到的命令是 FPGA 配置命令，则直接执行 FPGA 配置操作，如果是其他命令则
直接转发给可程控逻辑验证平台。数据接收的处理流程如图 8-32 所示。

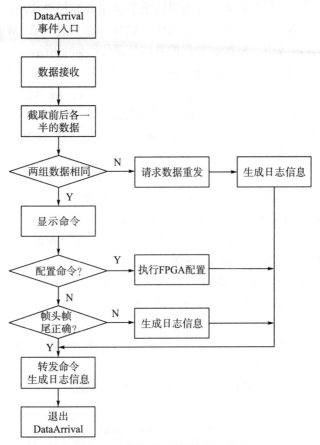

图 8-32　接收客户端通信数据流程

　　远程客户端发送的需要由实验计算机转发给可程控逻辑验证平台的数据帧格
式见表 8-11。数据帧以$为帧头，以*为帧尾，数据字段由两部分构成，两个数据字
段是完全相同的命令字符串，因此，数据帧格式中没有再设置校验字段。

表 8-11　实验计算机转发数据帧格式(客户端至可程控逻辑验证平台)

起始字符	数据字段 1	结束字符	起始字符	数据字段 2	结束字符
$	命令字符串	*	$	命令字符串(重复)	*

　　远程客户端发送给实验计算机的命令除了需要实验计算机转发给可程控逻辑

验证平台的数据以外，还有需要实验计算机直接执行的命令，也就是 FPGA 配置的命令。与需要转发的数据帧格式略微不同，这种需要直接执行的命令的数据帧格式中没有起始字符$和结束字符*，只是简单重复发送两次命令即可。

实验计算机与远程客户端之间的通信采用 Winsock 控件实现，Winsock 控件的相关信息已在第 7 章中作过简要说明，此处不再赘述。在 Winsock 控件的 DataArrival 事件函数中，对接收数据的具体处理代码如下所示：

```
Private Sub WsServer_DataArrival(ByVal bytesTotal As Long)
    Dim G_Str As String, LStr As String, RStr As String
    Me.WsServer.GetData G_Str    '获取数据
    LStr = StrConv(Left(G_Str, Len(G_Str) / 2), vbUnicode)
    '数据折半拆分
    RStr = StrConv(Right(G_Str, Len(G_Str) / 2), vbUnicode)
    If LStr = RStr Then    '校验拆分数据是否相等
        TxtControl.Text = LStr    '显示命令
        If LStr = "FPGAConfig" Then '如果是 FPGA 配置命令
FPGA_Config    '执行 FPGA 文件配置
        Else    '其他命令则转发
            If Left(LStr, 1) = "$" And Right(LStr, 1) = "*" Then '帧
头、帧尾正确?
                MSComm1.Output = LStr    '向可程控逻辑验证平台转发命令
                TxtInfo.Text = TxtInfo.Text & DateTime & "接收数据:" &
LStr & "校验正确，数据已转发。" & vbCrLf'生成日志信息
            Else
                TxtInfo.Text = TxtInfo.Text & DateTime & "控制数据错误，
丢弃。" & vbCrLf    '生成命令错误日志信息
            End If
        End If
    Else    '校验错误
        WsServer.SendData "ReSend"    '请求重发，并生成日志信息
        TxtInfo.Text = TxtInfo.Text & DateTime & "接收数据校验错误，已
请求重发。" & vbCrLf
    End If
End Sub
```

在 Winsock 控件的 DataArrival 事件函数中，首先接收数据，然后对接收数据进行折半拆分，并对前后折半的数据进行对比，如果相同则校验成功，并将接收命令显示在窗口中。接下来判别接收数据是否为"FPGAConfig"命令，如果是，则

调用 FPGA_Config 函数实现 FPGA 的配置；如果不是，则判断命令的帧头和帧尾是否正确，如果正确则向 MSComm 控件发送数据，将命令转发给可程控逻辑验证平台，并生成相应的日志信息，如果数据校验错误，则向远程客户端请求重新发送。

8.5.2　配置文件接收

FPGA 的远程配置功能是实验计算机的一个非常重要的任务，前面作过介绍，但实现远程配置还需要将客户端生成的编程下载文件传输给实验计算机，并存放在指定的目录下，即软件所在的当前目录。

配置文件的传输仍然采用 Winsock 控件实现。文件接收的流程如图 8-33 所示。实验计算机中负责文件接收的 Winsock 控件工作在服务器状态。负责侦听连接请求并响应，然后等待接收客户端发送的信息。客户端会先发送配置文件的名称，在收到实验计算机的应答确认之后再发送文件的内容，因此，实验计算机在检测到 DataArrival 事件时，首先判断是接收文件名还是接收文件内容，如果是接收文件名称则生成文件路径全名，并打开文件，回送应答信息；如果是文件内容则接收数据并写入文件，直到客户端发送完成后关闭连接时再关闭文件，并重置接收文件名称和内容的标志，重新初始化，为下一次接收做好准备。

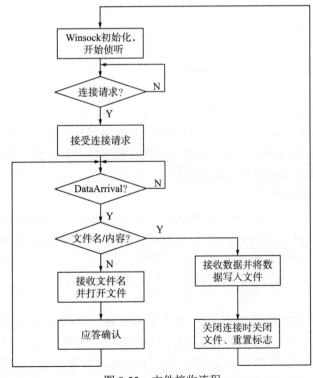

图 8-33　文件接收流程

根据以上流程，下面给出了程序中简化后的核心代码，其中 WsFserver 是用于文件接收的 Winsock 控件的名称。

1. 初始化函数

```
Private Sub WsFserver_init()
    If WsFServer.State <> sckClosed Then WsFServer.Close
    '如果未关闭则关闭
    WsFServer.Protocol = sckTCPProtocol        'Winsock 协议采用 TCP
    WsFServer.LocalPort = 1001                  '设置侦听端口
    WsFServer.Listen                            '开始侦听
End Sub
```

在初始化函数中，首先检测 Winsock 的状态是否为关闭状态，如果未关闭，则先关闭 Winsock，然后设置其通信协议为 TCP 协议，通信端口为 1001。由于实验计算机工作在服务器状态，因此接下来通过 Listen 方法开始侦听，等待连接请求。

2. 关闭 Winsock 函数

```
Private Sub WsFServer_Close()
    N_C_Flag = False         '重置接收标志
    Close #1                  '关闭文件
    If WsFServer.State <> sckClosed Then WsFServer.Close
    '如果未关闭则关闭
    Wsfserver_init '重新初始化
End Sub
```

当客户端发送完文件后将关闭与实验计算机的 Winsock 连接，此时 WsFServer_Close 函数被触发。在该函数中，首先重置接收文件名称和文件内容的标志 N_C_Flag 为 False 状态，即重新开始接收文件名称。然后关闭文件，关闭 Winsock 连接重新初始化进入侦听状态。

3. 连接请求函数

```
Private Sub WsFServer_ConnectionRequest(ByVal requestID As Long)
    If WsFServer.State <> sckClosed Then WsFServer.Close
    '如果未关闭则关闭
    WsFServer.Accept requestID         '接受连接请求
End Sub
```

当远程客户端发起连接请求时，将产生 Winsock 的 ConnectionRequest 的连接请求事件。由于客户端与实验计算机是点对点的文件传输，因此在该函数中，首先检测 Winsock 控件的状态是否处于关闭状态，如果不是，则先关闭原有的 Wincosk 连接，然后接受新的连接请求。

4. DataArrival 函数

```
Private Sub WsFServer_DataArrival(ByVal bytesTotal As Long)
    Dim FilePath As String
    If N_C_Flag = False Then
        WsFServer.GetData G_FileN      '接收文件名称
        N_C_Flag = True                '设置标志
        FilePath = App.Path            '获取并生成文件路径
        If Right(FilePath, 1)<> "\" Then FilePath = FilePath & "\"
        FilePath = FilePath & G_FileN
        TxtPgmFile.Text = FilePath
        '将文件路径显示在编程文本框中，配置时使用
        Open FilePath For Binary As #1 '打开文件
        G_FileP = 1                    '设置文件记录的起始位置
        WsFServer.SendData "OK"
    Else
        Dim Buffer() As Byte '存放数据的数组
        WsFServer.GetData Buffer '接收数据
        Put #1, G_FileP, Buffer '写入文件
        G_FileP = G_FileP + UBound(Buffer) + 1 '生成文件中下一个写入位置
    End If
End Sub
```

当 Winsock 接收到新数据时将产生 DataArrival 事件。在该事件中，首先根据 N_C_Flag 标记判断需要接收的数据是文件名称还是文件内容。如果该标记为 False，则表示将接收配置文件的名称。此后接收文件名称、修改下次接收的标志为文件内容、生成文件存储的完整路径。接下来也将配置文件的完整路径显示在窗口上的编程文本框中，以备执行 FPGA 配置时找到文件的名称。最后打开该文件，并设置文件记录的起始位置为 1，同时向客户端回送 "OK" 的应答信息。客户端在收到 "OK" 应答信息后开始发送配置文件的内容，在实验计算机的 DataArrival 事件中检测到 N_C_Flag 标志为接收内容，则开始将接收到的数据写入文件中。

第 9 章　客户机系统

客户机系统是在学生终端计算机上部署的软件系统，是学生直接面对的人机操作接口。由于实验系统采用 C/S 架构，因此，在该计算机中需要安装专门的客户端软件，并通过客户端软件访问实验系统。

9.1　客户机系统构成

在远程实验流程中，需要首先进行设计的输入、逻辑综合、仿真验证、适配，然后将适配生产的配置文件配置到 FPGA 中，最后通过硬件测试检验设计的正确性。在客户机系统中完成整个远程实验操作的大致流程如图 9-1 所示。在整个设计流程中，学生首先需要进行设计任务的分析，然后利用 Quartus II 软件或者 Quartus II + ModleSim 完成设计输入、逻辑综合、仿真与适配等工作。由于学生本地没有实验的硬件设备，因此，当需要进行硬件验证时，就需要利用客户机中的客户端软件系统将 Quartus II 软件适配生产的 FPGA 编程下载文件传输至远程实验室中的实验计算机，并远程控制实验计算机完成 FPGA 的下载配置。配置完成后，则通过客户端软件远程操控可程控逻辑验证平台开展硬件测试。通过客户端软件，既可以控制实验平台的输入与工作状态，也可以实时检测到硬件平台的状态和各种测量数据。远程实验平台运行的现场音视频也可以通过对视频服务器的请求获得。在整个设计流程中，设计输入、逻辑综合、适配、仿真等工作需要使用客户机系统中的 Quartus II 完成，设计流程中的编程与配置、硬件测试工作则需要在客户端软件系统中完成。

从上述分析可以发现，客户机系统至少需要两套独立的软件构成：Quartus II 软件和客户端软件，如果使用的 Quartus II 是高于 9.1 的版本，则还需要安装使用第三方的仿真软件，如 ModleSim 软件。对于 Quartus II 和 ModleSim 环境的搭建此处不再赘述。

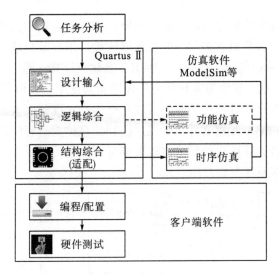

图 9-1　客户机系统中的软件与流程

9.2　客户端软件结构

　　客户端软件的主要任务是实现整个设计流程中的远程配置和硬件测试工作。为了实现该任务,还需要一些辅助功能模块。客户端软件的功能模块与逻辑结构如图 9-2 所示。客户端软件包括服务请求、远程开关机控制、音频接收、视频接收与显示、测量数据的接收与显示、远程控制、FPGA 配置文件的读取、FPGA 远程配置等。这些功能的实现需要客户机与实验服务器、控制服务器、视频服务器以及实验计算机等通信,并协同完成。因此,客户端程序中还需要与这些服务器和实验计算机通信的多个通信服务。

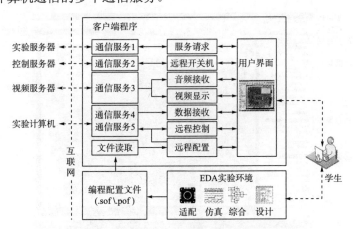

图 9-2　客户端软件的功能模块与逻辑结构

客户端软件与实验服务器、控制服务器、视频服务器和实验计算机的通信流程见图 9-3 所示。客户机首先与实验服务器连接，用户鉴权通过后获得空闲设备的相关 IP 地址与端口信息，然后与控制服务器建立连接，通过开关机控制，控制分配到的实验计算机、视频服务器和可程控逻辑验证平台供电开机。成功开机后，客户机分别与实验计算机和视频服务器建立连接，从视频服务器获取视频流，向实验计算机发送 FPGA 配置文件，并发送控制信息控制远程配置和操作可程控逻辑验证平台。实验计算机启动后将自动采集可程控逻辑验证平台的各种测量数据和状态，并将数据发送至客户机。

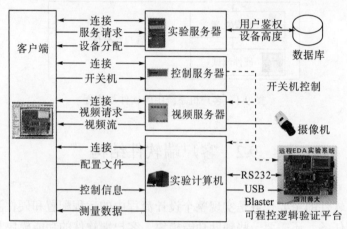

图 9-3　客户端软件通信流程示意

图 9-4 给出了客户端软件的主要显示界面。在其界面中包括了菜单栏、工具栏、参数设置栏、测量数据显示区域、测量状态显示区域、控制数据设置区域、日志记录显示区域、视频显示区域等。通过在这些区域中的相应操作可以完成与实验服务器、控制服务器、视频服务器和实验计算机的相互通信和交互操作。

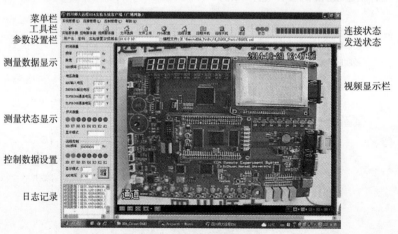

图 9-4　客户端软件主界面

9.3 服 务 请 求

服务请求是客户端程序启动之后需要完成的第一项工作。客户端启动后将自动向远程实验系统中的实验服务器发起 Winsock 连接请求。实验服务器收到连接请求之后将创建一个新的 Winsock 控件，并利用该 Winsock 控件应答客户端，从而建立通信连接。接下来，客户端程序将向实验服务器发送服务请求数据帧，其格式见表 9-1，其中主要包含了用户访问的用户名和密码信息。将该服务请求发送至实验服务器后，实验服务器将提取出用户的用户名和密码信息，并在服务器中的数据库中查找是否存在该用户，并校验密码的正确性，如果用户名不存在或密码不正确，则反馈信息"Illegal user"，从而拒绝客户端的访问；如果用户合法，则实验服务器将查询空闲设备，并将空闲设备的相关访问信息发送给客户端，这些信息包括控制服务器、视频服务器以及实验计算机的 IP 地址和访问端口。如果无空闲设备则反馈"设备忙"的信息给客户端，客户端将在稍后重新发起服务请求。客户端与实验服务器的通信流程见第 7 章中图 7-2。

表 9-1 服务请求数据帧格式

起始	用户名	分隔	密码	结束
$	xxxx	,	xxxx	*

9.4 开关机控制

客户端的开关机控制是通过远程的控制服务器来实现。客户端从实验服务器反馈的设备分配信息中可以获得控制服务器的 IP 地址和访问端口。一旦获得该地址和端口，客户端程序将自动与远程的控制服务器建立通信连接。因此，当操作客户端软件中的开关机控制时，将会向控制服务器发送"开机"或"关机"命令。

下面是客户端远程开机的子程序代码：

```
Private Sub RemotePowerOn()
Toolbar1.Buttons(10).Enabled = False    '工具开机按钮失效，防止重复按键
Toolbar1.Buttons(11).Value = tbrUnpressed '工具条关机按钮弹起
Toolbar1.Buttons(11).Enabled = True     '工具条关机按钮使能
TxtInfo.Text = TxtInfo.Text & "正在开始远程实验设备开机操作...." & " "
& Date & " " & Time & vbCrLf          '更新操作日志记录
```

```
CtrSock_SendData ("$ONON*")    '发送开机指令
End Sub
```

在该代码中，关键函数是 CtrSock_SendData，该函数用以向控制服务器发送"$ONON*"的开机控制字符串。远程关机与开机基本相同，只是发送的指令改为"$OFOF*"。

9.5 音 视 频

音视频功能的实现需要客户端通过访问视频服务器来完成。对视频服务器访问最简单的方法是直接使用现成的浏览器，在浏览器地址栏中输入视频服务器的访问地址即可。但如果直接使用第三方浏览器将会使客户端缺乏整体性，因此，最终的方法是在客户端软件中使用 WebBrowser 控件实现一个简单的浏览器来完成对视频服务器的访问。

WebBrowser 控件为 WebBrowser ActiveX 控件提供了托管包装。托管包装使 WebBrowser 控件可以在 Windows 窗体的客户端应用程序中显示网页。WebBrowser 控件功能比较强大，可以复制应用程序中的 Internet Explorer Web 浏览功能，还可以禁用默认的 Internet Explorer 功能，将该控件用作简单的 HTML 文档查看器。此外，可以使用该控件将基于 DHTML 的用户界面元素添加到窗体中，还可以在 WebBrowser 控件中隐藏这些元素。通过这种方法，可以将 Web 控件和 Windows 窗体控件无缝地整合到一个应用程序中。将 WebBrowser 控件添加到工程中，只需在"工程"菜单下点击"部件"按钮，打开"部件"选项卡，选中 Microsoft Internet Controls 即可。

WebBrowser 控件包含多种可以用来实现 Internet Explorer 中控件的属性、方法和事件，其常用属性、方法和事件见表 9-2。例如，可以使用 Navigate 方法实现地址栏；使用 GoBack、GoForward、Stop 和 Refresh 等方法实现工具栏中的导航按钮；可以处理 Navigated 事件，以便使用 Url 属性的值更新地址栏，使用 DocumentTitle 属性的值更新标题栏等。

若想在应用程序中生成自己的页面内容，可以设置 DocumentText 属性。此外，还可以通过 Document 属性利用 HTML 文档对象模型(DOM)操作当前网页的内容，使用 Document 属性，可以从客户端应用程序代码调用网页脚本代码中实现的方法。若要从脚本代码访问客户端应用程序代码，可以设置 ObjectForScripting 属性。脚本代码可以将指定的对象作为 window.external 对象访问。

表 9-2 WebBrowser 控件的常用属性、方法和事件

名称	说明
Document 属性	获取一个对象，用于提供对当前网页的 HTML 文档对象模型(DOM)的托管访问
DocumentCompleted 事件	网页完成加载时发生
DocumentText 属性	获取或设置当前网页的 HTML 内容
DocumentTitle 属性	获取当前网页的标题
GoBack 方法	定位到历史记录中的上一页
GoForward 方法	定位到历史记录中的下一页
Navigate 方法	定位到指定的 URL 或文件
Navigating 事件	导航开始之前发生，使操作可以被取消
ObjectForScripting 属性	获取或设置网页脚本代码可以用来与应用程序进行通信的对象
Print 方法	打印当前的网页
Refresh 方法	重新加载当前的网页
Stop 方法	暂停当前的导航，停止动态页元素，如声音和动画
Url 属性	获取或设置当前网页的 URL。设置该属性时，会将该控件定位到新的 URL

对视频服务器的访问主要使用 WebBrowser 控件的 Navigate 或 Navigate2 方法来实现。

Navigate 方法的语法格式为：

object.Navigate URL，[Flags，] [TargetFrameName，] [PostData，] [Headers]

参数说明：

object：必需参数，对象表达式。

URL：必需参数，对统一资源定位器(uniform resoure locator, URL)、完整路径或网络中的符合通用命名规则(universal naming convention, UNC)的资源名称等的字符串表达式。

Flags：可选参数，是否将资源添加到历史列表，是否读取或写入缓存以及是否在新窗口中显示资源的一个常量或值。表 9-3 是其常量、数值和所代表的意义。

表 9-3 Navigate 方法的 Flags 含义

常量	值	描述
navOpenInNewWindow	1	在新窗口中打开资源或文件
navNoHistory	2	不将资源或文件添加到历史列表中
navNoReadFromCache	4	当前导航不从磁盘缓存中读取
navNoWriteToCache	8	当前导航结果不写入磁盘缓存

TargetFrameName：可选参数，计算 URL 中 HTML 框架的名称，以显示在浏览器窗口中的字符串表达式。该参数的可能值见表 9-4。

表 9-4　Navigate 方法的 TargetFrameName 的值

值	描述
_blank	将链接加载到一个新的未命名窗口
_parent	将链接加载到链接所在文档的直接父节点
_self	将链接加载到链接被单击的同一窗口中
_top	将链接加载到当前窗口
<window_name>	一个命名的 HTML 框架。如果没有与指定目标名称匹配的框架或窗口，则会为指定的链接打开一个新窗口

PostData：可选参数，在 HTTP POST 事务期间发送给服务器的数据。

Headers：可选参数，指定发送到服务器的附加 HTTP 头的值。该头被添加到默认的 Internet Explorer 头部。消息头可以指定服务器所需的操作、传递到服务器的数据类型或状态代码。如果 URL 不是 HTTP URL，此参数将被忽略。

在客户端软件中，获取视频服务器中的音视频资源就是通过调用 WebBrowser 控件的 Navigate 方法实现的，其关键代码为：

```
WebBrowser1.Navigate VideoIP
```

代码中的 VideoIP 为实验服务器分配给客户端使用的视频服务器的 IP 地址。

9.6　远 程 配 置

客户端程序需要远程完成可程控逻辑验证平台中 FPGA 的配置，然后获得可程控逻辑验证平台的各种测量数据和状态，并控制可程控逻辑验证平台的工作。而这些功能的实现需要客户端程序与实验计算机通信协同完成。这些功能是通过两个独立的通信服务来实现的，具体来说，就是采用两个独立的 Winsock 控件，一个实现配置文件的传输，另一个实现命令与数据的传输。

FPGA 的远程配置是由客户端和实验计算机共同完成，首先由客户端将 Quartus II 生产的配置文件上传给实验计算机，然后发送控制指令给实验计算机，由实验计算机完成 FPGA 的配置。实验计算机实现 FPGA 的配置已经在第 8 章中详细阐述。完成 FPGA 远程配置功能，客户端软件需要做的工作其实就是发送配置文件和配置命令到实验计算机。

9.6.1 配置文件的发送

配置文件的发送采用一个名为 WsFClient 的 Winsock 控件来实现。配置文件的发送流程及其流程实现的函数如图 9-5 所示。

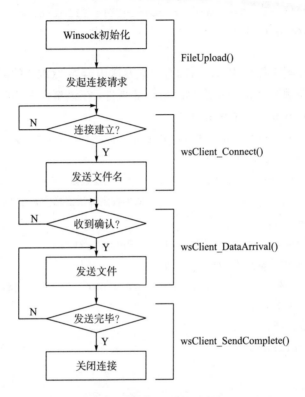

图 9-5 配置文件的发送流程

文件发送前，首选需要对 Winsock 进行初始化工作，然后发起连接请求。该功能在用户点击了菜单或工具栏中的"文件上传"时在自定义函数 FileUpload()中启动。FileUpload()函数的代码为：

```
Private Sub FileUpload()
    If WsFClient.State <> sckClosed Then WsFClient .Close '
    连接未关闭则关闭连接
    Me.WsFClient.RemoteHost = TxtExpIP.Text '设置实验计算机 IP 地址
    Me.WsFClient.RemotePort = 1001    '设置实验计算机连接端口
    Me.WsFClient.Connect    '发起连接请求
End Sub
```

　　发出连接请求后，服务器如果收到该连接请求，将调用 Winsock 的 Accept 方法接受该请求，具体可见第 8 章。服务器一旦接受该请求，则在客户端的 Winsock 上产生 Connect 事件。在 Connect 事件中向服务器发送配置文件的名称，该事件的函数如下：

```
Private Sub WsFClient _Connect()
    Me.WsFClient .SendData Me.comdlgFile.FileTitle
    '连接建立则发送文件名
End Sub
```

　　服务器端收到文件名称后，将向客户端发送内容为"OK"的确认信息。该信息将会在客户端触发 Winsock 的 DataArrival 事件，在该事件中向服务器端发送文件内容。DataArrival 事件的函数如下：

```
Private Sub WsFClient _DataArrival(ByVal bytesTotal As Long)
    Dim strMsg As String
    Me.WsFClient.GetData strMsg          '接收数据
    If strMsg = "OK" Then                '如果收到确认信息"OK"，则
        Dim bt() As Byte
        ReDim bt(FileLen(Me.txtFilePath.Text))
        '为数组变量重新分配存储空间
        Open Me.txtFilePath.Text For Binary As #1   '打开文件
        Get #1, , bt                                '将文件读取到 bt 中
        Close #1                                    '关闭文件
    Me.WsFClient.SendData bt                        '发送文件
    End If
End Sub
```

　　当文件发送完毕后，客户端 Winsock 的 SendComplete 事件将被触发。在该事件中，可以由用户确认立刻启动 FPGA 的配置，其函数如下：

```
Private Sub WsFClient _SendComplete()
    TxtInfo.Text = TxtInfo.Text & "与实验服务器文件传输完成，可以开始
FPGA 配置" & Data & " " & Date & " " & Time & vbCrLf   '更新显示
    Rtn = MsgBox("文件传输完成！立刻开始 FPGA 配置？",vbYesNo + vbQuestion,
"提示信息")         '产生是否立刻配置 FPGA 的对话框
    If Rtn=6 Then   '确认立刻配置
        FPGAConfigCMD   '发送 FPGA 配置命令
    End If
    Me.WsFClient.Close   '关闭连接
End Sub
```

SendComplete 事件中调用了自定义的 FPGAConfigCMD 函数，该函数将通过另一个 Winsock 控件，向实验计算机发送 FPGA 配置命令。由于文件的发送需要一定的时间，故为了改善人机接口、提高用户感受，在文件的发送过程中，设置了发送状态进度栏来指示发送的进度。该功能是利用 Winsock 的 SendProgress 事件来实现，其函数如下：

```
Private Sub WsFClient _SendProgress(ByVal bytesSent As Long, ByVal
bytesRemaining As Long)
    PBar.Value = bytesSent
End Sub
```

9.6.2　配置命令的发送

配置命令的发送功能使用了一个名为 WsClient 的 Winsock 控件。FPGA 配置命令由自定义函数 FPGAConfigCMD( ) 来实现，其函数如下：

```
'发送 FPGA 配置命令
Private Sub FPGAConfigCMD()
    TxtInfo.Text = TxtInfo.Text & "正在开始 FPGA 配置......" & Data &
" " & Date & " " & Time & vbCrLf '更新日志记录
    WinSockSent ("FPGAConfigFPGAConfig")
    '重复 2 次发送配置命令：FPGAConfig
End Sub
```

在该函数中主要使用了名为 WinSockSent 的自定义发送函数，该函数将在后面给出。利用该函数重复 2 次发送 FPGA 的配置命令"FPGAConfig"。

9.7　测量数据接收与控制命令发送

9.7.1　测量数据接收与显示

可程控逻辑验证平台在上电以后，将自动采集实验平台中的各种测量数据和状态数据，并通过串口周期性自动向实验计算机发送这些数据，实验计算机在收到这些数据后再自动转发给远端客户机。

实验计算机发送给客户端的数据帧格式和可程控逻辑验证平台发送给实验计算机的数据帧格式完全相同。数据帧均由帧头、数据字段、校验字段和帧尾组成。数据帧总长为 59 个字节，其中帧头为$$，帧尾为**，数据字段共 53 个字节，校

验字段 2 个字节。该数据帧格式的具体定义可参见第 4 章的表 4-6。

测量数据的接收主要在 WsClient 控件的 DataArrival 事件中完成，该事件的主要流程如图 9-6 所示。

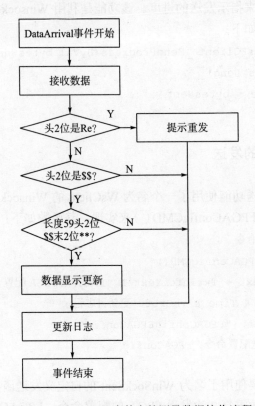

图 9-6　DataArrival 事件中的测量数据接收流程

测量数据接收与处理的主要函数代码如下：

```
Private Sub WsClient_DataArrival(ByVal bytesTotal As Long)
    Dim G_Str As String    '变量定义
    Dim KxS As Byte
    Dim KsTemp As Byte
    Dim i As Integer
    On Error Resume Next
    Me.WsClient.GetData G_Str    '接收数据
    Select Case Left(G_Str, 2)
        Case "Re"  '头 2 位是否为 Re，"ReSend"为重发命令
            MsgBox "服务器数据接收错误，请重试！", vbOKOnly + vbCritical,
```

"通信错误" '提示重新操作

```
        TxtInfo.Text = TxtInfo.Text & "服务器数据接收错误，请重新操
作。" & " " & Date & " " & Time & vbCrLf  '更新日志
      Case "$$" '头 2 位为帧起始字符$$
        If Len(G_Str) = 59 Then
          If Left(G_Str, 2) = "$$" And Right(G_Str, 2) = "**" Then
 '如果帧长度为 59 字节，且头两位为$$，末两位为**，则为正确数据帧。
        TxtFreq.Text = Mid(G_Str, 3, 10)  '更新测量数据显示
        ……
        KxS = Val("&H" & Mid(G_Str, 53, 2)) '更新开关状态显示
        For i = 0 To 7
        If i = 0 Then
        KsTemp = KxS
        Else
        KsTemp = SHR(KxS, i)
        End If
        If (KsTemp And &H1) = 1 Then
        ImgKxG(i).ZOrder
        Else
        ImgKxR(i).ZOrder
        End If
        Next i
        ……
        End If
        End If
      Case Else
    End Select
  End Sub
```

9.7.2　控制命令发送

控制命令的发送有两种类型，一种是发给实验计算机的控制命令，另一种是需要由实验计算机转发的控制命令。这两种命令有不同的数据帧格式。发给实验计算机转发至可程控逻辑验证平台的控制命令具有完整的帧格式，其数据帧格式见第 8 章中表 8-11。直接发送给实验计算机的控制命令没有数据帧头和帧尾，只包含重复的数据字段。

  无论是哪种控制命令的发送均使用了一个名为 WinSockSent 的公共发送函数实现，其主要代码如下：

```
'通过 WINSOCK 发送数据，参数 Data 是等待发送的数据
Private Sub WinSockSent(Data As String)
    If WsClient.State <> 7 Then  '=7 表示已连接
        MsgBox "与实验服务器的连接尚未建立，或正在建立中，请稍后重新连接",
vbOKOnly + vbInformation, "信息提示"
        TxtInfo.Text = TxtInfo.Text & "与实验服务器连接错误，数据发送失
败" & " " & Date & " " & Time & vbCrLf
        Exit Sub
    End If
    PBar.Max = Len(Data)     '设置发送数据进度条的最大值
    WsClient.SendData Data   '发送数据
    TxtInfo.Text = TxtInfo.Text & "向实验服务器发送数据：" & Data & " "
& Date & " " & Time & vbCrLf     '更新日志记录
End Sub
```

  该函数中根据待发送数据的长度设置了发送进度条的最大值，这可以使 WsClient 控件的 SendProgress 中实现进度显示时准确无误。

参 考 文 献

[1]Nersessian N J. Conceptual Change in Science and Science Education[J]. Synthese，1989，80(1): 163-183.

[2]Verduin J R，Clark T A. Distance Education: The Foundation of Effective Practice [M]. San Francisc，CA: Jossey-Bass Publishers，1991.

[3]丁兴. 远程教育的实践发展和理论成熟[J]. 现代远距离教育，2000，(1): 7-15.

[4]丁兴富. 我国远程教育的萌芽、创建和起步——中国远程教育的历史发展和分期(1)[J]. 现代远距离教育，2001，79(1): 6-10.

[5]中华人民共和国教育部. 面向 21 世纪教育振兴行动计划[OL]. 1998-12-24. http: //old. moe. gov. cn//publicfiles/ business/htmlfiles/moe/s6986/200407/2487. html.

[6]中华人民共和国教育部. 教育部"关于启动现代远程教育第一批普通高校试点工作的几点意见"[J]. 继续教育，2000，(4):24-25.

[7]中华人民共和国教育部. 关于支持若干所高等学校建设网络教育学院开展现代远程教育试点工作的几点意见[J]. 中国远程教育，2000，(10):13-14.

[8]马全淑. 关于奥鹏学生管理工作的几点体会[J]. 教育，2016，(9): 137-138.

[9]中华人民共和国教育部高教司. 关于中央广播电视大学现代远程教育校外教学支持服务体系建设试点项目立项 的通知(教高司函〔2001〕268 号)[OL].2001-12-30. http: //sjz. open. com. cn/news/show/400. aspx.

[10]中华人民共和国教育部. 国务院批转教育部 2003-2007 年教育振兴行动计划的通知[OL].2004-2-10. http: //old. moe. gov. cn//publicfiles/business/htmlfiles/moe/moe_4/200501/5323. html.

[11]中华人民共和国教育部. 国家中长期教育改革和发展规划纲要(2010—2020 年)[OL].2004-2-10. http: //www. moe. edu. cn/srcsite/A01/s7048/201007/t20100729_171904. html.

[12]中华人民共和国教育部. 教育信息化十年发展规划(2011—2020 年)[OL].2012-3-13. http: //old. moe. gov. cn// publicfiles/business/htmlfiles/moe/S 3342/201203/xxgk_133322. html.

[13]于扬.易观国际董事长 CEO 于扬: 移动互联网应结合行业[OL]. 2012-11-14.http: //tech. hexun.com/ 2012-11-14/ 147950551. html.

[14]新华网. 习近平致国际教育信息化大会的贺信[OL].2015-5-23. http: //news. xinhuanet.com/politics/2015-05/23/ c_1115383959. htm.

[15]中华人民共和国国务院. 关于积极推进"互联网+"行动的指导意见[OL].2015-7-4. http: //www. gov.cn/zhengce/ content/2015-07/04/content_10002. htm.

[16]杨元元.MOOC 时代的教学模式革新[J]. 大学教育，2014，（7）: 49-51.

[17]Grunewald F，Meinel C，et al. Designing MOOCs for the Support of Multiple Learning Styles[M]. Scaling up Learning for Sustained Impact: 8th European Conference on Technology Enhanced Learning，Paphos，Cyprad，2013，

371-382.

[18]徐梦晨. 基于 SPOC 的学习评价设计研究[D]. 四川师范大学，2016.

[19]陈吉宁. 在线教育将引发全球高等教育重大变革[OL]. 2013-5-21. http: //www. tsinghua. edu.cn/publish/news / mobile/4204/2013/20130521153516551137709/20130521153516551137709_. html.

[20]陈肖庚，王顶明. MOOC 的发展历程与主要特征分析[J]. 现代教育技术，2013，11(23): 5-10.

[21]中华人民共和国教育部. 教育部等部门关于进一步加强高校实践育人工作的若干意见[OL]. 2012-1-10. http: //old. moe. gov. cn//publicfiles/business/htmlfiles/moe/s6870/201209/142870. html.

[22]Grimaldi D，Rapuano S. Hardware and software to design virtual laboratory for education in instrumentation and measurement [J]. Measurement，2009，42(4): 485-493.

[23]Guo Z，Wang Y，Design and implementation of network experiment system based on B/S mode[J]. Journal of Tianjin University of Technology，2010，26: 1-7.

[24]Raskind M，Smedley T M，Higgins K. Virtual technology: Bringing the world into the special education classroom[J]，Intervention in School and Clinic，2005，41(2): 114-119.

[25]Peng W，Yang Z，Zhao C. Work in Progress-Research on process model for distant virtual experiment[C]. FIE'05 Proceedings 35th Annual Conference. Indianopolis, USA: IEEE，2006:S3F-19.

[26]吴伟哲，韩秀玲. 在线虚拟网络实验系统的改进与完善[J]. 实验室研究与探索，2014，1: 13-16.

[27]Guimares E G，Maffeis A T，et al. REAL-a virtual laboratory built from software components[J]. Proceedings of the IEEE，2003，91(3): 440-448.

[28]Meisner J，Hoffman H, et al. Learn Anytime Anywhere Physics (LAAP): Guided Inquiry Web-Based Laboratory Learning[C]. International Conference on Mathematics / Science Education andTechnology.2000:57-69.

[29]武伟国. 中学物理虚拟实验室教学系统的设计与实现[D]. 电子科技大学，2010: 4-6.

[30]Garcia-Famoso M，Moya R R.Towards the Integration of Remote Laboratories intoLearning Management[C]. Proceedings of the 10th IEEE International Conference on Emerging Technologies and Factory. NW Washington，USA: IEEE Computer Society，2005: 1037-1043.

[31]陈乐. 利用 Algodoo 平台搭建高中通用技术课堂的探索与实践[J]. 现代教育技术，2010，11(20): 79-82.

[32]Ko C C，Chen B M，et al. Automation in Creating Java 3D-based VirtualInstruments[C]. Proceedings of the International Conference on Software Engineering Research and Practice. NW Washington，USA: IEEE Computer Society，2002: 58-62.

[33]Chang V. Remote Collaboration in WebLab: an Online Laboratory[D]. Cambridge，MA，USA: Massachusetts Institute of Technology，2001.

[34]Strandman J O，Berntzen R，et al. Lab-on-Web: Performing Device Characterization via Internet using Modern Web Technology[C]. Proceedings of the 4th IEEE International Caracas Conference on Device. NW Washington，USA: IEEE Computer Society，2002: 242-247.

[35]Kolberg S，Fjeldly A. Internet Laboratory with Web Services Accessibility[C]. Proceedings of the International Conference on Information and Communication Technology in Education. NW Washington，USA: IEEE Computer Society，2003: 258-263.

[36]Yan Y，Liang Y，Du X. Distributed and Collaborative Environment for Online Experiment System Using Web Services[C]. Proceedings of the 9th International Conference on Computer Supported Cooperative Work in Design. NW Washington，USA： IEEE Computer Society，2005: 265-270.

[37]Guo T T，Guo L，et al. A Networked Virtual Experiment System Based on Virtual Campus[C]. Education Technology and Computer Science，International Workshop on. IEEE，2009: 884-888.

[38]Consonni D. A modern approach to teaching basic experimental electricity and electronics[J]. IEEE transactions on education，2001，44(2): 43-54.

[39]Swamy N. Internet-based educational control system lab using net meeting[J]. Transactionon education，2006，45(2): 145-150.

[40]康荣学，贾海波，张优云. 基于 Internet 的远程实验研究[J]. 计算机工程与应用，2002，38(16): 168-170

[41]Gravier C，Fayolle J，et al. State of the art about remote laboratories paradigms ~ Foundations of ongoing mutations[J]. International Journal of Online Engineering，2008，4(1)： 2008.

[42]Cao X，Zhu S，A hybrid remote laboratory of higher education in electrical engineering[J].Research and Exploration in Laboratory，2010，29: 175-178.

[43]Corter J E，Nickerson J V，et al. Remote versus hands-on labs： a comparative study[C]. Proc. of the 34th Frontiers in Education Conference，Savannah，GA，USA，2004： F1G-17-21 Vol，2.

[44]梁林梅，刘永贵. MIT "信息化校园" 项目评介[J]. 现代教育技术，2009，4(19): 78-81.

[45]Harward V J，Alamo J A D，et al. iLab: A Scalable Architecture for Sharing Online Experiments[C]. Proceedings of the ICEE 2004 Conference，Gainesville，USA，2004: 16-21.

[46]Swamy N，Kuljaca O，et al. Internet-based Educational Control ystem Lab Using Netmeeting[J]. IEEE Transaction on Education，2002，45(2): 145-151.

[47]Pitzer B，Osentoski S，et al. PR2 Remote Lab： An environment for remote development and experimentation[C]. Proceedings - IEEE International Conference on Robotics and utomation，2012，20(10): 3200-3205.

[48]金鑫. 基于 PXI 的无线通信远程实验平台的设计[D]. 东华大学，2015: 2-3.

[49]张盛杰. 基于数字化校园的大型仪器采集及共享终端的设计和实现[D]. 东南大学，2015: 2-3.

[50]Koike N. Cyber Laboratory for Hardware Logic Experiments： Realizing Real Life Experiences for Many Students at Remote Sites[C]，2012 International Conference on Cyberworlds. IEEE，2012: 236-240.

[51]Ishibashi M，Fukumoto H，et al. Development of a web-based remote experiment system for electrical machinery learners[C]. International Power Electronics Conference，2014: 724-729.

[52]Callaghan M J，Harkin J，et al. Client-Server Architecture for Collaborative Remote Experimentation[J]. Journal of Network & Computer Applications，2007，30(4)：1295-1308.

[53]明繁华. 基于虚拟仪器的在线实验系统研究[D]. 华中科技大学，2006: 4-8.

[54]H Gao. Development of a remote laboratory for process control experiments[C]. E-Health Networking，Digital Ecosystems and Technologies (EDT)，2010 International Conference on. IEEE，2010，2： 87-90.

[55]Chi C K，Chen B M，et al. A Web-based Virtual Laboratory on. Frequency Modulation Experiment[J]. IEEE Transactions on Systems，2001，31(3): 295-303.

[56]KO C C，CHEN BM，et al. Development of a Web-based Laboratory for Control Experiments on a Coupled Tank Apparatus[J]. IEEE Transactions on Education，2005，21(6): 1017-1030.

[57]El-Medany W M. FPGA Remote Laboratory for Hardware E-Learning Courses[C]. IEEE Region 8 International Conference on Computational Technologies in Electrical and Electronics Engineering，2008. (2): 106-109.

[58]Lima J P C D，Rochadel W，et al. Application of remote experiments in basic Education through mobile devices[C]. Global Engineering Education Conference (EDUCON)，2014: 1093-1096.

[59]Kafadarova N，Mileva N，Stoyanova S. Remote Wireless Communications lab in realtime[C]. Global Engineering Education Conference (EDUCON)，2013: 69-74.

[60]于鑫. 基于信息物理系统架构的微机接口远程实验系统设计与实现[D]. 吉林大学，2015: 3-4.

[61]Zhang S，Zhu S A，et al. NETLAB-An Internet based laboratory for electrical engineering education[J]. Journal of Zhejiang University Science A(Science inEngineering)，2005，6(5): 393-398.

[62]阎嘉，朱善安. 基于 TCP/IP 协议的虚拟电工电子网络实验室[D]. 浙江大学，2005: 9-38.

[63]孙志海，朱善安. Netlab 单片机实验单步调试功能设计及实现[J]. 机电工程，2008，25(5): 86-88.

[64]高峰. 基于 LabVIEW 的网络实验室的研究[D]. 大连理工大学，2008: 9-27.

[65]王伟. 基于 LabVIEW 与 LonWorks 技术的 iLab 远程实验系统设计[D]. 大连理工大学，2009: 41-48.

[66]庞中华，刘国平等. NCSLAB: 完全基于 WEB 的网络化控制系统实验室[J]. 中南大学学报(自然科学版)，2011，42(4): 1005-1014.

[67]白洁，刘君华，张勇. 创建培养学生创新能力的测试技术系列课程实验教学新模式的研究与实践[C]. 全国高等学校电气工程及其自动化专业教学改革研讨会，2007.

[68]康荣学，贾海波，张优云. 基于 Internet 的远程实验研究[J]. 计算机工程与应用，2002，38(16): 168-170.

[69]王华忠，姚俊，程华，等. 基于云计算的过程控制远程实验系统[J]. 实验室研究与探索，2015(4) : 103-106.

[70]黄斌，桂卫华，杨瑶华. 手臂机器人远程实验系统的设计和实现[J]. 自动化技术与应用，2003，22(10): 33-35.

[71]Cooper M，Ferreira J M M. Remote Laboratories Extending Access to Science and Engineering Curricular[J]. IEEE Transactions on Learning Technologies，2009，2(4): 342-353.

[72]Sousa N，Alves G R，Gericota M G. An Integrated Reusable Remote Laboratory to Complement Electronics Teaching[J]. IEEE Transactions on Learning Technologies，2010，3(3): 265-271.

[73]Zackrisson J，Svahnberg C. OpenLabs Security Laboratory - The Online Security Experiment Platform[J]. International Journal of Online Engineering，2008，4: 63-68.

[74]郭智敏，刘伟. 基于 Internet 的远程虚拟实验室的研究现状和问题分析[J]. 教育教学论坛，2010(24): 161.

[75]陈琳，钱声强. 基于 Lab VIEW 的远程实验平台构建[J]. 常州信息职业技术学院学报，2012，11 (1): 16-18.

[76]Samoila C，Ursutiu D. Remote experiment a workplace for intangible knowledge[C]. Interactive Collaborative Learning (ICL)，2013 International Conference on. IEEE，2013: 140-143.

[77]兰少华. TCP/IP 网络与协议[M]. 北京. 清华大学出版社，2006.

[78]毛秀伟，吴铁军. 自适应 p-持续 CSMA/CD 介质访问控制策略[J]. 通信学报，2003，24(8) : 161-167.

[79]中电网. 以太网与工业以太网的区别[OL]. 2011-12-19. http: //design. eccn. com/design_2011121914342692. htm.

[80]徐文瑜，朱杰. 工业以太网的技术特性及关键技术研究[J]. 工程技术(引文版)，2017(2) : 00316-00316.

[81]Rodrigues S. IEEE-1588 and Synchronous Ethernet in Telecom[C]. IEEE International Symposium on Precision Clock Synchronization for Measurement，2007: 138-142.

[82]许国强，陈皓瑜，等. 基于 IEEE 1588 协议的网络时钟同步系统[J]. 上海师范大学学报(自然科学版) ，2017，46(1) : 142-148.

[83]王相周，陈华婵. IEEE1588 精确时间协议的研究与应用[J]. 计算机工程与设计，2009，30(8): 1846-1849.

[84]翟诺，赵琳，申敏. 工业以太网在工业控制中应用的探讨[J]. 信息技术，2009 (6): 159-162.

[85]刘薇. 西门子现场总线技术的研究、开发与应用[D]. 燕山大学，2005: 33-54.

[86]杨江涛，黄珍元. LXI 总线数字化仪模块设计[J]. 电子产品世界，2011，18(4): 38-39.

[87]Gu J，Zhan H. Instrument Modular Design Based on LXI Bus[C]. Autotestcon，2006 : 96-99.

[88]LXI Consortium. White-Paper-2 LXI-triggering evsion_1. 0[OL]. 2005-12-1. http: //lxistandard. org/Documents/Papers/White_Paper_2_LXI_Triggering. pdf

[89]LXI Consortium. LXI Standard Revision 1. 3[OL]. 2010-09-09. October，2008 Edition. http: //www. pudn. com/Download/item/id/1292966. html.

[90]赵建，李博，方海燕，等. LXI 仪器触发方式的分析与研究[C]. 中国仪器仪表与测控技术交流大会论文集，2007.

[91]HUANG Y H. Analysis of the precise time synchronization of IEEE 1588[J]. Foreign Electronic Measurement Technology，2005，24(9): 9-12.

[92]印凯源. 高速 LXI 逻辑分析仪硬件设计[D]. 电子科技大学，2012.

[93]谢昊飞，李勇，等. 网络控制技术[M]. 北京: 机械工业出版社，2009.

[94]王征. 现场总线通信技术的研究与实现[D]. 大庆石油学院，2004: 1-20.

[95]于洋. 测控系统网络化技术及应用[M]. 北京: 机械工业出版社，2009.

[96]杨育红. Lon 网络控制技术及应用[M]. 西安: 西安电子科技大学出版社，1999.

[97]李敏秋，许少云. 基于 LonWorks 技术的现场总线网络[C]. 中国自动化学会中南六省区自动化学会第十届学术年会，1998.

[98]时玮. WorldFIP 总线技术的研究与应用[D]. 北京交通大学，2008: 5-33.

[99]高荣. HART 总线在智能雷达液位仪中的实现[D]. 江南大学，2008: 3-27.

[100]杜品圣. INTERBUS 现场总线简介[OL]. 2012-10-18. https://wenku.baidu.com/view/afc8838f84868762caaed5bc. html?from=search.

[101]Pradarelli B，Latorre L，et al. Remote Labs for Industrial IC Testing[J]. IEEE Transactions on Learning Technologies，2009，2(4): 304-311.

[102]贾旭光. 遥测系统自动测试方法的研究[D]. 北京工业大学，2014: 11-15.

[103]Wang J，Liu P，Wang C. Design of enterprise informatization management system based on B/S mode[C]. Advanced Research & Technology in Industry Applications (WARTIA)，2014:   697-698.

[104]Yan Y H，Liang Y，Du X G，et al. Putting Labs Online with Web Services[J], IEEE IT Professional (IT Pro)，2006，2: 27-34.

[105]Guimaraes E，Cardozo E，et al. Design and Implementation Issues for Modern Remote Laboratories[J]. IEEE Transactions on Learning Technologies，2011，4(2): 149-161.

[106]Noguchi S，Kanagawa F，Yamashita H. Development of a tracking and steering system in a network environment. Magnetics[J]. IEEE Transactions on，2003，39(3)：1646-1649.

[107]Vargas H，Moreno J S，Jara C A，et al. A Network of Automatic Control Web-Based Laboratories[J]. IEEE Transactions on Learning Technologies，2011，4(3): 197-208.

[108]Lowe D，Murray S，Lindsay E，et al. Evolving Remote Laboratory Architectures to Leverage Emerging Internet Technologies[J]. IEEE Transactions on Learning Technologies，2009，2(4): 289-294.

[109]Auer M E，Zutin D G. Work in progress - A global grid of educational online labs based on the MIT iLab Shared Architecture[C]. Frontiers in Education Conference，2010: S2H-1-S2H-2.

[110]Gustavsson I，Nilsson K，et al. On Objectives of Instructional Laboratories，Individual Assessment，and Use of Collaborative Remote Laboratories[J]，IEEE Transactions on Learning Technologies，2009，2(4): 263-274.

[111]Gravier C，Fayolle J，et al. Adaptive System for Collaborative Online Laboratories[J]. IEEE Intelligent Systems，2012，27(4): 11-17.

[112]Hanson B，Culmer P，Gallagher J，et al. ReLOAD: Real Laboratories Operated at a Distance. IEEE Transactions on Learning Technologies，2009，2(4): 331-341.

[113]Bochicchio M A，Longo A. Hands-On Remote Labs: Collaborative Web Laboratories as a Case Study for IT Engineering Classes[J]. IEEE Transactions on Learning Technologies，2009，2(4): 320-330.

[114]Pauschke J，Anderson T L，Goldstein S N，et al. Construction status of the GeorgeE. Brown，Jr. network for earthquake engineering simulation. Proceedings of the Seventh U.S. National Conference on Earthquake Engineering. Boston，2002，33-35.

[115]Reitherman K R. Development of the network for earthquake engineering simulation[C]. Proceedings of 2003 Pacific Conference on Earthquake Engineering. New Zealand，2003，178-186.

[116]范云蕾. 网络化结构实验室 NetSLab 的研究[D]. 湖南大学，2010: 16-46.

[117]马亚文. 网络协同试验系统及其传输延迟问题研究[D]. 哈尔滨工业大学，2012: 13-15.

[118]Yang Y S，Hsieh S H，et al. ISEE: Internet-based Simulation for Earthquake Engineering-Part I: Database approach[J]. Earthquake Engineering & Structural Dynamics，2010，36 (15): 2291-2306.

[119]Wang K，Keh-Chyuan T，et al. ISEE: Internet-based Simulation for Earthquake Engineering- Part II: The application protocol approach[J]. Earthquake Engineering & Structural Dynamics，2010，36 (15) : 2307-2323.

[120]肖岩，郭玉荣，等. 结构远程协同试验原理、方法和应用[M]. 北京：科学出版社，2012.

[121]Lowe D. Integrating Reservations and Queuing in Remote Laboratory Scheduling[J]. IEEE Transactions on Learning Technologies，2013，6(1): 73-84.

[122]Rohrig C，Jochheim A. Java-Based Framework for Remote Access to Laboratory Experiments[J]，IFAC/Advances in Control Education，2000，33(31): 67-72.

[123]Harward V J，et al. The iLAB Shared Architecture: A Web Services Infrastructure to Build Communities of Internet Accessible Laboratories. Proc. IEEE，2008，96(6): 931-950.

[124]Lowe D，et al. Towards a National Approach to Laboratory Sharing[C]. Proc. Australasian Assoc. for Eng. Education Conf. (AAEE' 09)，2009: 458-463.

[125]Lowe D，Machet T，Kostulski T. UTS Remote Labs，Labshare，and the Sahara Architecture [J]. Javier García Zub

ía ，2011: 403-424.

[126]Tawfik M，Lowe D，et al. Grid Remote Laboratory Management System[C]. International Conference on Remote

Engineering & Virtual Instrumentation，2014 : 1-9.

[127]廖磊，何巍. 单片机与 FPGA 实训教程[M]. 北京：科学出版社，2015.

[128]陈育林，基于嵌入式 ARM9 平台远程视频监控系统的设计与实现[D].北京邮电大学，2008: 31-44.